U0124336

伊卡魯斯[1]

……蠟熔繩鬆，雙翼失靈，

伊卡魯斯不幸墜落；

頭下腳上，驚恐萬分，自空中下墜，

肢折翼斷，亂髮飄飛，

羽毛四散，隨波逐流，

海中仙子傷心欲絕，為他裝飾水上墳墓，

珍珠般的海花灑落他蒼白的屍體，

大理石墓床鋪滿紅色蘚苔……

——伊拉莫斯·達爾文（Erasmus Darwin）

---

1. 伊卡魯斯（Icarus）希臘神話中的人物，他綁上父親做的蠟製翅膀逃離克里特島時，由於沉浸在飛翔的喜悅中，忘了該遠離太陽，翅膀的蠟被陽光熔化，墜海而亡。

投資者應該知道自己踏進的是什麼天地

人該志向遠大，否則天堂何用？

——羅伯·布朗寧（Robert Browning）

　　本書是一本以寓言方式寫作的投資書籍。我逐漸相信專業投資者、尤其是避險基金投資專家，要繼續生存、追求成功的話，不但必須擁有高超的分析與判斷技巧，更要有一顆極度堅強的心和無數的運氣，而且必須深切了解自己容易受極端情緒起伏的侵襲與驅策，也非常容易受到傲慢的影響。但這兩種情形對於他們的投資，對於他們與最親密的人的關係，卻都可能構成致命的危害。這種說法危言聳聽嗎？我可不以為然！

　　本書要探討投資管理事業、避險基金的興衰，和重大金融恐慌所表現出來的不同形式。就像我的前一本著作《華爾街刺蝟投資客》一樣，我以寓言的方式寫作本書，是因為我用假名掩飾真正的身分。然而，追根究柢，本書談論的事情還是跟人、跟投資人有關，我只敢抱著一絲希望，希望他們的故事會協助未來的投資人，因應在金融方面功成名就後的渾然忘我，因應絕望時刻的沮喪消沉和傲慢自大的致命罪惡。

　　避險基金構成過去二十年的淘金熱潮，而且像所有泡沫和狂

熱一樣，最後以失敗、破產的形式，摧毀很多自大狂和大多數的後起之秀，甚至毀滅一些實力雄厚的投資者。大部分的年輕避險基金經理人在短短幾年內，積攢了驚人的財富，大肆揮霍時毫不猶豫，而且經常以十分放蕩的方式浪擲金錢，招來了別人強烈的仇恨和嫉妒。他們的故事值得探討，是因為其中到處都是引人注目的勝利與悲劇故事。

一般而言，希望靠績效作為生存標準的人，幾乎都認為自己的投資生涯應該志向遠大，超過自己的才幹。打敗大盤很容易讓正常人變得狂妄自大，一夜致富也會使很多人目眩神搖到了瘋狂的地步。古人警告過我們：「上帝要毀滅一個人之前，必先讓他瘋狂。」也警告我們：「驕傲在敗壞以先，狂心在跌倒之前。」請記住，伊卡魯斯崇高、遠大的志向超過才氣，他靠著「失靈的雙翼」，飛得太靠近太陽時，下場是驚恐萬分地自空中下墜。

我在專業投資領域打滾四十年，認識很多風度翩翩、野心勃勃、飛得太高的伊卡魯斯，這一行造就出很多這樣的人。本書主角喬‧希爾（Joe Hill）是虛構的人物，但是，他白手起家後又徹底沉淪的過程，具體呈現了我所認識的很多避險基金業者的人生軌跡。我注意到，避險基金的成功與否，跟出生名門無關，跟上著名大學和頂尖商學所也沒有關係。履歷表閃閃發亮，對找到工作很有幫助，但是我認識的大多數贏家，都是家世平凡的人，只是擁有腦力、勇氣、企圖心和直覺。衡量投資的是績效、是數字。

這是我耗用篇幅，描寫喬‧希爾成長背景的原因，我在本書前幾章，試圖從他的求勝意志、堅強、堅決、孤獨和愛戀的角度，發展他的性格。我嘗試把他寫成很有吸引力的人物，把他變

成英雄，因為我希望說明為什麼連基本上健全、優秀的人，都可能捲入漩渦、慘遭滅頂。

投資這行也離不開辦公室內的人際關係。我在第3章至第5章裡，試圖描述在投資管理公司中日復一日一地與人共事時，所潛藏的正常壓力，也試圖描繪這種壓力會受到投資績效和內外部競爭的影響，因而變得大為增強。你必須很堅強，培養出厚顏無恥的態度，否則你真會撐不下去。

大型避險基金公司裡的壓力高多了，第7、8兩章和後面的章節會說明這種情形。市場環境變得十分艱難，又面臨生死抉擇時，辦公室內、外最親密的關係和生活經常都會出現裂痕。那種環境和壓力堪比戰鬥中的步兵單位，或是媲美二次大戰期間北大西洋中驅逐艦上的生活。投資新手應該知道自己踏進的是什麼天地，因為唯一的防禦機制就是做好心理準備。

從名作家西奧多‧德萊塞（Theodore Dreiser）筆下英雄的角度來看，喬‧希爾操作避險基金的故事不是美國式的悲劇，而是現代避險基金的悲劇，是好人志大才疏、過度追求的故事。就像史考特‧費茲傑羅（F. Scott Fitzgerald）簡潔的說明一樣：「找一位英雄來，我會替你寫一齣悲劇。」

Chapter 1

耐心，是一種美德

一檔好股票是你所能想像的最棒的財富製造機器，但是，股市要求你具備勇氣和耐心。

　　喬・希爾在大頸鎮（Big Neck）長大，這個紡織業老鎮有兩萬人口，坐落在維吉尼亞州皮德蒙（Piedmont）郊區綿延的平原和青山翠嶺上。大約一個世紀以前，紡織廠提供大家就業機會和某種富裕繁華的日子，但是大頸鎮離華府、夏洛特市和里奇蒙太遠，不能從這些大都市郊區擴展的熱潮中得到好處，紡織廠現在苟延殘喘，改行生產輕工業產品和電子產品。鐵路仍然穿過小鎮的中心，但是載重的貨物列車卻只是呼嘯而過，開往別的地方。美國的富裕繁榮多少有點漫不經心而輕率地繞過大頸鎮，人口也從二十五年前的三萬五千人掉了下來。

　　大頸鎮是完整、勤奮、停滯的美國中部小鎮，沒有向上流動性，但是運作良好，氣候怡人，中小學辦學優良，總而言之，是

適合成長的好地方。大頸鎮雖然不是小鎮，但如果你在那裡住滿十年，或是長到十三歲之後，每個人對你的底細都已瞭若指掌，個人的經歷會變成公開資訊，這點，也許正是朵洛莉絲（Dolores）的麻煩。

朵洛莉絲是喬的母親，她是白人，喬的父親卻是黑人，外號叫大喬。他們的兒子是中學戀情的結果，是他們在畢業後不久，意外懷下來的種。喬誕生後，這對戀人在榆樹街成排的住宅中，租了一間灰溜溜的房子同居，他們之間原有的迷戀消退後，終於好聚好散。隨後的幾年裡，大喬與朵洛莉絲維持淡淡的友誼，靠著他們對兒子的共同愛心，維持脆弱的關係。

小喬還是嬰兒時，就長得又大又壯，他會站在嬰兒圍欄裡，大力搖晃欄桿，同時大笑大叫。大喬的朋友對小喬印象深刻，他說：「喬，這個小男孩將來會一鳴驚人，一定會成為一位體格魁梧、勇敢善戰的人。」

大喬在紡織廠裡當領班，他長得高大挺拔、英俊瀟灑，皮膚赤褐，喜歡深思熟慮，不願意多費唇舌跟別人閒聊，是大家所仰賴的人。他喜歡說：「你頭腦裡最先鬆開來的螺絲，就是把你的舌頭鎖起來的螺絲。」他跟朵洛莉絲分手幾年後，和一位黑人女性結婚，生了三個女兒，這三位同父異母的妹妹都很崇拜小喬，拚命地吸引他的注意。

大喬雖然另外成家，卻對兒子的成長持續關懷。每天晚上下班回家時，他都會過去看看兒子。大喬是天生的優秀運動員，因此他鼓勵兒子運動，兒子日漸成長時，他們會在街上的運動場練習傳球，或在車道上玩籃球鬥牛。每當維吉尼亞州南部天氣和煦

時，他們會去打高爾夫，大概每週一次，人們會看到他們兩個去老舊的公立高爾夫球場，在破舊、曲折的球場上，拖著舊高爾夫球袋。高爾夫球場上有拖車，租金要三美元，但是他們總是自己背高爾夫球袋。

大喬會告訴兒子：「我們的背部強而有力，又喜歡運動，要我們出六美元的租金沒有道理。此外，我們也沒有那閒錢。」

小喬十二歲時，球技已經勝過父親，一桿可以把球打到將近二百七十公尺外的地方。但他最喜愛的運動是美式足球，在維吉尼亞州鄉下的這個紡織小鎮裡，美式足球一直是重要的運動。小喬從兒童組一直打到少年組美式足球聯盟，他父親是青少年美式足球聯盟的教練，小喬從來沒有錯過一場比賽或練習，從來都沒有！但是大喬在比賽時發現，小喬雖然表面上漫不經心，但經過精心調整的個性中，燃燒著猛烈的競爭烈焰。大喬偶爾會擔心兒子這麼強烈的競爭心理，小喬卻極力隱瞞，不讓別人知道。但是有一天，他們的球隊輸掉一場少年組的比賽後，十二歲的小喬把父親舊車後座的海綿都踢了出來，大喬要他賠錢修理，而且再度告訴他：「我們不是很有錢，兒子，你最好現在就明白亂發脾氣代價高昂。」

小喬也是過度求好的完美主義者，不能忍受在鬥牛或高爾夫球場上輸球。一球打壞，就會促使小喬拿起不合作的球桿，重重地打在樹上；跟父親鬥牛輸球，他會板著臭臉、生著悶氣回家。雖然輸球令他生氣，但是練習時，他總是非常努力，希望下次能夠打得更好。

至於朵洛莉絲，美麗人生似乎已經與她無緣。她以服務生為

業，工作時間很長，早年她雖然也跟別的男人約會，卻一直沒有結婚。她年華老去後，腰部變粗，美貌也漸漸失落，臉孔蒼白而憔悴，眼睛黯淡而顯露出焦慮，頭髮油膩。她似乎不快樂，她的態度裡流露出一種說不出口、暗自神傷的苦悶，就像她覺得自己遭到放逐一樣。

朵洛莉絲潛意識裡，擔心兒子黑白混雜的血統會對他不利，這種擔心讓她覺得愧疚，於是她把重心放在兒子身上。但是隨著喬年紀漸長，媽媽變得愈來愈難以預測時，他暗自生出以媽媽為恥的想法。喬還是少年時，在10月某一個暖和的金黃色午後，在一場少年美式足球賽跟大家擠在一起爭球。比賽結束前，喬被一大堆積極、勇猛的小男孩壓在人堆的最底下，朵洛莉絲站在球場的另一邊，跟其他父母一起觀戰，這時卻突然脫身而出、衝過球場，大叫：「放開他！」然後，她把其他小男孩一個一個拉開。

多年以後，喬敘述這一段宛如世界凍結的時刻時──他被人壓在人堆底下、頭上是初秋晴朗無風的天空──都覺得這一刻可能是他一生中最屈辱的時刻。

但是，朵洛莉絲對喬的兒童時期，也有一些重要的貢獻。她在工作的酒館裡，得忍受三台電視機全天候播放的疲勞轟炸，因此堅持在家裡盡量不看電視。

事實上，她只准喬在電視台播出運動比賽，或是大喬上門時看電視。父子兩會在朵洛莉絲擁擠不堪、天花板挑高的客廳裡，收看運動比賽。客廳擺著一座已經凹陷的沙發，鋪了二十年的灰色地毯，沾滿了腳印和打翻汽水的汙漬。他們窩在兩張鋪了墊子的安樂椅上看比賽時，灰塵在一道道照進來的陽光中飛舞，大喬

忙著解說美式足球、籃球和棒球比賽中的複雜規則和區別。在這樣的時刻裡，喬才覺得自己真正有個家、是這個家的一員。這就是他們家心靈交會最密切的時刻。

但是比賽一結束，大喬就會離開，朵洛莉絲會堅持喬關掉電視去看書。她喜歡看書，而且下定決心，要讓兒子接受良好教育。她會告訴兒子：「你得出人頭地；你得變成聰明人；你得賺錢；你得離開這裡。」喬聽她的話，沒有不理會她的規勸，卻隱隱約約地了解媽媽對自己單調的人生不滿意，因此他從很小的時候，就知道自己希望過好日子——過好很多的日子。但是在他看來，要走出大頸鎮賺大錢，最快、最輕鬆的方法是靠運動。

為了把喬對運動的熱愛與教育結合在一起，朵洛莉絲在聖誕節時，送給他一套名叫「跑鋒」的美式足球卡片遊戲。他立刻迷上這種遊戲和其中的統計，他創設了一個美式足球聯盟，聯盟分為兩個分區，每個分區各有四支球隊，而且把真正的國家美式足球聯盟的球員，放進各隊裡當球員。然後他開始推動無休無止的比賽，為每一位四分衛、跑鋒和接球員記錄詳細的統計數據。四分衛接球後的評分和傳球碼數的計算很複雜，他深深地迷上這些統計的分析，也迷上旗下球員打球生涯的起伏。「跑鋒」遊戲開啟了他對數字和其中所包含訊息的興趣。

喬在小鎮上青少年運動聯盟中拾級而上，參加不同年齡的組別後，清楚地顯示他遙遙領先小鎮上同年齡的球員，是同年齡組中最優秀的運動員。又高又壯的他極為協調，而且幾乎快得不可思議。

上初中時，喬已是一位高瘦挺拔、英俊瀟灑、皮膚黝黑的男孩，黑白混血的外觀很明顯。他九歲時，從一位年齡比較大的男孩的惡意批評中，知道自己是一次意外懷孕中生下來的黑白雜種。他把這個大男孩打得鼻青臉腫後，再也沒有人敢提這件事——至少沒有人敢當著他的面提這件事。然而，雖然他從來不說，這件事卻總是縈繞在他心頭。他會問自己到底是白人還是黑人？他應該跟哪一種人交往，是不是兩種人的團體他都可以加入？

　　最後他終於了解，只要出了大頸鎮，全世界的人都會因為他的黑皮膚，認為他是黑人。他跟外面的世界接觸時，不能在背上插著標誌，宣稱他有一半白人血統，他也不想這樣做。事實上，隨著時間流逝，我們應該說，他越來越為自己的黑人血統感到驕傲。他承認自己會有這種想法，原因之一是他跟父親在一起時，比跟母親在一起時還自在。

　　儘管如此，喬在社交、運動和智力發展上都很有自信。對他來說，學校的功課很輕鬆，輕鬆到朵洛莉絲考慮把他轉出大頸鎮的公立學校體系，轉到大家認為鎮上辦學比較嚴格、由耶穌會辦理的聖大衛天主教學校。大喬反對這個構想，不但是因為接受這個學校的獎學金必須改信天主教，而且也是因為聖大衛天主教學校的運動課程軟弱無力。

　　喬上初中時，喬許‧吉布森（Josh Gibson）注意到了喬。吉布森家族在大頸鎮定居不知道多少年了，他和哥哥是大喬上班的紡織廠老闆。他住在離鎮上八公里的地方，住在一片廣達八十一公頃的坡地上，上面還養了好幾百頭肉牛。根據大頸鎮的標準，他極為富有，紡織廠獲利很好，每個人都知道他是鎮上第三街美

林公司（Merrill Lynch）最大的客戶。他大概四十歲左右，是個禿頭壯漢，除了肚子大到看不到皮帶、脖子爆出領口、有雙如牛鈴的大眼睛之外，基本上是個坦誠而友善的人。他結了婚，卻沒有生小孩，因此他真心的關懷小孩、小鎮和紡織廠裡的員工，但是他最愛的是運動員和運動。

吉布森一向器重大喬，他聽到員工在紡織廠裡閒聊時，提到大喬的兒子有點像超級運動員。1983年秋季，吉布森去觀看喬少年美式足球聯盟的一場比賽，認識了喬，從此以後對這個小男孩的喜愛有增無減。他看出喬的智力很高，對喬喜愛數學和「跑鋒」遊戲的天性特別感興趣。他聽喬談到「跑鋒」遊戲時，覺得喬真是個有天賦的孩子。吉布森和喬一樣，都熱愛數字。

但是吉布森也熱愛土地，熱愛他自己的土地，他不時引用羅伯・佛洛斯特（Robert Frost）的詩句「在我們屬於土地之前，土地就已屬於我們」，並深受感動。他對喬解釋說，這句詩的意思是人必須在自己的土地上實際耕作，土地才會接受他。在他的土地和一條小河之間，有一塊五十公頃大小的土地，上面有一座舊磨坊，原本是他農莊的一部分。他告訴喬：「缺了這塊地，我的土地就不對稱。」他渴望買回這塊土地。「那底下的玉米長得非常好，那裡總是種玉米的好地方，沒有什麼地方比河邊還好。」

某一天下午，喬跟吉布森在一起時，那塊土地的主人傳話過來，說他願意賣地。喬感受到吉布森臉上欣喜欲狂的表情，那天傍晚，他看到吉布森走進暮色，望著下方的土地、望著河邊現在屬於他的那塊暗綠色土地。後來他們穿過雪松林，走到已經坍塌的舊磨坊結構旁邊，水壩上已經長滿蘚苔，到了夜裡，磨坊上方

的止水動也不動，看起來就像細長條的黑色金屬。

喬愛上了這塊土地，這塊土地從河邊一直伸展到山坡和天邊，上面長了濃密、青翠、美麗的草木。暑假時，喬為吉布森工作，他負責清理叢林，也負責重建水壩的石造結構，他喜歡這種辛苦的勞力工作。中午，他在草地上吃三明治，然後趴在地上，貪婪地嗅聞土地的氣息，他喜愛黑土和青草濃郁、芳香的氣味。許多年後，當金融風暴來襲時，他對這塊土地、這份工作的感覺和泥土的味道救了他，使他能夠保持神智清明，甚至挽救了他的生命。

吉布森也對股票市場暗自著迷。他像喬一樣，喜歡研究各種統計和價值，隨著這一年過去，他們幾乎變成志趣相投的朋友，吉布森開始跟喬閒聊自己的股票投資。他的紡織廠是沃爾瑪的供應商，他對沃爾瑪和這家公司精簡的營運方式深感興趣，在1982年初買了沃爾瑪的股票，而且一直緊緊抱著。

1984年5月的某一個星期六，吉布森請大喬和喬到麥當勞吃午餐。他們在一座隔間裡坐下來後，吉布森說：「哦，小子，我知道你是優秀的運動員，但更重要的是，我認為你是精明的小伙子，非常喜歡數字，對數字也有天分。股市的組成要素包括數字、腦力和直覺，我希望讓你對股市感興趣，因此，你知道我要怎麼做嗎？我要送你15股的沃爾瑪股票，這檔股票昨天的收盤價是31.4美元，因此總額大約是470美元，但是我希望你承諾你在兩年內，不會把股票賣掉，兩年後，你可以隨心所欲地處理股票和這些錢，你願意跟我這樣約定嗎？」

大喬顯露出大惑不解的樣子，喬則是看起來很驚訝。

「吉布森先生，你真的十分慷慨，」大喬說：「但是能否請你告訴我，你為什麼要這麼做。」

「很簡單，我希望你這位小大人的兒子對股市感興趣，而不只是對美式足球有興趣而已，而且我認為沃爾瑪會上漲，會吸引他的注意。」

「吉布森先生，你知道，我的願望是有朝一日能進國家美式足球聯盟打球。」喬說。

「對，我知道這一點，也鼓勵你這麼做。但是我希望你利用你頭腦裡的大塊肌肉，而不只是利用手腳的大塊肌肉而已，你同意跟我這樣約定嗎？」

喬看看父親，父親點點頭，然後他回答說：「願意，我當然願意。這是我得到的第一筆錢，你說的對，我會緊緊地守著這筆錢，你以前告訴過我怎麼看股價漲跌，我想我得請媽媽把餐廳裡的《里奇蒙郵報》帶回家來。」

「很好。」吉布森說：「我星期一早上會到美林公司，替你開立一個帳戶，我要告訴他們，把寄給我的研究報告同樣寄給你一份，而且我要告訴我的營業員，要對這件事守口如瓶。」

「應該很有趣。」大喬說：「我唯一擁有過的股票是維吉尼亞電力公司，這是檔爛股票。」

「哦，沃爾瑪不是爛股。」吉布森開心地笑著說：「沃爾瑪是餓虎。」

一切就這樣開始了，喬開始追蹤這檔股票的走勢。如次頁圖1‧1所示，沃爾瑪的股價飛躍上漲，到1987年7月，已經漲到90多美元。（請注意，股價資料經除權配股而有所調整。）

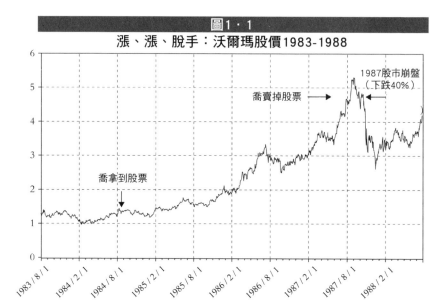

圖1‧1

漲、漲、脫手：沃爾瑪股價1983-1988

喬賣掉股票 →

1987股市崩盤
（下跌40%）
←

喬拿到股票

　　吉布森從來沒有買過這麼會賺錢的股票，到了90多美元，他出清持有的沃爾瑪。喬跟著他這樣做，總之，他告訴自己：「我所知不多，不是嗎？」但是賣股票的錢的確引起他的注意。吉布森告訴他資本利得稅時，他很驚訝地發現，國稅局要從他的利潤中分一杯羹。然而，銀行裡有1350美元的感覺很美妙，他開始考慮尋找另一檔股票。他心想，或許我有點石成金的魔力。

　　整個1987年的夏季，沃爾瑪的股價不斷攀升，一度漲到106美元，害喬的興奮之情大為消退。接著讓他震驚的是，紐約股市在1987年10月大崩盤，沃爾瑪的股價一度跌到56美元。然而，長期而言，1987年的大崩盤在雷達幕上，只是小小的一個光點（如圖1‧2）。

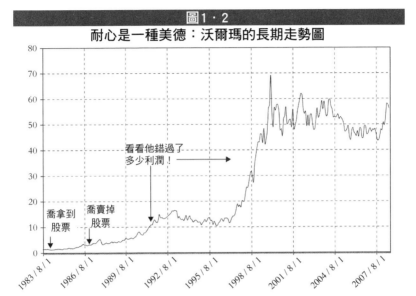

圖1‧2

耐心是一種美德：沃爾瑪的長期走勢圖

看看他錯過了多少利潤！

喬拿到股票

喬賣掉股票

隨後的十二年裡，喬敬畏地看著沃爾瑪股價一飛沖天，到1999年的最後一天，漲到了1380美元的天價，此後再也沒有回升到天價之上。很久以後，喬計算過，那個5月下午他吃吉士堡時，吉布森送給他價值471美元的股票，到1999年，應該會變成價值20700美元。青少年時期的喬從密切觀察股市當中，學到一個教訓：一檔好股票是你所能想像的最棒的財富製造機器，但是，股市要求你具備勇氣和耐心。於是，他迷上了股市。

到高一那一年，喬已經長到180幾公分，體重接近90公斤，而且跟父親一樣，肩膀寬厚、手臂粗壯、雙腿有力。他可以輕鬆地在邊線上把美式足球擲到三十六公尺外，衝刺時，超前大頸鎮

其他高中球隊接球員或跑鋒好幾公尺，他似乎擁有無窮無盡的精力。

喬對自己的運動天分極有自信，對在壓力下能夠創造優異表現的能力也極其自豪，他也利用這種能力，賺一些零用錢。他經常找朋友跟他比賽打球、比高爾夫推桿或美式足球擲遠，好賺一點零用錢。隨著他的實力和贏錢次數增加，朋友不是不再跟他玩，就是要求讓分，喬喜愛這種壓力，也喜愛贏來的錢。

然而，喬對人友善體貼，又愛打抱不平，凡是喜歡欺負人的男孩都對他敬而遠之。就像他最好的朋友說的一樣，「如果我有他的所有天分，我也可以充當真正的好人。」不管他參加什麼球隊，他都是備受尊敬的明星和隊長，他是高中籃球和棒球校隊，但是他的最愛還是美式足球。

在美國鄉間小鎮裡，居民們總是喜歡觀看高中運動比賽，尤其是美式足球比賽。家長們、叼著廉價雪茄的老人、大眼睛裡充滿崇拜神色的小孩都湧進運動場，坐在居高臨下的木製露天看台上，專心看著大家都極為關心的比賽。維吉尼亞州高中美式足球賽在星期五晚上舉行，氣氛有如嘉年華會。大頸高中在南維吉尼亞州八支高中球隊組成的聯盟中，參賽過很多年，只是成績一直都平平無奇，但是喬的班上有很多人高馬大、很會踢球的球員，喬更是其中的巨星，抱球衝過對方球門線的次數幾乎和傳球次數一樣多。每次比賽開始，公共廣播系統宣布先發球員陣容，當「大頸高中隊的四分衛是12號的喬・希爾」的聲音在整個球場上迴響時，群眾就會發出如雷的歡呼鼓噪。他念高一那一年，他們的球隊輸了一場，隔年卻所向無敵。這兩年裡，喬都獲選全州高

中明星隊。突然間，鎮上每個人都認識了喬，他是全州明星隊球員，是小鎮上的英雄。

因為名氣高漲，在運動上又有成就，女孩一個一個靠過來，但除了外貌之外，沒有一個女孩能夠真正吸引他，也沒有一個女孩能成為他的密友或紅粉知己。他完全不了解怎麼跟女性建立親密關係，不過，卻有很多機會跟女孩發生性關係。他十六歲時，在一位十八歲女孩甜言蜜語的勸誘下，失去了童貞——這位女孩是個狐狸精，雙腿美得不得了，迷人雙峰呼之欲出。事後他才知道，對她來說，自己只是戰利品而已。知道這件事後，使他對性愛失去興趣。他的「第一次」原本應該是改變人生的經驗，結果卻使他覺得自己犯賤，覺得自己失去了尊嚴，又受到利用。

這只是他之後跟很多不同的女孩之間，發生快速、祕密肉體關係的第一回，他已經下定決心，在性事方面要謹慎小心，不能有浪漫愛情、不能意外懷孕。或許是因為心存顧忌和祕密交往，他跟女孩的關係缺少了愛慕之情和親密依戀。上床後，他總是會有空虛、空洞的感覺，就好像他多少錯過了這種經驗的本質一樣，而且他總是希望從女孩身邊脫身離開。事實上，我們可以這麼說，他總是希望沖個澡，把汙垢洗掉。他認為女孩喋喋不休令人厭煩，他跟她們沒話可說，總而言之，他覺得對她們最好敬而遠之。

基本上，喬與同輩也很難維持親密關係，他唯一信任的人是吉布森。吉布森從來沒有錯過他參加的每一次比賽，但是喬在賽後的混亂場面中，很難與吉布森打招呼。因此，他們會在星期六共進午餐，討論運動、交易市場和股票。吉布森頻繁地交易股

票，有幾次和喬吃飯還帶來了美林公司的營業員，喬卻覺得這位老兄沒有什麼特異的地方。

　　紐約的分析師偶爾會來探訪大頸鎮的美林證券分公司，吉布森總是敦促喬，跟他一起去參加說明會。喬喜歡這種說明會，也研究自己收到的報告。他覺得自己對交易市場的運作模式越來越了解，他對靠精確評估數字來判斷股票好壞尤其感興趣，這有點像他少年時代玩運動紙牌遊戲時，分析球員的統計數據一樣。1989年，他聽了美林科技股分析師的說明後，把賣掉沃爾瑪得到的資金，以每股27美元的價格，買進IBM的股票。這位分析師很親切、很熱情，對IBM所創造新產品的說明也令人耳目一新。

　　喬當時並不知道，選中這檔股票，將成為他人生中第一次的投資失敗，也是他對科技類股漫長恩怨的開始。IBM的股價在隨後幾年裡，橫向盤整，卻在1992和1993年內，崩跌到10美元的低價。喬起初拒絕接受打擊，緊緊抱著這檔股票，但是後來因為在大學裡覺得厭煩和孤獨，他在1995年把股票以24美元的價格賣出，承受了小小的虧損。然後，他沮喪地看到IBM在1990年代末期的科技股狂熱中，飛漲5倍（見圖1‧3）。喬再度學到耐心是一種美德的道理，也學到科技股分析師總是油嘴滑舌，說得頭頭是道，實際上，他們的判斷卻可能錯得離譜。

圖1‧3
再次證明,耐心是一種美德:IBM股價走勢圖 1988-1999

Chapter 2

前進華爾街

他帶了五百美元，滿懷憧憬，前往紐約。他希望當一名華爾街的分析師……據說那裡的街道都是用黃金鋪成的，他肯定可以在那裡賺到大錢。

喬念高三那一年的秋天，維吉尼亞理工學院和賓州大學的球探都來打探喬的狀況。他們雖然稱讚他的運動能力，卻說他缺少甲組一流四分衛所需要的真正強力手臂，或許他可以改當接球員或是防守後衛。他的確是他們希望招募的人才，喬卻覺得很失望，因為他沒有得到著名甲組美式足球大學球隊更多的注意。他夢想參加大學美式足球賽，為全國冠軍球隊打球。

他也希望離開大頸鎮去賺大錢，他對賺小錢已經感到厭煩。沃爾瑪的經驗勾起了他的興趣，但是此後他在股市裡再也沒有碰到類似的好運。他繼續追蹤市場，研讀吉布森交給他的資料，但是他們兩位在困難的市場環境中，都沒有找到好股。喬認定，要

賺錢唯一的方法是到國家美式足球聯盟打球。

某一個12月的下午，喬接到吉布森的電話，他希望談談喬畢業後的計畫。於是他們在吉布森簡陋的辦公室裡見面。喬進辦公室時，吉布森沒有站起來，而是繼續坐在他的木頭大辦公桌後面。

「原諒我沒有站起來。」吉布森笑著說：「我不是找你來這裡聊天，這件事情很嚴肅，我認為你犯了錯，你的SAT測驗[1]成績很好，好到足以申請長春藤大學，或是另外一所一流大學，這些大學對善於運動的小孩發給學業獎學金，而不是運動獎學金。你可以以學生運動員的身分，進入一些頂尖的大學，得到一定物有所值又免費的良好教育。」

「我不希望在這些學校的業餘、乙組或丙組球隊打球。」喬告訴他。「我認為我在甲組球隊裡可以大大發揮，然後我真的希望到能夠賺大錢的職業球隊打球。而且坦白說，我在乙組球隊裡永遠也不會變成職業球員。」

「目前國家足球聯盟裡，有二十位長春籐盟校的球員在打球，他們的校友也喜愛足球，只是沒有那麼瘋狂，他們打的職業足球跟大學體育聯盟甲組球隊不同。不過，長春籐盟校的校友影響力大多了，能幫你在畢業後找份好工作。」吉布森說。

喬聽不進半句話。「我要到甲組球隊打球，看過我比賽的球探說，我有加入國家足球聯盟的潛力，你等著看好了。」

「你知不知道，每一千個大學足球員當中，只有一位會變成職業球員，如果你受傷了，你該怎麼辦？如果你沒有打進甲組球隊，那麼你的獎學金會取消，你會毫無所獲。此外，大錢要在企

---

1. 由美國大學委員會委託教育測驗服務（Educational Testing Service，簡稱ETS）定期舉辦的世界性測驗，作為美國各大學申請入學的重要參考條件之一。

業界和股票市場裡賺，不是在粗野衝撞的美式足球賽裡。」

「可能吧。」喬說：「我很感激你的建議，我真的十分感謝。不過，我想自己做決定。」

「好吧，你努力去追求吧。」吉布森無奈地大笑。

後來，喬承認那個愚蠢的決定害他浪費了六年的時間，害他錯過了大好良機。「當時我只是個笨蛋小子。」他說。

那年冬天，全國甲組球隊主力所在的維吉尼亞理工學院拚命爭取喬，他跟另外五十位有希望的候選球員參加為期三天的週末新人選拔營。他們接受很多測試、到處參觀，聽學校的「美式足球計畫」報告。隨時有女孩圍著他們。和每年一樣，校方會提供學生運動員各種優惠待遇，但有一點說得很清楚：兩年後，獎學金是否繼續，要視其在球隊的表現而定。喬有點打退堂鼓了。這個「計畫」似乎很宏大，他覺得自己在四分衛的測試中表現優異，但是另外有兩個大男孩擲球，比他擲得更遠、更有力。而且維吉尼亞理工學院的現任先發四分衛，還有兩年的時間才會離開。

「我們要你。」四分衛教練告訴喬：「你速度快，球感也很好，我們會替你找到一個位置。」

「不像是很有力的背書。」喬回家後，這樣告訴父親。

維吉尼亞理工學院對他施壓，要他做出承諾時，鳳凰城市郊一所規模龐大的社區大學——亞歷桑納聯邦大學[2]——的球探上門來了。這位球探很友善，說話輕聲細語，對喬很了解。他跟大頸高中的教練討論，帶大喬共進晚餐，也去喬家裡拜訪喬和朵洛莉

---

2. 亞歷桑納聯邦大學是虛構的大學，不代表美國任何一所大學學府。

絲。他甚至買了一束玫瑰花送給朵洛莉絲，此舉讓她深受感動。她告訴他，從來沒有人給她送過花。喬覺得自己好像看到媽媽眼角泛著淚光，心裡暗自決定，自己畢業時，一定要送花給媽媽。

球探告訴他們，亞聯大學大約已經成立了三十年，學生有四萬人，但是一直到五年前，才成為第一流的美式足球大學。學校委員會主席靠著賣保險給移民致富，決心把亞聯大學推升為一流學府。主席相信要成就這樣的地位，方法是成為甲組美式足球隊的主力，因此他捐出二千五百萬美元給體育系（巧合的是，所有的捐款都免稅），規定這筆捐款專門用來推展美式足球，也規定體育館要用他的名字命名。

委員會已經聘請畢特·強生（Pete Johnson）擔任總教練。強生以善於贏球聞名，卻曾經因為違規招募球員，受到美國大學體育聯盟譴責。球探告訴他們，強生的薪水是亞聯大學校長的4倍。

經過這麼長時間的遊說後，球探邀請喬2月時去參加足球週末聯歡，還說如果他表現優異，他們會發給他一份全額獎學金，並會指派一位校友代表，負責他的「日常開銷和交通工具」。等到他畢業時，這位校友代表會替他安排一份好工作。喬告訴他：「如果我沒到國家美式足球聯盟打球，這會很有幫助。」

大喬言簡意賅，稱讚亞歷桑納聯邦大學的球探「誠實可靠」，他很欣賞。他大力鼓勵兒子去「試試亞聯大學提供的機會」。喬也跟吉布森商量這件事，吉布森斬釘截鐵地告訴他，這會是個大錯誤。

「三流野雞大學，從這種大學拿到的學位毫無價值，他們會在球場上利用你，然後把你丟出去。」喬聽了沒有說話。

2月下旬，亞聯大學請喬搭飛機到鳳凰城，歡度三天的週末假期。他走出機場大門時，看到一位穿著T恤、面貌姣好的金髮女郎，拿著有他名字的牌子接待他。喬自我介紹，她的笑容有點憔悴，她告訴喬，她的名字叫麗伊，這個週末要當他的導遊。他們向她的車子走去時，他不由得注意到她的藍色牛仔褲非常緊，繃得她幾乎曲線畢露。她要開二十公里的路程，把他送到校園，他們聊天時，她的眼睛透露出厭煩的神色，但是她知無不言。

　　「你們要住在體育館外面的汽車旅館，我會帶你到足球員的宿舍。那裡真的很棒，跟差勁的普通宿舍不一樣，有自己的房間和會客室，廚房裡有大廚，球員想吃東西時，大廚會煮美味又健康的食物和宵夜。」

　　「妳住在哪裡？」喬問。

　　「我住在普通宿舍裡。哦，我拿的是啦啦隊獎學金，但是我真正的工作是聽他們的話，當你們這些人的女招待員。」

　　「哦，」喬說：「這是什麼意思？」

　　「哦，就是方便運動員利用，就像我們女孩常說的一樣，要讓野獸滿意和滿足，你聽了是不是覺得很得意。」喬心想，她很拗，但挺有趣的。

　　他辦好汽車旅館的入住手續後，兩人來到四層樓高的大型足球員宿舍。就像她說的一樣，球員住的地方相當豪華，每個人都有自己的私人小房間和電視，每一層樓的浴室都很寬大，附有淋浴設備、熱水澡盆和蒸汽室。樓下有一座電影院、一家小小的理髮廳、一間精緻的舉重室，有四、五個人在裡面舉重。然後她帶他到一間大餐廳，餐廳上掛了一些激勵人心的標語，寫著「情勢

艱困時，堅強的人無往不利」、「憤怒的人會贏得足球比賽」，以及「實現遠大目標」。

遠處有一個加高的平台，上面放了紅木桌椅，椅背上都貼了銀色的名牌。

「那是總教練強生和助手坐的位置。」她告訴他：「他們吃得很清淡，卻盯著球員多吃麵食。」

「強生教練是什麼樣的人？」他問。

「老男人。表面上是個討人喜歡的南方佬，骨子裡卻帶著野蠻人的狠毒。」她笑著說：「可別說是我說的哦！」她跟他開始變得熟絡了。

他們聊天時，喬驚訝地發現，亞歷桑納聯邦大學全年都在打美式足球。教練團堅持球員到場練習，每天還要做兩小時的重量訓練，而且根本不管他們是否去上課，很多球員靠著選修壘球課程和主修重量訓練，維持學生資格。

接著他們走到附近的練習場，場內的更衣室非常大，除了木製儲物櫃和厚厚的地毯外，還放著震耳欲聾的搖滾樂。更衣室旁邊有好幾個寬敞的會議廳，裡面附有劇院式的椅子、黑板和螢幕。喬大為震驚，因為更衣室比他們家的房子還氣派。

那天晚上，亞歷桑納州星夜燦爛，一輛巴士載著四十位應募的球員，到郊區一家豪華餐廳的大型包廂聚餐。喬旁邊坐的人胸肌發達、手腕粗壯、神色堅定，狹窄的臉孔沒有特別的地方，卻帶著緊盯別人的表情，以及鼻梁撞斷過以致五官有點不正的痕跡。

「我是來自奧瑪哈的傑克・史考特（Jack Scott），我是跑鋒，

你叫我速克達好了，我自己取了這個綽號，後來就緊跟著我了。我在故鄉主導星期五晚上的球賽，過去兩年，我都是內布拉斯加州全州明星隊的球員，我知道自己在這裡一定能夠大展身手。」

其他的大男孩面露迷惑，不很清楚要怎麼應付他的吹噓。但是速克達繼續吹牛，敘述他高中最後一年的英雄事蹟，說他在十次球賽中，創下十九次觸地得分的記錄。喬覺得心情放鬆許多，忍不住微笑起來。

「我聽說內布拉斯加州高中球隊踢的是六人制美式足球。」喬面無表情地說。

速克達笑著說：「這麼說來，你一定是自作聰明的四分衛，對吧？」速克達拉長尾音說：「哦，不是六人制的球賽，兄弟，我可以告訴你，我會是你這一輩子裡所碰過最厲害的球員，不但我奔跑時開拓你的傳球視野，而且我很會接球，我的雙手非常柔軟。」

接著，學校委員會主席湯瑪斯‧畢羅（Thomas Billow）站起來，跟大家說話。畢羅頭髮斑白，充滿銅臭味，打著愛瑪仕的領帶，穿著一套昂貴的西裝，胸前口袋搭配同色系的手帕。他的聲音沙啞。他告訴大家，他歡迎大家到亞歷桑納聯邦大學來，接著他簡短地談到這所大學的歷史，也談到熱心的擁護者計畫把這所大學，變成全國性的運動主力大學。

然後，他介紹總教練強生，詳細說明他在密西根州立大學和喬治亞理工學院如何讓球隊起死回生的記錄，但是沒有說到他因為違規招募球員遭到停權的事情。

總教練站了起來，環視整個房間後大聲叫道，「就像名教頭

文斯・隆巴迪（Vince Lombardi）說的一樣，勝利不是最重要的事，是唯一的事！」這些大男孩大聲歡呼，但是喬認為他的說法是老生常談，他從十歲開始，就聽過隆巴迪說的這句話。

總教練繼續說：「我們的跑鋒速度高達4.2，可以在下一回合的分組比賽中，長驅直入達陣；我們有體重140公斤、腰圍36吋、胸圍52吋的前鋒，他躺著就可以舉起整座足球場館，砸在大家身上。我們計畫踢幾場漂亮的比賽！但是各位小夥子，你們只要記住一件事，那些正妹可不會跟輸家上床！」大男孩再度大聲鼓譟。

他說，隔天早上的主要任務包括多重選擇心理測驗筆試，還有簡短的體格檢查，以及在練習場上進行體力、敏捷度和速度測驗。下午要根據位置，分成不同的小組。

隔天的一連串活動界限並不分明。喬覺得自己在現場練習時表現優異，他36公尺衝刺所花的時間引起大家的注意，下午的活動結束後，他們跑步到球場，看校隊練習攻防。他在老家維吉尼亞州裡，覺得自己180公分高、95公斤的重量是大塊頭，到了這裡，他才知道自己是小個子，校隊先發四分衛看來至少比他重了10多公斤。

校隊練習賽結束後，四分衛位置教練介紹他認識他的校友代表比爾・哈里遜（Bill Harrison），哈里遜長得高高瘦瘦，雙頰凹陷，皮膚曬得紅紅的，留著一字鬍，頭髮中分、定住不動，人像蛇一樣圓滑，渾身散發出魅力。他在鳳凰城附近開了三家本田汽車經銷商，他告訴喬，希望當他最好的朋友。他說喬的「治裝費」是每星期三百美元，秋季喬安頓下來後，他還會給他配輛車。畢

業後，馬上就有汽車業務員的工作給他。喬沒有告訴他，自己不想當汽車業務員。

然後哈里遜跟他握手，送他一件有著亞歷桑納聯邦大學飾章的藍色運動夾克，他心裡想，不知道自己會不會穿這種夾克。回到房間後，喬在夾克上衣口袋裡發現五張一百美元的鈔票，這倒引起了他的注意。

那天晚上，麗伊帶他到亞歷桑納聯邦大學運動協會的一棟大房子裡參加派對，屋裡擺了很多裝得滿滿的小啤酒桶，陽台上擺了一個巨大的烤肉架。二十位女孩在新招募來的球員之間周旋，很多女孩的頭髮都染成金黃色，天真爛漫地笑著。喬看到速克達坐著，跟一位身材高䠿、穿著露背裝的黑髮女孩熱烈地聊天，後來那位女孩帶他進屋上樓時，速克達還跟他眨眨眼。

他跟麗伊一起吃晚餐時，問她在亞歷桑納聯邦大學念書的情形。「這裡大約一半的學生是念部分學程的通學學生，學生非常熱衷美式足球，相信我，打進甲組球隊對入學真的很有幫助。」

她補充說：「這裡有一些很好的課程，學風相當非正式，但老實說，學校的名聲很糟糕，因此從這裡畢業沒有什麼價值。然而，你拿到的還是大學學位，你應徵工作時，這種學位還是有點幫助。我將近十年沒有見過我老爸了，我媽原來在郊外一間豪華旅館裡當清潔員，她現在背痛無法工作。我需要這筆錢，也需要這裡的學位。」

他們又談了一會兒，他告訴她跟大頸鎮和他背景有關的一些事情，他第一次真心地向女性傾訴。她點起一支菸，吐了一口煙後說：「唔，我知道抽菸令人討厭。」她露出真誠的笑容問道：

「你想上樓嗎？那是這個計畫的一部分。」

在那剎那間，喬的確很心動，但是這麼輕率的性愛似乎是卑鄙齷齪的事情，而且他突然想到他媽媽因此碰到的遭遇。

「哦，麗伊！」他說：「我不想。」他停頓了一下，然後為了消除話中的難堪意味，又補充說：「但是我希望回來參加夏季練習時，能夠看到妳。我明天要搭早班飛機，妳可以送我回汽車旅館嗎？」

「很好。」麗伊說：「他們會以為我們溜走了，而且我不會因為待客不周，而遭到責罵。」

他哈哈大笑，然後為自己的大笑覺得難過，她極為能說善道，又極為敏感。

「別笑！」她帶著神祕而哀傷的笑容說：「如果我們兩個都很幸運，在我們離開這所大學時，不會變成遭到徹底傷害又破舊的二手貨。」

他做出了決定，6月下旬，他到亞聯大學報到。亞聯是一年四季狂操的足球工廠，早上喬耗在舉重室裡，聽有聲書，隔絕震耳欲聾的搖滾樂和令人窒息的單調感覺，卻無法逃脫無盡無止又十分無聊的球隊會議。

練習經常花很多時間，在連人工草皮都會烤乾的亞歷桑納州炎陽下訓練。教練團認為熟能生巧，因此要球員無休無止地練習、再練習。有時候，喬真覺得自己的腦袋已經凝結成一團遲鈍的糨糊。

總教練強生頂著海灘傘，坐在一座塔上，觀察大家練習和混

戰，他利用擴音系統，放送令人難過的挖苦和批評，顯然他認為這種尖酸刻薄很有趣，也很能激發鬥志。練習時犯錯的人會聽到：「26號，你讓家鄉少了一個白癡。」一位受傷後設法復出的四年級球員得到的警告是：「史巴諾拉，與其說你已經過氣，還不如說你將來永遠不會過氣。」一位錯過傳球的前鋒會聽到：「史密斯，如果你再這麼笨手笨腳，你就給我去跳水。」遭到撞倒的防守後衛聽到的話是：「我的小姐，妳在發什麼呆啊！」強生還經常打嗝，強調他說的睿智名言。

第一個炎熱的夏季裡，喬覺得自己表現優異，但是球場上有很多新手。隨著時間過去，他很清楚亞聯大學有太多天才四分衛，他其實沒有強壯的手臂，照甲組球員的標準來說，他長得並不高大。他善於看出防守之道，也很會搶球，但是他知道，要變成亞聯大學的四分衛是漫長的奮鬥，而且一定要當「紅衫學生」一年、甚至要這樣做兩年。

紅衫學生是延長大學運動員資格到五年以上常見的方法。大學體育聯盟規定，球員只有四年的大學運動員資格，然而，如果球員不是球隊的正式球員，而且完全不參加比賽，這一年就不計算在內。大部分球員愚蠢地喜歡這種做法，因為他們仍然可以得到食宿、津貼和參加練習的好處，而且有了這種額外的發展時間，可能會提高他們最後參加比賽的機會。

喬也開始了解自己打不進國家美式足球聯盟，因此他最好開始考慮球員生涯之後的日子。他仍然非常希望參加大學美式足球賽，也開始想到自己是否應該轉學到乙組或丙組球隊的大學，確保自己一定可以成為先發陣容的一員。

到了9月，教練團決定讓喬改當防守後衛。防守後衛教練巴尼特把他叫到辦公室，告訴他這個消息時，他很失望，卻不訝異。他知道自己在四年級之前，沒有機會當四分衛，實際上，他喜歡當防守後衛，知道自己很行，而且相當確定自己可以變成先發球員。

巴尼特找他來談時，也告訴他，他要當紅衫球員一年，以便得到經驗。「你每個月仍然可以得到正常的津貼，這樣好嗎？」教練問他時，充分預期會聽到喬說這樣很好的常見答案。

「不好，這樣不好。」喬說：「我希望走自己的路，我不想在這裡耗五年。」

巴尼特生氣地看著他說：「你這是什麼態度，這裡可是甲組球隊，是全美十二大球隊之一，或許你應該參加校內運動會的比賽，兄弟。」

喬瞪著他說：「或許我應該轉學──兄弟。」

巴尼特的言行舉止突然變了，要是球員對他們有用，他們就得遷就這位球員。喬當上了防守後衛後，也被貼上了不滿分子的標記。

對喬來說，這樣不是劇烈的轉變，因為他念高中時，偶爾會打安全後衛。到大二時，喬當上先發角衛，他速度快，球感好，撞擊有力，隨著球季開展，他的信心日漸增加，他知道自己在這種水準的比賽中，確實可以表現得很好。

他大展身手時，也有過登峰造極的時刻。有一次，他們的隊伍跟賓州大學比賽，他深入敵陣，球被拋飛在半空中，他跳了起來，斜身飛起，然後用一隻手抓住球，彈開對方一位球員的擒

抱，又閃過另一位球員。突然間，他掃了一眼整個球場，本能地避開衝過來的多位對手，他感覺有隻手抓住他，不過，就在那電光石火之間他擺脫並衝出重圍，眼前一大片球場綠得耀眼。他在陽光下直奔七十多公尺，衝到底線區時，群眾的歡呼聲鋪天蓋地，把他完全淹沒，他轉身回顧球場，在那片刻之間，世界彷彿靜止不動——追逐他的對手停下腳步，他的隊友疾奔而來，邊線上的亞聯球員高喊他的名字，這是絕對完美、欣喜若狂的時刻。亞聯大學沒有受邀參加任何錦標賽，但是，他念大二那年，他們的球隊交出九勝四敗的佳績。

到了第三個球季，喬完全了解大牌大學美式足球是一門生意。亞聯大學沒有人關心他是否去上課，但是，他還是選了完整的學分。教練只關心他每天上午是否到重量訓練室練習兩小時，事實上，教練團還隨時點名。衛鋒教練問他為什麼把時間浪費在課堂上，還半開玩笑地告訴喬，如果他這麼在乎得到學位，亞聯大學會送他舉重或體育榮譽學位。

這時喬已經知道，教練團把球員當成光榮的炮灰，球員受傷後，還被迫參加比賽，結果傷勢加重，永遠無法復原。他有幾處小傷，時常發作，他會擔心自己是否有腦震盪。他其實已經不喜歡擒抱壯碩的跑鋒，然而，還是沒有什麼東西比星期六下午衝刺獲勝那麼甘美。

除了打球和上課之外，喬把空閒時間花在閉門讀書上。教練團的反智文化非常嚴重，以至於他必須把教科書和日增的藏書藏在櫃子裡。他研讀媽媽寄來的新聞雜誌和小說，研究企業與經濟

學課程的作業。他的課程中，沒有一點東西跟股市直接有關，讓他覺得煩惱。他細心研究每週收到的美林研究報告，分析其中的數字，以便決定買進哪支股票，一切就像他小時候研究「跑鋒」遊戲中的球員一樣。

無論是躲在房間裡、練球還是參加會議，他都有種強烈的孤獨感——隨著年齡增加，這種孤獨的感覺讓他困擾。這種感覺多少跟他過去的片段回憶、跟夕陽西下和體育館有關，尤其跟他和吉布森走在河邊、在那塊土地上散步的時光有關，他已經愛上了孤獨，但是他不知道其中的原因，也不明白這種難以言喻的感覺意味著什麼。

但是，他很明白一件事：他跟其他球員不同。他不是他們嘈雜生活中的一分子，他很喜歡其他球員，他們也喜歡他，但是他痛恨練球時千篇一律的殘暴。

此外，他也不喜歡球員宿舍粗野吵鬧、糜爛的生活。第一學年他參加了兩次派對，喝得酩酊大醉，在酒精的作用下，他逢場作戲。事後，他只覺得空洞和失落。

喬親眼目睹亞聯大學的很多球員，在耗盡了比賽資格年限，身體殘破不堪、不能再打球。他們沒有拿到學位，一事無成地離開學校，落得窮困潦倒又滿身傷痛。他發現，除非你是大明星又打進國家美式足球聯盟，否則校友代表不會提供你任何工作，即使是這樣，你或許可以在鳳凰城，為某一位董事長賣保險，或是為大型汽車經銷商賣車。

喬知道憑藉著他的素質和能力，他應該得到比這更好的生活，身邊其他人的渾渾噩噩讓他覺得難過。他對課業的重視幾乎

超過美式足球，他特別努力，希望取得商學學位，在他的心裡，他知道自己希望找到跟股市有關的工作。

喬主修企業管理，發現這門課很有意思，教室氣氛卻經常一片懶散。所有的老師中，他最佩服會計老師，喬兩年內修了五門課。讓他驚異的是，他發現自己全心全力研讀會計學，會計在邏輯上的一貫性吸引了他。不過話說回來，他一向總是很喜歡數字。

他的另一個重點是美國文學，寫作老師說要幫他找份媒體工作時，他又驚又喜。這是生平第一次，有一位在知識上得到他尊敬的人，因為他的思想，而不是因為他的運動技巧而欣賞他。然而，他驚訝地現記者的薪水極低，因此他下定決心要增加企業知識與技能。

亞聯大學的球員沒有多少機會，跟其他學生混在一起。喬在課堂上會遇到其他學生，但是大部分的課都是在大講堂裡上，偶爾還是有學生認出他，希望跟他聊聊美式足球話題才來找他。他跟麗伊約會了幾次，卻沒有爆出火花。

喬當先發球員那一年，亞聯大學請大喬和朵洛莉絲來看過幾場球賽，把他們當小國王室成員一樣，免費招待食宿，提供位置最好的票。他很高興見到父母，覺得對他們有義務，但是這種週末結束時，他總是如釋重負。他有一位高大的黑人父親，和一位頭髮染成金色的白人母親，這只是對隊友強調他們已經知道的事實──他是黑白混血兒。

吉布森每年都會來看幾場球賽。喬跟賓州大學比賽，搶球直奔、達陣得分那一戰，他也在場。他們通常會在賽後共進晚餐，

聊很多跟股票有關的事情。喬開始了解吉布森是跟專家競爭的業餘玩家，不研究自己所擁有的股票。雖然喬在1995年太早賣掉IBM股票，蒙受了一筆小小的損失，然而目前喬的全部投資組合價值已經將近四千美元。但是他明白，除非他有好幾倍的投資組合，否則營業員不會注意到他。他一再研讀巴菲特的專訪，裡面談到應該只投資所生產產品能夠讓自己了解的公司，他逐漸設法把這個原則，跟本益比低的股票結合起來。

最後，他在球員招募晚宴上認識的速克達，竟然變成了他的至交好友。速克達是討人喜歡、樂觀又有自信的男孩，據說他是選秀的主要目標。

四年級開學時，速克達要喬借他二百美元，喬同意借他，卻問他為什麼需要借錢。事實上，喬是明知故問，速克達花錢如流水，他戴著釘狀鑽石耳環，這一天他穿著三件式、雙排扣的淺褐色西裝，配著淺藍色的襯衫，這一切都是從鳳凰城一家大服飾店買來的。

「我老爸告訴我，把錢借人會失去朋友。」喬板著臉孔回答。

「少來了，老哥，我會還你的。」

「你創造了這麼多持球衝刺的記錄，也創造了這麼多達陣得分的記錄，我認為，他們應該給你更多的零用錢。」

速克達說沒有，他還是跟過去一樣，每週得到三百美元的零用錢。

「真離譜！去告訴你的校友代表，說你希望增加零用錢。」喬說。

「我不希望讓他不高興。這不就是點兒錢而已。」

「對！人生中有比金錢還重要的東西，但是，問題是所有這些東西都需要花錢。你要擺出堅決的態度，蠢蛋！」

速克達照著喬的話做，校友代表不情願地同意把零用錢提高為四百美元，速克達表示不滿，但是這位校友代表告訴他，不要就拉倒。喬覺得這樣子的剝削等於侮辱。

「你這個窩囊廢！他們至少應該把零用錢加倍才對。」喬幾乎吼著說：「回去告訴那個傢伙，你要六百美元，如果你拿不到，你痠痛的腳踝將會變得更痠痛。」

速克達言聽計從，第二天練習時，生著悶氣，腳步一跛、一跛。隔天早上，喬被人叫到運動中心總教練強生寬敞的辦公室去，裡面空調全開，但是魁梧的總教練藍色襯衫的腋下卻有著暗色的汗漬，空氣中充滿了雪茄和汗酸味。強生跟新聞界談話時總是笑容滿面、魅力十足，他總是把球員說成「他的小孩」，但是今天他可不是在兒戲。

「哦，喬！」強生告訴他：「你很精明，或許太精明了，這樣對你不好，我聽說你忙著研究股市，而不是忙著研究下星期六的比賽計畫。你為什麼不利用你的頭腦，加強了解這個星期六洛杉磯加州大學球隊要怎麼擲球，而不是鼓動我的明星跑鋒那金色捲髮下的腦袋瓜子？」

強生靠向椅背，撥弄著雪茄。喬再也不受總教練的威脅，事實上，他瞪大眼睛、回敬教練時，心裡想著：你真是殘忍又虛偽之至的混球。強生繼續說：「為了讓你了解你造成什麼樣的擾亂，我簡單地說吧，我們這星期六要到洛杉磯體育館，跟洛杉磯加州大學球隊比賽，那裡可能有八萬五千個座位，洛杉磯加州大

學先拿走門票收入的第一筆二百萬美元後，我們會得到門票收入的一半。如果速克達不出賽，觀眾看不到這位偉大的白人明星跑鋒上場，我們的總收入能夠達到十萬美元，就算幸運了。這個計畫和我的薪水靠門票收入支撐，這棟建築和我們富麗堂皇的體育館靠著免稅債券的融資興建。不錯，校友後援會捐助了一些資金，但是他們是一群鄉巴佬，沒有真正的大錢，這所野雞大學不是擁有三百億美元校產資金的哈佛或耶魯，我們只能勉強糊口。」

喬以前沒有想過球隊經營背後的經濟學，因此回答說：「我了解，長官，但恕我直言，我們是熱門球隊，我們一直吸引大量的觀眾，這些球員，尤其是速克達，應該得到更多的獎勵。」

「小子，你理當是來這裡打美式足球，不是來搞勞資關係的，我們會贏球，靠的是瘋狂的瘋子，不是靠會計師，我不喜歡找麻煩的人，即使他們是優秀的角衛也一樣。你再繼續這麼做，只會帶著很糟糕的汙點離開這裡。」

「我已經有汙點了。」喬站起來要離開時喃喃說道。

「好一個聰明的傢伙，好一個煽動家，好一個麻煩製造者。」強生在他背後這樣說。

喬跟速克達談起這件事時，仍然很生氣。「他們利用這個寶貴的計畫剝削我們，我們可以促請一堆先發球員告訴他們，如果不增加津貼，就不上場比賽。對這一堆老頭子來說，跟洛杉磯加州大學的這場比賽可能是賺大錢的機會，也是提高他們自尊心的比賽，我們卻得不到半點好處。」

速克達臉上沒有表情。「這樣是叛變，好傢伙，你說的是叛變，我不希望為了區區三百美元，列入黑名單，變成麻煩製造

者，我希望到國家美式足球聯盟打球，即使你是新手，他們每場比賽也會發給你三萬美元。」（速克達後來的確得到了機會，畢業後進入聖地牙哥電光隊……可惜他的職業生涯並不長久。）

他們的大叛變就這樣結束。那個星期六，他們在洛杉磯體育館，跟洛杉磯加州大學比賽，體育館幾乎滿座，亞聯大學賺到很大一筆錢，速克達表現出色，但是他們還是以21：28輸掉了球賽。喬一點也不在乎，整個事情讓他倒盡胃口，他討厭其中的虛偽、討厭比賽中的暴力，他不再希望到國家美式足球聯盟打球，開始考慮球員生涯結束後的日子。

大四那年春季，喬發現他沒有足夠的學分，無法畢業。球隊經常旅行和開會，使他無法達成所有課程的最低上課標準。因為四年級球員的津貼在球季結束後中斷，大約有一半的四年級球員在元月退學，根本沒有畢業，喬可不想這樣，他決定上暑期課程，拿到學位。

最後，喬拿到企業管理學士的學位，他帶了五百美元，滿懷憧憬，前往紐約。他希望當一名華爾街的分析師……據說那裡的街道都是用黃金鋪成的，他肯定可以在那裡賺到大錢。

Chapter 3

無情浪子，紐約券商明日之星

買高賣低、隨波逐流似乎就是投資組合經理人的投資風格，然而，
他們的工作很有趣，也賺到很多錢。

喬抵達紐約後，住進基督教青年會旅館。他在《華爾街日報》
上看到一則廣告，於是跑去一家專門為金融公司招募員工的職業
介紹所。

「亞聯這種大學的商學士學位沒有用，沒有管理碩士學位的
話，你沒有資格到著名商業銀行或投資銀行任職。」求才專員告
訴喬：「他們的確會為最優秀、最聰明的人開設訓練課程，這種
課程幾乎就像兩年的金融新兵訓練營一樣，課程結束後，你就會
像有資格進投資銀行圈裡領高薪的人。負責面談的人幾乎全是名
校畢業，通常喜歡雇用像他們自己一樣的人。」喬認為職業介紹
所的人似乎有一點酸溜溜。

「我相當了解股市和投資。」喬告訴他：「我從十多歲起，就

追蹤交易市場，我其實只是想找個機會而已。」

「是啊，不錯，不過這點並不重要，像你我一樣上野雞大學的普通人其實並不夠格，像高盛或格蘭特公司（Grant & Company）之類的企業會收到五百份履歷表，約談一、兩百個人，他們只看著名的長春籐盟校、史丹佛與安賀斯特之類的學校。亞聯大學對你沒有幫助，但是我或許可以替你找到內勤辦公室的工作。」

他繼續說：「內勤辦公室表示你會進入帳務部門，前方辦公室是大家跟客戶互動的地方，在格蘭特這樣的公司裡，投資組合經理人和他們的分析師都是精英，內勤辦公室的待遇不如前方辦公室。」

「這樣是否表示我會永遠困在內勤辦公室裡？」

「這要看情形而定，或許你可以走出困境。」

「他們的薪水有多少？」

「大約五萬美元。」

喬心想，這個傢伙對他似乎不很感興趣，也不很願意幫忙，他顯然認為，替喬找到工作，不會替他帶來大筆的介紹費。

幾天後，介紹所把喬送到大型投資銀行格蘭特公司，去面試一個作業部門的職位。幾年前，格蘭特通過大量的回溯測試發現，SAT測驗分數高、參加過大學的體育競賽，是在公司能否成功的兩樣最佳預測指標。在面試喬的人力資源部門職員眼裡，喬是一位膚色黝黑的帥氣小伙子，身材修長，卻有著寬闊的肩膀、粗壯的脖頸和厚實的雙手。他的SAT測驗成績很不錯，又打過著名大學美式足球，因此他給了喬一份格蘭特投資管理公司作業部的工作。

格蘭特的作業部經理蘇‧吉拉蒂（Sue Girardi）是個相貌平平、身材結實的女人，臉上稜角分明、鼻音很重。她大約四十五歲左右，言行直截了當，因此喬可以憑著直覺，對她做出反應，他坦白地告訴她自己的野心。

　　「這麼說來，你想當分析師囉。」她說：「接下來，你會想當投資組合經理人。哦，我們公司一向都會阻止哈佛商學所畢業的聰明人，放空他們並未擁有的東西。」她懷疑地看著喬，認為他看起來像是喜歡惹是生非的青年。她不知道他能否合群，能在這裡混多久。「我和我的部屬，我們就像一家人。」她告訴他：「大家都相處愉快，互相幫忙，因此，請你也務必配合我們。」

　　喬在「輪機房」裡工作，這個房間很寬敞，卻沒有窗戶，位在美利堅大道一千三百號的二十一樓。他跟另外二十位男女同事一起工作，所有同事都在終端機前忙著。他整天都忙著對帳 ── 進行交易結算，確保所有的項目正確，檢查對帳單。工作很單調，同事都是單調乏味的好人，大部分都是從祕書力爭上游、爬上來的中年女士，剩下的幾位男士大都是專科學校的畢業生。至於吉拉蒂經理，喬發現她很嚴厲，卻也很公平，認定工作必須正確、準時地完成。

　　格蘭特的投資組合經理人是高高在上的貴族，分析師是他們年輕精銳的戰士。這些婆羅門[1]，不會跟作業部門的「雜役」廝混在一起。但是喬替他們做績效測試時，注意到大約一半的投資組合經理人，績效低於他們評比績效所用的相關基準指數。買高賣低、隨波逐流似乎就是他們的投資風格，然而，他們的工作很有

1. 印度種性制度中的最高階級。

趣，也賺到很多錢。

領了幾個月穩定的薪水後，喬在東村一棟臨街公寓的五樓，找了一間房間，可以俯視著陰暗的街道。他堅持上班早到、下班晚走，因為他精通數字，對他來說，這個工作並不難，而且他抓出了一些錯誤，贏得吉拉蒂稱他為「好小子」的讚譽。格蘭特的健身房白天只保留給總經理和董事們使用，不過一般員工下午六點以後可以利用。喬開始每週上三次健身房，就在那裡他認識了道格‧史考特（Doug Scott）。

史考特是加州人，長得瘦瘦小小，笑容真誠，相當有魅力。他們發現兩個人都住在東村，因此上完健身房後，經常一起搭地鐵回家。史考特在洛杉磯加州大學主修企管，顯然很精明，對股票和市場的知識很豐富。他原來應徵格蘭特公司的研究助理，雖然他學業成績優良，卻分發去從事股票銷售。他個性友善、討喜，非常能幹，是一定會成功的人。他從事股票銷售已經五年。他告訴喬，他每年大約賺七十萬美元，但是他暗示說，在他的世界裡，這種薪水只是小兒科而已。

「你得加把勁啊，兄弟。」他告訴喬：「上了沒有人聽過的大學後，你需要『鍍鍍金』，才能脫離內勤辦公室。你為什麼不半工半讀，利用晚上去上商學所，拿個管理碩士學位呢？雖然這樣做很辛苦。紐約大學史登商學所（Stern School of Business）雖不是哈佛，名聲卻很好，公司會替你出錢。」

喬知道他說的對，如果他要當投資專家，他必須得到一些學歷證明。投資組合經理人和分析師可能是衣冠楚楚、飽食終日的庸才，但是他們擁有他所缺乏的教育和投資工具。他知道自己在

討論股市時，無法跟他們平起平坐。他在大頸鎮和亞聯大學念書時所累積的自信逐漸消失無蹤，他必須補救這種狀況。

於是喬申請了史登商學所，並獲得錄取，部分原因跟吉拉蒂的推薦信和格蘭特公司的認可有關。

「喬，你又給我出花樣了，我非常支持大家進修上進，但是別讓我抓到你在上班時間做作業，也不許早退去上課，工作還是工作。」

喬選讀完整的課程，晚上去上課。工作一整天之後再去學校是艱難的挑戰，有時候，他在課堂上必須努力保持清醒，要完成所有的指定作業更是困難。教學的水準和所需的時間跟亞聯大學的課程截然不同，他發現自己得在地鐵裡念書，甚至他在公司餐廳吃午餐的四十分鐘裡，都在學習。

作業部門的男同事人很好，喜歡跟他閒聊運動有關的話題。然而，他們卻不是他想要親近的人，他們的年紀大都比他大，也已經成家立業。他在紐約市不認識半個人，因此到了週末，他有非常多的時間可利用，他在中央公園慢跑，在簡陋的公寓房間裡挑燈學習，在宏偉的紐約公立圖書館裡研究股市書籍，過著孤獨、節儉、苦行的生活。他幾乎想念起亞聯大學來了——幾乎時常想起，卻不是那麼懷念。

他的孤獨感再度回來。在房間裡或圖書館裡一個人念書時，他會突然間陷入一切都是徒勞的感覺。他的人生除了虛榮的碎片外什麼都不是，他的過去毫無價值，未來毫無意義，除非他時來運轉，找到能夠統合一切的完滿因素。

到了11月底，喬要求吉拉蒂讓他星期五休假，好回大頸鎮度週末。星期五晚上，他跟大喬早早共進晚餐。他們聊起運動，大喬告訴他，鎮上的高中球隊現在苦苦掙扎，兩人走向球場時，他父親像過去一樣言簡意賅。

　　「我以你進了格蘭特公司這樣的著名企業為榮。」大喬說。

　　「不過話說回來，兒子，我總是以你為榮。」

　　「我在那裡的工作很彆腳，老爸，但是我還在努力找出路。」

　　「我知道你會這樣做，兒子，我知道你會這樣做！」這些話大概就是父子之間最親密的對話了。

　　到了球場，看到所有熟悉的標語，聞到所有熟悉的味道，回憶像排山倒海一樣，湧上喬的心頭。他畢業已經五年多了，現在的球員似乎比他記憶中的樣子小太多了，也脆弱多了。比賽半場休息時，他跟老朋友和隊友握手、擁抱，比賽結束後，他們一群人去了鎮上一家叫做「放輕鬆」的酒館。

　　喬的所有老友都已經結婚，在鎮上的車行、加油站或在紡織廠裡工作。他們對喬另眼相看，因為他住在紐約，又在一家著名的公司上班。當喬告訴他們他的工作實際上有多卑微時，大家都露出懷疑的表情。喬開始覺得厭煩，與老友重逢的喜悅淡去後，他發現他其實沒有多少話好說。聚會結束後，他走在熟悉、黑暗的老街時，突然感到莫名的沮喪。

　　隔天喬跟吉布森共進中餐。吉布森看來又老、又乾瘦。

　　他們坐下來時，吉布森說：「衣錦還鄉囉！」

　　「根本不是這樣。」喬苦笑著說：「我根本不覺得自己最近混得多好。」接著他向吉布森傾訴心聲：「那時候你告訴我要去上

好大學，不該去足球工廠，真是說的對極了。我犯了重大錯誤，現在只能窩在內勤辦公室裡。」

「喬，」吉布森說：「你很精明，又有天分，格蘭特應該是非常好的公司，你一定會設法突破的，取得管理碩士學位絕對正確。你要繼續注意股市，要努力工作，也要潔身自好。」

「這點倒不難，目前沒有什麼可以讓我墮落的東西。」喬告訴他。

午餐時，他們談到股票。吉布森似乎喜歡幾乎像自虐式的詳談自己的錯誤，不過喬知道他在目前的多頭市場中，賺了不少錢。吉布森仍然為1987年時把沃爾瑪賣掉而捶胸頓足。

吉布森在這頓飯中，也詳細說明他在迪吉多電腦（DEC）股票上的遭遇和錯誤。他的工廠從1980年代初期開始，就採用迪吉多的電腦，他告訴喬，他多麼欣賞這家公司、多麼欣賞他們的產品和公司的銷售組織。為他服務的迪吉多電腦業務代表人很好，對公司的前景極為樂觀。1980年代中期，他看著這檔股票飛躍上漲，1987年紐約股市大崩盤後，他和喬還一起參加美林科技股分析師舉辦的說明會。吉布森問喬還記得那次會議嗎？喬告訴他，當然記得，那次會議後，喬用賣掉沃爾瑪得到的資金，買了IBM股票。

這位分析師一再談到迪吉多的文字處理器技術多麼先進。吉布森在心動之餘，就在1989年初，也就是在紐約股市經歷大崩盤、仍然陷於低迷不振的時候，以108美元買進這檔股票。不幸的是，理當非常高明的經營階層黔驢技窮，開發不出新產品，電腦王國中最厲害的銷售組織拿著過時的產品，也毫無用武之地。

隨後的幾年裡，大盤逐漸反彈，迪吉多卻一路下跌，下跌過程中偶爾穿插著幾次強勁的反彈。他在劇跌造成的沮喪和驚恐之餘，在1990年夏季，把一半的部位以70美元賣掉，然後在1992年，以57美元的價格，賣掉剩下一半的部位。最後迪吉多在1998年6月12日，由康柏電腦以56美元的價格併購，完全沒有溢價。

「我應該在1989年買進之後，在這檔股票表現極為差勁時，就拋售這檔股票。你應該賣掉輸家，緊抱贏家。實際上我的做法正好相反，我再也不聽業務員或分析師的話了。」

那天夜裡，喬在他熟悉的房間裡，躺在自己的舊床上，卻覺得忐忑不安。寂靜的夜色中傳來遠處貨運列車發出的汽笛聲，以及列車繞過彎道、爬坡開向大頸鎮時發出的低沉隆隆聲。突然間，一種無法言喻的哀傷襲上心頭，他迫不及待地想回紐約，卻不知道自己為什麼會這樣。

回到工作崗位後，喬注意到部門裡多了一位名叫派特的女性。派特一頭黑髮，有著紅潤的圓臉和綠色的大眼睛，大概比他大五歲，長得很好看，但是坐了十年辦公室後，她已經失去啦啦隊員的那種好身材。派特經常對著喬微笑。有一天，他一個人坐在餐廳裡，一面吃中餐、一面看書時，她走過來，坐在他旁邊，兩個人聊起公司和工作。她當了五年祕書，然後上了一些高級的電腦課程，最後公司把她升為專業員工，但是現在她的路大概已經走到盡頭了。

他們第一次共進午餐後，她每星期會找他一起吃幾次午餐，還有幾個禮拜五晚上，他們一起出去，跟她的朋友瑪琳和輪機房

的另一些同事小酌一番。喬明知自己不該跟他們混在一起，卻還是這麼做，反正他沒有別的事情好做，而且他想，可能是自己隱士一般的生活，讓自己覺得有點無聊和孤獨。

輪機房的女性很團結，但是彼此之間也有強烈的嫉妒心理，大部分女性不是單身，就是已經離婚。瑪琳每年大概會安排一趟旅行，讓所有的女性到具有異國情調的某些派對城鎮度假。喬猜想，她們舉行派對和挑選男人時，這種旅行偶爾會變得相當狂野。派特告訴他，她參加過幾次。

瑪琳現年四十歲，離過婚，頭髮染成金色，長得相當高大，臉皮相當厚，喜歡挑逗別人，卻不跟喬打情罵俏。辦公室裡的女性多少已經認定他是派特的人，喬認為，只要沒有人當真，這種想法對他也不是問題。瑪琳為格蘭特美國股票部門總經理大衛・道斯（David Dawes）工作，道斯的職位讓她獲得一些權力，她也喜歡利用這種權力，她比派特直率多了，也更有自信。他發現她們都很有趣。

喬對華爾街大型投資公司的文化一無所知，因此辦公室的女性閒聊公司和高層主管時，他總是認真地聽著。這些女性認為，很多高層主管很精明、很勤奮，但是有一些高階人士頂多只能說是平庸的半吊子。他們是享有特權的精英分子、投資專家，因為他們很幸運，在時髦的郊區或在第五大道上長大，上對了好預校和好大學。瑪琳喜歡她的老闆道斯。她說，他是好人，不是天才，但他不是天才也沒關係，因為據說他太太很有錢，他相當公平、很有能力。

隨後的幾個月裡，喬和派特之間持續維持著輕鬆卻斷斷續續

的關係，他們自由地談論工作和公司的事情。派特偶爾會問他有關商學所課程的事情，但是當他興奮地侃侃而談時，她卻沒有反應，這種情形幾乎就像是她不希望他拿到管理碩士一樣。喬喜歡跟派特在一起，卻對她的身體不感興趣，也不希望跟她發生親密關係，他從來沒有要她跟他單獨在一起，只是把她當成辦公室裡的紅粉知己。因為，他在男人的世界生活這麼多年後，這種完全不同的輕鬆關係讓他覺得有趣。

這一切都在那年夏天改變了，派特要求喬跟她、瑪琳和另外幾位朋友，到澤西海灘一棟租來的沙灘別墅過週末。

沙灘別墅由瓦片搭成，飽經風霜，不像獨棟別墅，比較像是舊房子，但是從房子裡看出去，綿延的海灘和深藍色的大海景觀絕佳。派特帶著他，去看過他跟輪機房另一位男士傑克要合住的房間後，他就穿上游泳褲，跑到海灘上。

這一天豔陽高照、天氣晴朗，大西洋的滔滔巨浪翻湧不絕。派特、瑪琳和另兩位女同事坐在海灘上，帶著欣賞的目光看著他。雖然他天天都看到這些女士的上班打扮，此時看著她們穿著輕薄短小的泳裝躺在太陽下，還是覺得有點異樣。派特的身材其實不適於穿比基尼，瑪琳看來有點矮胖，他開始感覺有點不自在。

暖身結束後，喬告訴派特，他要去跑步。他以讓人洩氣的速度，沿著寬闊的沙灘一路跑下去，在午後炎熱的太陽下，跑了很長一段距離，經過在淺灘上遊戲的小孩，鹹鹹的水霧沖進鼻孔，就像大海製造的香水一樣。跑了幾公里路後，他轉身跳進大海，奮力地游了十分鐘，水很冷，卻讓人感覺非常舒服，就像將紐約層層的汙垢和對帳工作的枯燥完全沖刷一空一樣。

他回到別墅時，海灘派對已經開始，音樂放得很大聲，冰箱裡裝滿啤酒、葡萄酒和蘭姆酒，有人在烤牛排和漢堡。他可以聽到瑪琳沙啞的大笑聲，他換上Polo衫和短褲，找到派特，一起吃東西、喝酒，還跟瑪琳、瑪琳的男友和其他來賓聊聊天。

許久之後，天色昏黑，派特抓著他的手，把他拉到一座沙丘上，看著白浪沖上岸邊，也看著深藍色海面上月光留下的一道狹長光影。他躺在沙丘上，享受先前運動和酒精在體內流動造成的麻木與痠痛。

「你知道嗎，格蘭特開始雇用像你這樣的猛男前，我曾經考慮過離開公司。」她說。他覺得這番話事前演練過，也覺得自己最輕微的輕舉妄動，對方都會毫不遲疑，迅速地接受。「你與眾不同。」她喃喃說著，話語有點模糊不清。「你正在念商學所，你會得到賞識，我知道你會變成最熱門的投資界明星，賺很多錢，然後忘掉我這個微不足道的老女人。」聽到這，喬決心把話題從自己身上移開。

「告訴我妳的故事吧。」他若無其事地說：「然後我就要去睡覺了。」

她的故事可以預見，她滔滔不絕說著幾段失敗的戀情，包括跟格蘭特一位已婚老男人的漫長婚外情，最後這位男士拋下她，回到妻子和家人身邊。喬漫不經心地聽著，暗自思忖該怎麼辦。很顯然，派特想引誘他，希望提升他們之間的「關係」，但是喬知道，跟每天上班要見面的女孩發生一夜情，並不聰明，然後他又想到，逢場作戲有什麼壞處呢？他望著無窮無際星空深處，找不到答案。

他們穿過已經空蕩蕩的沙灘走回別墅，他感謝她邀請他來，飛快地給她一個晚安之吻，就回自己的房間去了。他覺得她看他的眼神已經充滿飢渴。他才脫下衣服上床，門就開了。

派特穿著可以清楚看到胴體的薄睡衣，站在門口，輕聲說道：「傑克跟瑪琳在我的房間裡，你不會要我自己一個人睡在那張床上吧？」

她風情萬種地走到床邊，鑽進毯子裡，那手放在他的大腿根部。好久沒有女人這麼積極、這麼堅持地追求他了，他決定不請她離開自己的房間。

星期天早上喬起床時，派特已經離開，傑克躺在另一張床上，張著嘴巴打呼。喬快快地穿好衣服下樓，今天又是美好、炎熱的夏天，太陽照亮海面、大浪滾滾湧上岸來。派特在廚房裡煮咖啡，她親了他一下，還捏了他的手。

喬開始覺得自己誤入陷阱，因此站起身來，粗聲說要再去跑步。派特剛想抗議，但是接著似乎又改變了心意。

他在海灘上跑了很久、很遠，一面跑步，一面對自己跟派特之間的狀況覺得不安。派特的主動嚇到他，他不希望別人認為她是他的女朋友。他是否在無意之間讓她誤會了？他不想魯莽傷了情面，因此他決定過完這個週末回到紐約後，再慢慢地疏遠她。

回到別墅，他拿著會計課本坐在陽台偏遠的角落。二十分鐘後，她找到了他。

「你像電腦終端機一樣不合群。」她指責他。

「對不起，但是我總是有很多作業。」他告訴她。

「我想你了！」她說。

「我的會計課本更想我。」她看來似乎很受傷。

那天晚上，他們舉辦另一場吵雜的海灘派對，客人來來去去，大部分都是他不認識的人，所有的客人似乎都曬了太多的太陽、喝了太多的酒。他再度想到自己來這裡做什麼，但是隨後一位明豔動人、皮膚黝黑、年齡與他相仿的美女與他聊起天來，她穿著小可愛，體態輕盈。她告訴他，她是摩根銀行的分析師，他突然發現自己對她很感興趣。可是就在這時，派特突然打斷他們的談話，以宣示主權的方式，把手纏在他的腰間，告訴他，他們該吃東西了。喬後來再去找這位女郎，但是她已經離開了。

喬覺得那夜似乎沒完沒了。他覺得無聊、彆扭，因此告訴派特，他要回別墅上廁所，結果卻溜回自己的房間。他抓了本書躺在床上，昏昏欲睡時，派特打開門，爬上他凹陷、狹窄的床上，輕聲說：「可以再來一次嗎？」說著就把電燈關了。

他們做愛之後很快就睡著，但是喬睡得很不安穩，夢到自己遭到某種貪心的野獸追逐。他醒來時，看到身邊頭髮散亂、微微打鼾的人時，感到一股絕望、無法克制地想要逃離。他看看窗外，看到陽光透過破舊的百葉窗灑進屋裡，他可以聞到大海帶有鹹味的新鮮空氣，他的思緒突然變得清明，他需要立刻離開。他悄悄地穿好衣服，草草地寫了一張感謝便條，說他還要寫報告，就搭了便車到火車站去。

長週末結束、回到辦公室後的第一個早上，派特站在他的工作站前，輕聲說：「我等不及要和你午餐。」

「派特，我有一些功課要趕。」喬硬起心腸。

「我不會打擾你。」她說：「我們這個週末再補回來。」

「派特，我還想做妳的朋友，但是不會再有下一個週末了。上週末我很開心，但是我們不會再來一次了。」

她抽了一口冷氣說：「也就是說，睡過之後就落跑囉。」她的聲調突然變了。

「派特，這一切非常開心，但是對我來說，就只是開心而已，像兩個好朋友之間一樣，我的功課趕完後，下星期我們再一起午餐。」說著他回到自己的電腦上。她走開時，眼睛裡泛著淚光。

那天後來他在走廊上碰到瑪琳，她瞪著他說：「你到底搞什麼鬼？派特說，你下個週末不去海灘度假了，我還認為我們都很愉快。」

「我非常喜歡那裡，跟你們一起到海邊去非常愉快，但是我不想把這種事情變成習慣，而且坦白說，瑪琳，我不希望派特生出錯誤的想法。」

瑪琳哼了一聲，憤怒地說：「你早就該料到會有這種事……」

隨後的幾星期裡，喬偶爾會跟派特一起午餐，但是他們的談話已經不再自然。他跟輪機房裡的人出去喝過幾次酒，也感覺很不自在，因為瑪琳似乎總是對他怒目相向，其他女性頂多只是跟他匆匆地點點頭。他檢討了自己跟派特發生性關係，並下定決心不再做這麼蠢的事，不過他太專心於工作和學業，倒也沒有為此太過糾結。

此外，他在事業生涯中，開始看到一絲光明。那個命定多事的週末之前幾個月，主管美國股票事業處的總經理道斯跑到輪機

房來，查對他一位客戶的績效數字。道斯年約四十五歲左右，瘦瘦高高、長相體面，有著一張貴族氣息的臉孔，很有魅力，也很受敬愛。那天早上，他注意到喬桌上的《瘋狂、恐慌與崩盤》（*Manias, Panics, and Crashes*）。

「嗨，喬！這是本好書，金德柏格（Kindleberger）最厲害了，你看投資書籍嗎？」他說。

「是的。」喬說。對道斯居然知道他的名字覺得很訝異。「我努力在看，但是我有很多商學所的教材要研究。」

「我辦公室裡有一整個書櫃，裝滿了精彩的投資書籍，都是經典傑作，你可以自己去拿來看。你在上商學所嗎？」

「是的，長官，我希望變成投資專家。」喬說。

「太好了！他們告訴我，你在大學時踢美式足球，你打什麼位置？」

「我高中時打四分衛，但是最後在亞聯大學當角衛。」

「不錯！我在普林斯頓當邊鋒，有一半時間都坐冷板凳，四年級以前沒有參加過多少比賽，但是打球的感覺超棒，我喜歡！」

喬一本、一本地消化道斯的藏書，他研讀了許多經典傑作，如：麥凱（Mackay）寫的《異常流行幻象與群眾瘋狂》（*Extraordinary Popular Delusions and the Madness of Crowds*），以及葛拉罕（Graham）寫的《證券分析》（*Security Analysis*）。接著研究現代書籍，包括索貝爾（Sobel）寫的《華爾街大恐慌》（*Panic on Wall Street*）、索羅斯（Soros）寫的《金融煉金術》（*Alchemy of Finance*）、朱瑞曼（Dreman）寫的《反向投資策略》（*Contrarian Investment Strategy*），甚至看了高柏

瑞（Galbraith）寫的《大崩盤》（*Great Crash*）。

他買了查爾斯‧艾理斯（Charles Ellis）編著的《投資經典》（*Classics I and Classics II*）上下冊。他不只是研讀這兩本書，還畫重點、參透其中內容。他發現投資數字與觀念具有無邊無際的吸引力。破解公司的會計帳就像解謎一樣，讓他想起少年時代追蹤美式足球卡片遊戲統計時的情景。

他讀得越多就越認為價值型投資符合他的性格，他喜歡處理跟公司價值有關的數字，再拿這些數字跟公司的股價相比。這麼多年來，價值型投資的年度報酬率，幾乎勝過成長型投資3個百分點，形成非常大的差別。

每次喬要拿書去還給道斯時，都刻意選擇道斯單獨在辦公室裡的時候。只要有空，道斯便會跟喬討論書的內容。久而久之，道斯對喬努力上進的精神、對他能夠迅速了解投資觀念的能力印象深刻。

有一天，道斯把孟思傑（Joe Menschel）寫的《市場、群眾與暴亂》（*Markets, Mobs, and Mayhem*）交給喬，要他看看這本新書。道斯心想，這小伙子還真是上進。他跟人力資源部門要了喬的履歷表，發現喬念大四時，曾經入選大學明星隊第二隊，因此對他更感興趣。只可惜他上了那麼個野雞大學。

喬也繼續跟史考特保持聯絡。年底，公司把史考特調到自營交易部門，讓他利用公司的自有資金進行交易——這是格蘭特正在加強的一塊業務。

史考特解釋說：「他們希望像高盛一樣，實際上，自營交易可能變成高利潤率的大型利潤中心，而且投資銀行本身是經紀

商——因此擁有優勢，因為他們可以看到顧客的委託單流動，我們要面對現實，投資銀行都設有大型研究部門，他們改變心意時，可以造成股票波動。我操作時，會緊緊跟著明星分析師走。每個人對內線消息當然都必須小心謹慎，但是其中還是有優勢存在。」

喬問：「你為什麼想從事這一塊呢？你在機構銷售業務中賺到不少錢，而且其中的風險比較低。」

「對！」史考特回答說：「但那已經是過去式了。手續費率不斷下降，業務員的重要性已經無法和二十年前相比。當時關係良好的機構業務員會變成投資組合經理人最好的朋友，而且因為業務員可以操控投資組合經理人，因此對公司來說，在爭取很難得到的交易時，業務員的價值高得讓人難以置信。」

「好，那你主要的工作是什麼？」

「我跟另外六、七個人，會坐在股票交易廳裡，公司准許我們買進或放空所有會波動的東西，包括股票、指數、商品、外匯和固定收益投資工具。」

「你對商品和債券有多少了解？」喬問道。

「不多，但是這些東西全都是受到恐懼、貪婪與動能影響的交易動物，而且我可以學習。你知道投資標的分兩種嗎？一種是進食的沙丁魚，另一種是交易的沙丁魚，前面這種東西是你們投資管理部門的人買的東西，後面這種東西是自營交易員買的東西。」

「你要對誰負責？」喬問。

「我工作的部門由所謂的督軍管理，公司總共大約有三十位自營交易員，為大約六位督軍負責，督軍彼此競爭，希望變成主

管整個業務的主將。公司可能給我五千萬美元的資金，我可以利用槓桿，使資金增加，到了年底，我可以分到利潤的12%，公司會出錢替我請一位助理，也替我出差旅費，困難的地方是我不能縮水——換句話說，不能虧損——超過10%，否則他們就會叫我停止操作。」

「假設你的資金成長20%，你的資本變成六千萬美元，縮水的規則是否仍然表示他們會把你掃地出門？」

「沒錯，不能縮水10%，他們會把你趕出去，讓你坐冷板凳，到年度結束為止，或是到督軍認為你的頭腦恢復清醒為止。」

「這樣豈不是跟巴菲特之類傑出長期價值投資人所宣揚的東西正好相反嗎？」喬問。

「的確如此，這種做法是動能交易，像國家廣播公司商業台（CNBC）的《快錢》（FastMoney）節目一樣，賣掉弱勢標的，買進強勢標的。但是如果你操作成功，隔年他們會給你更多資金，很可能也會給你更高比率的薪酬。」

「史考特，這樣非常好，但是他們為什麼會選中你？你從來沒有做過交易員。」

「他們希望明年擁有五十個自營交易產品線。他們聽說我替客戶做過一些準確的預測，我認識很多分析師，或許可以狡猾地趕在分析師之前，進行交易，而且我猜想，他們認為我很聰明、也很精明。如果我操作成功，代表他們找到一位會替他們賺大錢的贏家；如果我失敗了，虧損10%，他們頂多損失六百萬美元，我不是離開華爾街，就是回到銷售部門。」

「我覺得這樣很好。」喬說：「或許我應該試試當自營交易

員。」

「你首先必須離開作業部門的死胡同。」

「對，我知道。」喬說。

到了8月，道斯請喬在餐廳裡共進午餐，在那次午餐和隨後六星期內的另兩次午餐中，他們輕鬆地討論運動、市場和喬讀過的書籍。道斯希望知道踢甲組美式足球的情形，喬對他非常坦白，談到亞聯大學的嚴苛和虛偽，道斯聽得很入迷，很尊敬喬所經歷過的事情。他也很驚訝、甚至很震驚地發現喬對投資非常有遠見，他開始把研究報告送給喬。喬很認真地深入研讀，他刻意不表現出過度拍馬屁的樣子，但是他知道道斯可以把他從作業部門解救出去。

三個月後，道斯的部門需要另一位分析師，他問喬有沒有興趣，也警告他，說沒有人會教他怎麼當分析師，他必須在工作上自己學習。喬當然是興奮之至，也抓住了機會，隔一週的星期五，他就搬到分析師牛棚的一張桌子上。

他擔任新職大約六星期後，派特打電話來，要求和他一起吃午餐。

「我必須跟你談談，但不是在公司，我們必須到辦公室外面去。」他們沿著第六大道走時，他有種預感。他們買了三明治，在洛克菲勒中心的露天廣場找地方坐下。

「我懷孕了。」她說：「我可以花三千美元去墮胎，但是我希望把小孩生下來。」

喬看著她說：「妳沒有採取什麼預防措施嗎？」

「沒有！你以為我隨時都在做這種事嗎？你為什麼不預防？」

喬做了一個鬼臉，她說的對，他應該帶著保險套，但是他沒有預料到那個週末會跟別人發生性關係。另一方面，他現在想到派特其實早有安排。

他握著她的手，喃喃說道：「我很抱歉，派特，我會幫忙出墮胎的費用，會跟妳一起去看醫生，會做妳希望我做的任何事情，但是我絕對不想有小孩。」她的眼睛裡湧出淚水，突然站了起來，向辦公室的方向衝回去。

隔天下午，吉拉蒂打電話給他，要他到她的辦公室去，瑪琳也在房間裡等著。喬雖然認為吉拉蒂很精明、很公平，卻覺得不安，不太清楚為什麼瑪琳也在場。

「喬，我跟你的談話是非正式的，但是我們這裡的人全都是一家人。派特是非常、非常好的女孩。」她刻意用鼻音說著：「她希望生下小孩，也會變成好媽媽，我們認為至少你們兩個應該住在一起。」

喬覺得腸胃收縮，他看著吉拉蒂的眼睛說：「我對懷孕這件事非常遺憾，但是我不可能跟派特或任何人同居，我會支付一半的墮胎費用，會做我所能做的任何事情，但是其中不會有長期關係。」

「假設她把小孩生下來，你會幫忙撫養小孩、深入參與嗎？」吉拉蒂問。

喬覺得侷促不安，回答這個問題前，他想了一會兒，他不知道吉拉蒂對他的背景到底了解多少。

「我的答案是不會。我二十四歲，派特二十九歲，我還年輕，我不希望有小孩，而且我沒有能力幫忙撫養小孩，我希望派特去

墮胎——很快就去。」

瑪琳幾乎對著他吼道：「你引誘她這麼好的女孩前，就應該想到這一切！」

這就是她想的實際情形嗎？喬心裡想著，他可以感覺到內心湧起怒火和憤恨，但是他決心控制好自己，說的話也要字斟句酌。

「我沒有引誘派特，是她引誘我，我們不能扭曲事實。」喬說。

瑪琳沒有理他，還說：「你利用我們招待你的機會。」

「少來了，瑪琳，饒了我吧，我不是那間別墅裡唯一跟別人睡覺的人，我沒有去派特的房間，是她來我的房間。對，我沒有為這件事做好準備，我願意出我應該分擔的墮胎費用，但是別想用這麼大的罪名壓我。」

「你以為自己是花花大屌嗎？」瑪琳咆哮著說。

「好了，你們兩個，」吉拉蒂插口說：「這種爭吵無濟於事，情形很複雜，我還沒有決定要怎麼做，甚至沒有決定我可以做什麼，我要想一想，我們先專心工作吧。」

幾天後，派特打電話到他的分機。他們一起出去，走到外面時，她冷冷地告訴他，吉拉蒂跟她談過，她要休一個禮拜的假去墮胎。他開給她一張二千美元的支票——銀行帳戶的錢因此花用一空。她收下支票，瞪著他看。當她轉身向賓州車站走去時，他想親她的臉頰，但是她怒氣沖沖地把他推開。

隔一週的星期二，他打電話到瑪琳的辦公室，問派特的情形，得到的是冷冰冰的一句「很好，但不是拜你所賜。」然而，讓他覺得好過多的是那天稍晚，吉拉蒂的來電：「哦，喬，這是件不幸的事，但是我認為最後以最好的方式解決了。祝你好運。」

Chapter4

選對股，運氣也是一種實力

成為投資組合經理人是每位分析師的夢想，他們激烈競爭，賣力展現自己的聰明、警覺，當然還有最重要的——對投資的精準判斷。

　　1998年時，格蘭特資產管理公司是大型的世界性投資管理公司，擁有二千五百億美元的資產。公司總部設在紐約，道斯主管七大產品群中的美國股票部門，協助他的是一位副投資組合經理人，另三位投資組合經理人管理規模比較小的特殊類股——科技類股、新興成長類股和中小型價值類股。此外，部門裡有五位分析師，其中一位就是喬。整體來說，這個部門大約管理三百億美元的資金。

　　喬驚訝地發現，自己很上手這份工作，面對另外四位分析師時，他足以分庭抗禮，而且可能還超越他們；甚至在面對投資組合經理人時，照理說這些人經驗更豐富、受過更好的教育，然而喬的表現也可以與他們平分秋色。所有投資組合經理人和三位分

析師都從長春籐盟校畢業，都上過哈佛、史丹佛和哥倫比亞之類的商學所。有兩位投資組合經理人也擁有財務分析師執照，這種認證是備受尊敬的成就，和企管碩士不相上下。

每位分析師負責不同的產業，他們的任務是追蹤所負責產業中上市公司的發展。他們的做法是跟場內經紀商的分析師打交道，因為這些分析師理當是這些公司的專家，另一種做法是參加經營階層舉辦的說明會、參加研討會，偶爾還要去拜訪這些公司。格蘭特偶爾會要求分析師，研究投資組合經理人覺得有興趣的公司，事後他們要交出書面報告和推薦。

成為投資組合經理人是每位分析師的夢想，他們激烈競爭，賣力展現自己的聰明、警覺，當然還有最重要的——對投資的精準判斷。其中好幾位分析師拚命巴結道斯（喬認為已經到了無恥的地步）。其中一位分析師的老爸曾在奇異擔任執行副總裁，他居然安排道斯和他老爸打了一場高爾夫球賽；另一位分析師則是經常在五十一街的壁球俱樂部跟兩位投資組合經理人打壁球。

這種拍馬屁、拉關係、在壁球場上的社交行為，讓喬倒盡胃口。他沒有念名校、不認識正確的人，更從來沒有打過壁球。然而，他像自己總是擅長的做事方式一樣，用專注的風度掩飾自己的不安全感。

分析師偶爾會提出自己的看法，但是這種情形相當罕見，分析師都相當被動，而不是主動積極。喬注意到這一點。決定採取主動，設法獨力在自己所負責的航太與國防產業中，找到一些贏家。他深入研究自己負責的公司，卻猶豫不決，不想這麼快就做出推薦，而且他擔心如果自己選擇的第一檔股票搞砸了，他的信

用會嚴重受損。

諷刺的是，他的第一項投資建議來自不可能的消息來源——美式足球。

速克達遭到聖地牙哥電光隊釋出後，跑到洛杉磯的美國太陽公司（Sun America），擔任他們批發業務的培訓人員，主要工作是銷售變動年金。喬和速克達一直都保持聯繫，速克達要他查核自己受訓結束後要銷售的美國太陽公司股票型變動年金產品。

喬研究過這家公司的年報，看過經紀商的研究報告，也跟研究這家公司的兩位分析師討論過。美國太陽從事金融服務業，專門經營範圍廣泛的退休儲蓄、投資產品和服務。當時這檔股票的本益比大約為15倍，從這家公司的盈餘顯然以20%到25%的年率複合成長來看，公司的股價似乎是低估了。喬告訴速克達，在多頭市場中，股票型變動年金應該很容易銷售，他對速克達說：「即使你什麼都不懂也沒關係，只要笑得夠燦爛就行了。」

「喂！」速克達說：「我準備輕鬆地賺一筆，業務人員告訴我，他們找到一種備用安排計畫，你可以在這種計畫中，交易國際型基金和新興市場基金的股票，穩賺不賠。」

喬問：「怎麼操作？」

速克達解釋說，這種系統涉及買賣國際股票型基金的股票。投資人根據美國市場的變化，進行尾盤交易，假設隔天歐洲和亞洲交易所開盤時，這些基金股票應該會有相對應的波動。速克達說，到目前為止，這種做法都合法，但是這樣通常會打壓基金的績效，傷害長期股東的權益。

「低三下四。」喬說。

喬在速克達的催促下，拜訪了美國太陽公司，跟股東關係部門的人見面，然後又跟財務長見面。美國太陽的組織複雜，會計帳目難以了解，但是喬認為，他們的事業模式確實可行。這家公司經營良好，善於創新，經營階層以精明著稱，執行長艾利‧布羅德（Eli Broad）創新專家兼贏家的名聲流傳在外。只要多頭市場延續下去，以15倍的本益比來說，這檔股票相當便宜。

他回到紐約後，寫了一份美國太陽的研究報告，也向道斯和委員會說明自己的構想。他說明結束時，資深分析師比爾‧韓森（Bill Hansen）針對這家公司的會計帳目，提出質疑。喬一直覺得韓森嫉妒自己跟道斯的關係密切。而且韓森講話一向毫無顧忌，咄咄逼人。他聽到韓森大聲吼道：「今年以來，這檔股票已經上漲25%，而且這家公司其實只是一家空中交易式的銷售機構。」

喬瞪著他，就像夜裡看著燈火全關的龐大空屋一樣，韓森只是個混球，但是喬保持泰然自若的態度。念亞聯大學時，只要你用「我很尊敬」、甚至用「我極為尊敬你的看法」的說法，以消除歧見中的鋒芒，你就可以避開教練和自封的長官對你的質疑。現在他用起這種策略。

「我十分尊重你的說法！」喬說。「這是多頭市場的做法，但是業務和股價背後都有對他們有利的動能存在。這家公司經營良好，不錯，他們是一家積極銷售的機構，但是新股上市市場中有很多更糟糕的情況，我認為美國太陽是贏家。」

道斯和另兩位投資組合經理人在40好幾到50多美元之間，吃

進了一筆龐大的部位（圖4‧1）。隨後的幾個月裡，美國太陽股價上漲15%。接著，好像晴空霹靂一樣，全球再保險巨擘AIG在1998年8月20日，提出以高出當時行情將近40%的溢價，併購美國太陽。這算是一次善意併購，因為在消息宣布前，兩家公司的經營階層已經談判過好一陣子。

交易宣布當天早上，道斯幾乎是衝進分析師的牛棚來，他抓住喬，還擁抱著他。

「AIG要以換股的方式，買下美國太陽！」他大叫著說。「40%的溢價！這是天作之合，AIG是最好的公司。恭喜、恭喜！老弟，你的股票熱得發火了，我還要加碼！」

道斯離開後，打壁球的分析師有點冷冷地喃喃說道：「我以

圖4‧1

高明買進，幸運交易：美國太陽股價走勢圖1995-1998

美國太陽
併購案宣布

買進部位

喬拜訪美國太陽

長期而言，併入AIG對美國太陽
的股東來說是慘事一樁……

為球員應該都很傻。」

「的確是這樣。」喬說。「但是他們偶爾會碰到好運。」

這位分析師酸酸地笑著對喬說：「這個我不知道，但是就像別人說的一樣，千萬不要把天才跟多頭市場混為一談。」

9月中的一個下午，喬對道斯簡報自己的一次考察之旅後，道斯邀請他參加他們美式足球隊週六在格林尼治的一場比賽。

「這是雙手式的比賽，但我們的球隊叫『足球員隊』，有一些優秀運動員，是跟我年紀差不多，曾經參加過大學運動比賽的人。我們希望贏球，我們要跟聯盟裡最屬害的一支球隊比賽。」

喬抓住這個機會。

他回答說：「踢美式足球是我的最愛。」

「太好了！」道斯說著，拍拍他的後背。

道斯在火車站接了喬，載他到運動場上去。秋高氣爽的日子裡在青草地上奔跑、加上雙手觸球的感覺讓他興奮不已。足球員隊大約花了五分鐘才意識到他們挖到了寶。喬可能沒有甲組球隊四分衛那種手臂，卻仍然可以在線上把球投出三十六公尺遠，而且他比球場上任何一個人跑得都快。

那天足球員隊贏了三次達陣，喬為其中兩次達陣傳球（一次是衝刺二十七公尺，傳給道斯），自己也持球達陣一次，攔截了三次傳球，玩得不亦樂乎。足球員隊對他令人眼花繚亂的戰法印象極為深刻，因此要求他加入球隊。

後來的每一場比賽他都參加，一直踢到12月中，他們的球隊打進所屬聯盟的季後賽。

同時，在辦公室裡，喬長時間工作，樂此不疲。他對自己跟其他分析師競爭的能力越來越有自信，雖然他不像他們上過哈佛商學所，但是他比他們有熱情，他認為自己可以靠著努力勝過他們。然而，他對自己的舉止一直都很注意，對每一個人都很友善、客客氣氣的。

　　喬推薦的第二檔股票是集團企業聯合科技公司（United Technologies）。1998年夏末秋初之際，聯合科技的股價為20美元，他研讀了他所能找到跟這家公司有關的一切資料，還跑到聯合科技在哈特福附近的總部拜訪財務長。他逐漸相信，這檔股票不但便宜，而且在未來三季裡，盈餘會急速增加。到了9月初，他把這檔股票，放在每週跟投資組合經理人和分析師開會的會議議程上，這樣做可以預先告訴大家，會議上會討論這檔股票。

　　喬辛苦做出了一份十頁的報告——其中兩頁是簡潔的文字，加上很多表格和圖表。他以引人注目的方式，說明聯合科技是經營狀況良好的公司，旗下不同的事業在所屬的產業中，都具有主導地位。他認為這家公司的股價現在非常有吸引力，公司的業務顯然正在增長，尚未引起廣泛注意。

　　這個投資題材沒人了解，更沒人欣賞。

　　他說明完畢後，韓森質疑他：「這家公司只是四分五裂的集團企業，由很多糟糕的公司黏在一起，假裝成……哦，假裝成是一家真正的企業。公司旗下的奧的斯電梯（Otis Elevator）和塞考斯基公司（Sikorsky）是容易受到景氣循環影響、素質低落的企業。這家公司的本益比永遠都是8倍左右，沒有一位精明的投資人會買進這家公司。」

喬沉著地說：「我十分尊重你的說法，但是我認為聯合科技正在自我改造，公司要轉型成經營良好的成長工業公司。公司的基本業務很健全、運作良好，在所屬的產業中具有相當高的主導地位。我曾經根據他們現有的庫存訂單，編製出他們未來五年的獲利模型，我把自己編製的數字拿給財務長看時，他欣然表示同意。持有這家公司的股票可以說是一石二鳥，一是公司盈餘成長速度比大眾預期快，二是得到本益比提高的好處。」

隔週道斯在9月下旬的回檔中，以19美元的低價，大量買進這檔股票。三個月後，這檔股票漲到29美元，到了隔年春季，股價幾乎已經倍增。喬後來想，要是當時自己曾經建議把這檔股票賣掉就好了，因為這家公司的好日子已經結束，只除了後來幾年科技股狂潮奄奄一息前演出的最後一搏（圖4‧2）。

喬建議買進聯合科技股票一個月後，又碰到一次好運。他也負責研究科技股，因此在每週一次的會議上，主張當時本益比只比13倍多一點的思科（Cisco），是很有吸引力的標的。思科剛剛碰到強烈的賣壓，華爾街上的凡俗之見都認為思科的業務急劇減緩。但是喬認為分析師都錯了，思科新的路由器技術最先進，他認為思科的庫存訂單正在爆炸，盈餘應該會比預期好，他主張公司應該買進這檔股票。

韓森再度發表不同的意見：「思科是去年的股票。」他用斷然又有點酸溜溜的語氣說：「在目前的環境下，科技股是錯誤的投資標的，盈餘會讓人失望，這家公司的庫存訂單正在萎縮，外面總是會流傳跟思科有關的錯誤資訊和謠言，欺騙天真的投資

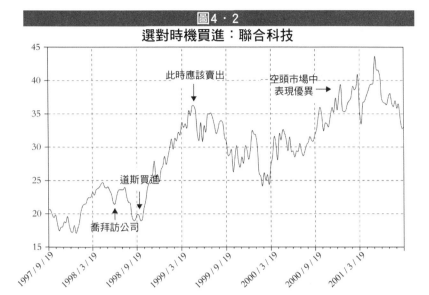

圖4・2

選對時機買進：聯合科技

（圖中標示）
此時應該賣出
空頭市場中表現優異 →
道斯買進
喬拜訪公司

人。」他一面說，一面看著喬。

他說完後，道斯問喬：「你對這種說法有什麼意見？你是天真的投資人嗎？你怎麼知道這種新的路由器會起飛？」

喬說，一星期前，他參加少數分析師跟思科某大事業處行銷經理的小型午餐會，這位行銷經理樂觀地談到公司的庫存訂單。喬有點害羞地告訴大家，這位行銷經理碰巧是賓州大學美式足球隊的球迷，他還記得兩年前，喬跟他熱愛的賓州大學可惡的大「雄獅隊」比賽時，截到球後、衝刺七十多公尺達陣得分的情景。吃完午餐後，他們聊了五分鐘足球，他告訴喬：「隨時都可以打電話給我。」

「哦，既然你跟他的關係這麼好，你應該立刻打電話給他，讓

我們聽聽他的說法。」韓森的聲音裡流露出嘲諷的意味。

喬抓住機會，利用會議室裡的擴音電話打給這位經理。不可思議的是，他正在辦公室裡，雖然他沒有揭露什麼獨門資訊，卻用堅定而有力的語氣，證實新路由器的表現極為優異，市場反應非常熱烈。會議室裡的人顯然都非常心動。

「看看你們每天出門去拜訪公司，又得到什麼成果。」道斯說著，並盯著其他分析師。

「我們知道了，老闆。」愛打壁球的分析師馬修說：「問題是我們當中，沒有一個人曾經代表六大美式足球校隊，跟賓州大學比賽，還截球衝刺、達陣得分。」

每個人都哈哈大笑。隨後的幾天裡，道斯和投資組合經理人以13.5到14.5美元之間的價格，買進思科股票（圖4‧3）。到了年底，股價漲到28美元，而且上漲氣勢不減。這時喬知道他能夠選中三檔贏家，實際上是新手的運氣，但是他仍然覺得十分美妙，他的信心增強，覺得或許自己就是擁有優異的投資直覺。

現在道斯的球隊主要靠著喬的表現，不斷地贏得比賽，因此隊員的太太和年紀比較大的子女開始在比賽時露面。11月初，道斯帶了念普林斯頓大學四年級的女兒艾蜜莉來看比賽，而且把她介紹給喬。艾蜜莉主修歷史，打曲棍球，而且她的隊伍在前一年曾經打進全國冠軍杯最後四強決賽中。她長得很健美、雙腿修長、笑容開朗，握手堅定有力。比賽時，喬真確地感覺到她的存在。就雙手式的美式足球賽來說，這場比賽很艱苦──而且他們的對手很厲害。隊員靠著喬在達陣區飛身搶球，贏了這場比賽。

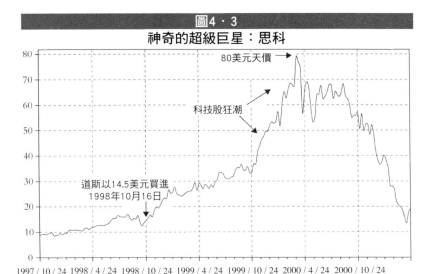

圖4・3
神奇的超級巨星：思科

80美元天價 →

科技股狂潮

道斯以14.5美元買進
1998年10月16日

1997 / 10 / 24　1998 / 4 / 24　1998 / 10 / 24　1999 / 4 / 24　1999 / 10 / 24　2000 / 4 / 24　2000 / 10 / 24

比賽結束後，他抬頭一看，失望地發現艾蜜莉已經離開了。

那場比賽後，他覺得心情出奇低落。他告訴自己：「忘了吧，這個女孩在精英大學主修歷史，SAT測驗說不定高達1600分。也許她還有一位很有教養的男朋友，家裡開銀行，是未來的羅德學者[1]。」

到了12月，足球員隊會舉辦傳統的晚餐聚會，在正常球季最後一場比賽後，有一位球員會為所有球員和他們的太太或女朋友舉辦晚餐聚會。這次聚會輪到道斯主辦，他對太太提到希望邀請喬來，她有點遲疑不決，不知道喬會不會覺得彆扭。

「他比你們所有的人都年輕，而且出身背景完全不同，他畢竟

---

1. 羅德獎學金（Rhodes Scholarships），是世界級的獎學金，得獎者被稱為「羅德學者」，是全球學術最高榮譽之一。

是黑人。」

「半黑，他母親是白人。」他直視著她的眼睛說：「要我說，他是一位泰然自若的年輕人，比強生和布朗寧家的兒子勤奮多了。此外，他對球隊是非常大的加分，我們如果不邀請他，會顯得極為失禮。」

喬爽快地接受了道斯的邀請，他喜歡這些隊友，也知道對自己來說，這些隊友都是很有影響力的貴人。但他不知道自己跟他們的太太能夠談什麼。他有點忐忑不安地穿上休閒褲、亞聯大學的藍色西裝上衣，打上最新的領帶，搭火車到康乃逖克州的格林尼治。

這是他第一次到格林尼治道斯家作客，房子的規模和陳設讓他震驚。道斯一家在門口熱烈歡迎他，隨後帶他走進客廳。他站在客廳裡，手裡拿著一罐啤酒，像離開水的魚一樣，欣賞石質壁爐和威爾頓牌古董編織地毯。他猜想，光是客廳和裡面家具的陳設，價值就超過他媽媽在大頸鎮的房子。最後，一群穿著運動夾克、衣著打扮雅緻的球隊隊友打破了緊張的氣氛，他們拍拍他的背，告訴他：「老弟，這個球季多虧了你！」大家一面喝著夏多內白酒和啤酒，一面問他：「你在格蘭特公司的工作情況如何？」

他們的太太又是另一回事，她們似乎分成兩類，一種是瘦到幾乎皮包骨、餓著肚子、追求低體脂率美態的女性；另一種是臉色紅潤、身體豐滿的媽媽型女性。但她們有兩個相同點：屋裡的女性幾乎全都是金髮，而且她們臉上都是一股高級白人嚴謹、高雅、端莊的神情。

喬正覺得與周遭格格不入時，艾蜜莉突然走了進來，她打扮

簡單而端莊，穿著格子裙和藍色的喀什米爾套頭羊絨衫，設法隱藏她性感的曲線，卻沒有成功。

喬覺得，似乎有一種強大至極的引力，把他們兩個拉在一起。從一開始，他們的談話就很輕鬆自然，完全沒有勉強或做作的地方。談了二十分鐘後，艾蜜莉說：「我們拿一點食物去大書房裡坐，我不喜歡跟這些老頭子混在一起，聽他們問永無止境的白癡問題。」

「正合我意。」喬說。「但是妳不覺得這樣有點失禮嗎？」

「管他的！老爸告訴過我你的很多事情，我會待在家裡，唯一的原因是因為我知道你會來。」喬思忖，她真這麼想嗎？

他們從餐廳裡的銀盤拿了食物。餐廳的櫥櫃裡放了很多精美的瓷器，柔和的燈光照著櫥櫃上方的祖先肖像。艾蜜莉帶著他，來到大書房壁爐旁邊安靜的角落，他們坐在英式齊本戴爾高背椅上，把餐盤放在愛爾蘭風喜來登式的側桌上，他坐的椅子顯然是古董，感覺很漂亮、很古老、也很脆弱。書房裡放滿了看來念過的書籍，還有古董木梯，可以拿放書架高處的書本。

派對主要是在客廳裡進行，嗡嗡的交談聲音給喬和艾蜜莉造就了一點私密。隨著夜晚的時間流逝，有一些來賓走進大書房，卻沒有打擾他們兩個。艾蜜莉問喬在哪裡長大，他告訴她跟大頸鎮有關的事情，也把經過簡化的亞聯大學生活告訴她。艾蜜莉笑哈哈地把這種日子，跟她在格林尼治的少女時代和安多佛（Andover）的大學生活相比，告訴他，她多麼喜歡曲棍球和身為球隊的一分子。普林斯頓大學的教練要求嚴格，卻了解這些女隊員功課很繁重。不過，大家還是得激烈競爭上場比賽的時間，

她說，她今年在球隊上的位置並不穩當。

十點左右，派對結束，艾蜜莉主動提出要送他到車站，搭火車回紐約。他們坐在她的車子裡聊天，引擎沒有熄火，事實上，他們一直聊，聊到第一班火車開走，一小時後他們還在聊。直到聽到最後一班火車拉著汽笛開近車站時，喬才跳下車子。

「我什麼時候可以再見到妳？」他抓著西裝問道。

「下星期五我會去紐約，你願意跟我一起吃晚餐嗎？」

「絕對願意！」他叫道。「當然願意，我要怎麼打電話找妳？」

「你不要打，我會打到你的辦公室去。」她高聲喊著，看著他衝上月台的階梯。

火車緩緩駛出車站，他心裡想著：我的天啊！她剛剛約我一起吃晚餐！

如果這不是一見鍾情，也相去不遠了。喬從來沒有認識過像艾蜜莉這種家世背景良好、知識豐富的女性，而且根本不記得自己體驗過這麼強烈的肉體魅力。但是不只如此而已，他感受到一種強烈之至的衝動，希望進入她的生活。他們共同點那麼少，又那麼多。他坐在火車上，難抑興奮之情，滿面春風。

對艾蜜莉來說，喬是個有男子氣概的男人，跟他曾經約會過的男孩不同。他爸爸是黑人，靠著美式足球獎學金上大學之類的事讓她覺得刺激。她是自由派分子，有點叛逆，受夠了預校出身、只想比較SAT測驗成績的長春籐盟校大學生。此外，她覺得他和他強健的體態很有吸引力。

隔週週末，他們在四十五街上一家小餐廳昏暗的隔間裡共進晚餐，又是聊個不停，然後她從賓州車站搭火車，回普林斯頓車

站。隨後的兩個週末晚上，喬去普林斯頓找她，和她一起出去吃晚餐。其中第二次，他還去看她的曲棍球比賽。她把他介紹給她最好的朋友，那女孩目不轉睛地盯著他看。

「噢，你就是讓艾蜜莉神魂顛倒的好小子，真不簡單，這個小妞已經完全變了。」

「希望如此。」喬回答說。

「夠囉，你們兩個。」說著，艾蜜莉臉上泛著羞紅。

第四個週末，他走路送她到賓州車站，搭火車回普林斯頓。他們在空無一人的第五大道和三十七街轉角停下腳步，他倏地把她轉過來，攬在懷裡，親吻她的嘴唇。

「我愛妳。」他說。這句話就這麼脫口而出，但確實是從他內心中湧出來。「我從來沒對任何人說過這話。」他輕聲說。「我甚至不知道自己會說這種話，這句話就這樣脫口而出，卻是純粹而絕對的事實。」

「我也愛你。」她呢喃道。他看著灰藍色燈光下的她，心想她真是美極了。

他抓著她的手，滿懷愛意地對她笑著，對短短一個月內發生在他們身上的一切事情感到不可思議。

就在這一刻，他們之間的情感障礙打破了，他覺得釋然……哦，覺得幾乎完全自由自在。前陣子上班時，他對道斯感到愧對，道斯顯然不知道喬正跟他女兒約會。道斯把他從默默無聞中救出來，邀他到他家去，現在他卻跟他女兒發生祕密戀情。雇用一位教育程度不好的分析師是一回事；讓這個人追求你的女兒，卻是大不相同的另一回事。

隨後的幾個月裡，他們幾乎每個週末都約會，喬會去普林斯頓，艾蜜莉也經常來紐約。他們從來沒有跟任何人一起出去過，而且他們雖然親吻和牽手，卻從來沒有上床過。

實際上，他們不是到沒有個人風格又嘈雜的大型餐廳去吃晚餐，就是到地處偏僻、餐桌蓋著紅色方格桌布的廉價小酒館去，喝著便宜的紅酒，兩人相對，互吐心事。他們無話不談，深深迷戀上了對方。他們坐在餐桌上或是走在寒風凜冽的紐約街道上時，會談論他們的成長經歷、家庭、他的工作、她在普林斯頓的生活、曲棍球隊，和他們的希望與恐懼。他們覺得自己的靈魂彼此互相發現，覺得他們好像相識了一生。他們成為親密的至交好友……卻還不是愛侶。

雖然他們克制著肉體的欲望，他們的知識交流卻很活絡。他知道她在普林斯頓主修歷史，但是對於她對歷史的精通和自己的無知，仍然深感震驚。

「我們一塊學習吧。」她告訴他：「一起研究歷史和文學，可以彌補你在正規教育的欠缺，也同時強化我所受到的教育。」

為了替喬慶生，艾蜜莉買了兩本歷史學家保羅・強生（Paul Johnson）的巨著《當代》（*Modern Times*），逐章閱讀。因為喬的投資工作和商學所的課業繁重，而她也有完整的學業課程和曲棍球運動，他們很難找出時間閱讀，卻還是設法研讀。她已是他生命中最重要的人，而他樂於犧牲一切，強化他們的關係。

此外，他們也做其他事情，例如到中央公園散步。有一次，他們走進彩虹廳跳舞，他一碰到她的身體，像是觸電一般，心裡想著：我到底怎麼了？那天晚上他在街上親吻了她。

現在喬在東村和另外兩個人合租了沒有電梯的公寓四樓，有了自己的房間，但他不能想像請她到那裡去，因為那裡實在是太亂了。他到普林斯頓時，她想過帶他去宿舍，但他們還是不可能親熱。

「我們可以找一家旅館。」有一天夜裡，他在街上黑暗的角落偷吻她時，她這樣對他說。

「妳不會舒服的，我知道妳在那裡不會快樂。何況，我們是在談戀愛，不是談性愛。」

她含情脈脈、若有所望地看著他說：「我不知道少了一種愛時，另一種愛能不能存在。」

「我們不需要做愛，妳還年輕，還在上大學，我不希望背叛令尊。」

話一說出口，他就知道這種話聽起來可笑、自大、虛偽，但是他是真心尊重她。

結果，他們沒有等得太久。3月下旬，艾蜜莉的雙親到棕櫚灘度假十天，他們離開的第一個週末，普林斯頓女子曲棍球隊計畫在星期六下午，到羅德島州首府普羅維登斯跟布朗大學的球隊比賽。這是他們等待已久的好機會，喬租了一部車，沿著九十五號國道北上，到比賽場地，坐在看台上。比賽結束後，她向他跑來，輕輕地親吻他的臉頰，溫柔地耳語。

「我希望你有帶牙刷來！」

「當然有，我也帶了睡衣。」

「你不需要睡衣，牙刷卻不同。」

他看著穿著短褲和比賽球衣，香汗淋漓，美腿外露的她，站

在那裡，拿著頭盔和曲棍球棒，像少女戰士一樣。他知道，她是這世界上他最嚮往的女性，他臉孔不由得露出歡欣之至的笑容。

「別這副樣子。你為什麼不乾脆對我所有的隊友，宣布你愛上我了呢？」她半開玩笑地說

他們開車回格林尼治，在一家餐廳裡吃晚餐，喝了一瓶高級的夏多內白酒，品味刻意延長的期望，卻也覺得有點尷尬和害羞。

他們回到道斯家裡時，艾蜜莉說：「快，到我的房間去，我的床很大，連你都躺得下。然而，共用浴室不在我的親密計畫之內，你用走廊那邊我弟弟的浴室。」

他把衣服脫到只剩下短褲和T恤，把枕頭從床上拿開，躺了下來。她突然走出浴室，站在門口。他只見過她穿戴整齊的樣子，現在卻看著她光溜溜的站在那裡，這麼暴露、嬌弱、美麗——他看傻了。她向躺在床上的他走過來，背對著他，躺了下來，皮膚泛出月光般的皎潔顏色。他輕輕地把她拉過來，撫摸她緊實的背部和臀部完美的曲線，身體靠向她，兩個人的身體緊貼著，然後他溫柔而多情的親吻她。

事後他們詫異，世界怎麼可能有這麼單純、美好的事情，他們怎麼可能擺脫這種事情？世界怎麼可能還會一樣？以前有別人經歷過這種事情嗎？除了這件事之外，做別的事情豈不是浪費人生嗎？

隨著春天來到，喬和艾蜜莉變得更為親密。他們發現有那麼多的事情可以一起做，而且似乎能夠不斷地找到新話題。到了4月，他們到外地過了幾個長週末，從來沒有一時半刻覺得無聊，他們花了好幾個小時，談論他們的成長背景、《當代》這本巨著、

美國建國先賢的不可知論和他們自己的宗教信仰。道斯一家是虔誠的聖公會信徒，艾蜜莉和喬去過普林斯頓的教堂兩次，也上過紐約的教堂兩次。

雖然他們沒有互相告白過，卻開始認定他們的關係會永遠維持不變。喬沒有朋友可以傾訴，艾蜜莉也不是喜歡跟朋友談論自己戀情的女孩。他們不需要別人，喬偶爾會想到，這麼徹底的自我滿足是否健康，這樣是否表示他們孤立而不合群。他們兩個是否可能有一種無言的恐懼，害怕他們的愛情會在外界的檢視下枯萎。雖然他認為不會，卻忍不住想到這件事。

有時候，他半夜會受到更可怕的想法折磨而驚醒。他的背景或種族對她是不是問題？她的父母會有什麼反應？沒有了她，他的眼前將會是寂寞漫長的人生。他很清楚自己永遠不可能愛上別的女人。他憂思欲狂，害怕他們所擁有的這種珍貴關係可能遭到破壞，害怕他從來不曾體驗到的這不可思議的愛情可能遭到奪走。

艾蜜莉留了一雙運動鞋在喬那邊，他會看著擺在自己運動鞋旁邊的這雙鞋子，這雙鞋看起來非常小、非常秀氣，卻又像她一樣，這麼結實、這麼堅強。他自言自語地說：「老兄，你居然眷戀著她的艾迪達，你完了！」他知道老朋友應該會告訴他：「好好把握、珍惜，不要把事情搞砸。」

Chapter5

賣太早，也是錯

分析師、分析師，市場上漲時，誰需要分析師？市場下跌時，誰又需要股票？

　　艾蜜莉從普林斯頓畢業後，搬到紐約。透過普林斯頓歷史系主任的協助，在著名的外交關係協會找到一份研究的工作。

　　7月初，艾蜜莉和喬正在享用週日的早午餐時，艾蜜莉對他說：「我跟老爸很親，我希望告訴他我正跟你交往，而且我們是認真的——不管這意味著什麼。」

　　「我希望意味著一切。」喬說。

　　「當然是這樣，但是你有聽到我的話嗎？我希望告訴老爸。」

　　想到這一點，喬在片刻之間感到害怕，他說：「這樣我們可能就要結束了。」

　　「不要這麼大驚小怪。」她告訴他：「沒有什麼事情能夠終止我們的關係，而且話說回來，老爸真的很開明，媽媽就不同了，她可能有一點守舊。此外，我只是告訴他——不是她，而且我不

是要求他准許。」

「我們要逃避我的膚色問題嗎？」喬問道。「艾蜜莉，這可是個嚴肅而重大的問題。」

「幾乎每一種關係中都有很多問題。我的外祖父母極為富有，在格林尼治住了一百年，而老爸出生新澤西州，沒有半點錢，他們當初也認為他是拜金分子」。

「話說得沒錯，但是他上普林斯頓大學，而且沒有一半的黑人血統。」喬告訴她。

一星期後，艾蜜莉毫不保留地告訴父親：「這件事可能一直發展下去。」他很吃驚，但是立即的反應卻是表示支持。他還告訴她，他多喜歡喬，認為他極為能幹。那天晚上，他有點擔心地告訴太太這件事，還說他為喬和艾蜜莉高興。

「我非常看重他，為他和艾蜜莉高興！」

道斯太太嚇壞了。五十二歲的她面貌姣好，有一張稍寬而緊實的臉孔，鼻子高挺，留著略為染過的褐金色頭髮。靠著打高爾夫球，以及私人教練指導下在綠地鄉村俱樂部裡健身，維持美好的身材。她出生格林尼治世家，念的是肯特中學（Kent School）和瓦薩學院（Vassar），她繼承了相當大筆的財產，有著富家女特有的自信，並自豪於自己的社會地位。

基本上，她很勢利，不過要是有人這樣說她，她會覺得震驚和憤怒。她媽媽、也就是艾蜜莉的外祖母，在她腦海裡灌輸了濃厚的階級意識，要她只跟她口中正確的人交往，而這些正確的人大多是富有的高等白人。在艾蜜莉還小時，雖然可以無拘無束地成長，但老太太卻會帶著冷笑，用簡短的「非我族類，寶貝」的

話，斥責他們所遇到的人。老太太當然已經輕易地忘記自己出生俄亥俄州的小鎮，嫁得金龜婿——靠著艾蜜莉的外祖父，得到這種地位。

「你一定是在開玩笑！」她生氣地嘶吼道。「道斯，有時候，你真是天真的無可救藥，他絕不是我心目中要替艾蜜莉選擇的人。你告訴過我，他媽媽當女侍，他爸爸是紡織廠工人，他對我們的生活方式有什麼了解？」

道斯太太設想艾蜜莉會嫁給英俊瀟灑的男士，一位讓她驕傲地稱為東床快婿的猛男，這個人應該出生著名的家族，上的是耶魯大學（最好還是骷髏兄弟會[1]的會員），然後，還念哈佛商學所。婚禮要在6月舉行，婚宴要在綠地鄉村俱樂部巨大的露台上舉辦，大家可以俯瞰綿延不斷、精心修剪的青翠高爾夫球道。那一天應該是初夏美好的夜晚，現場布置壯觀，一支小小的樂隊會演奏科爾·波特（Cole Porter）的音樂，金色的燈光滲透下來，形成神奇的效果。每一個人都很迷人，她會優雅而驕傲，然後這對神仙眷侶會永遠快樂地住在格林尼治越來越大的房子裡。她會載著十分乖巧、討人喜愛、留著一頭金髮的外孫，到俱樂部上網球課。

喬跟這種理想差了十萬八千里。她知道有些女性會覺得他很有魅力，也有正當工作，但是她的想法無法超脫他的種族和背景。

太太大發雷霆時，道斯總是覺得害怕，他就像可以看穿她的心意似的，含含糊糊地說：「我不知道他們之間到底有多認真。」

---

1. 1832年在耶魯大學創立的骷髏會，是美國大學中赫赫有名的兄弟會，在美國政經界擁有舉足輕重的影響力。

「哦，我的直覺是他們很認真。你想一想，我懷疑我們到佛羅里達州那個週末，艾蜜莉叫他到家裡來，早有一些警訊。這都是你的錯，你邀請這個人──你的手下到我房子來，參加那場愚蠢、兒戲般的派對。他勾引了你的女兒，就我所知，還是在我們的床上。如果他像你所說的那麼精明，他很可能想到我很有錢，打算追逐我的財富。」

道斯不知道太太的眼光裡是否泛出憤恨或悔恨的淚水。她為什麼總是說我的家和我的錢呢？這裡難道不是「我們」的家嗎？難道他跟那些錢沒有半點關係嗎？

道斯是白話裡說的「好人」，但是在他們的婚姻中，道斯太太才是主導角色。我們可以這樣說，她是做重大決定的「巾幗英雄」，她的主觀很強、脾氣凶悍。道斯的薪水雖然很高，但大部分都是格蘭特的限制性股票，而不是現金。她繼承的財富讓他們可以把三個小孩，送去念學費很貴的學校，加入四家俱樂部，過著遠超過他們收入的生活。他們擁有格林尼治一棟占地很大的都鐸式大洋房、艾斯本的一棟滑雪別墅和棕櫚灘的一棟海濱別墅。但是這樣的確不能讓他原諒她的行為。

道斯太太現在暫時按下怒火，厭惡地看著他說：「道斯，你這個傻瓜，他是媽媽所說的冒險家，你最好多了解他。你跟浪蕩球員交朋友，害我們碰到這種麻煩，你必須在來不及之前，讓我們脫離這種困境。」

隔天早上，道斯打電話給瑪琳。他知道瑪琳喜歡說閒話，並非總是可靠的消息來源，但是他別無選擇。他也知道，這麼一

問，還沒到午餐時間，作業部的每一位女職員應該都會知道他在打聽喬的事情，但是，他實在想不出其他更好的方法。

「瑪琳，告訴我跟喬有關的一切——我要這麼說，這些話不列入記錄。」

瑪琳對喬仍然怒火中燒，雖然她勉強承認派特對喬投懷送抱，但是她對於喬對派特毫無反應這件事，仍然覺得生氣。喬拒絕跟派特發展更深入的關係，就像對在公司裡勞碌多年、年紀較長、卻仍然希望抱著浪漫情懷的單身或離婚女性，狠狠地大打耳光。派特是她們部門裡最好的女孩，喬居然對她一點興趣都沒有，簡直是侮辱。再說，他的出身也沒多好。她深深地吸了一口氣，發洩心中怒火。

她告訴道斯，喬剛來公司時，沒有朋友、孤單寂寞，多虧作業部門裡的一些女性跟他交往，拉他參加社交活動。她說，喬在下班後，多次跟她們一起出去喝酒，並對一位特定的女性放電。瑪琳沒有說這位女性是誰，卻認定她是規規矩矩的好女孩。不幸的是，這位女孩愛上喬，去年夏天，她邀請他參加週末的海灘派對，瑪琳也在場，把整個事情看在眼裡。喬狠毒地利用這位純真女性的弱點，引誘她——不止引誘一次，還引誘了兩次，然後喬冷酷地遺棄了這位女孩。她強調「兩次」和「冷酷」。

瑪琳打住話頭，評估道斯的反應，道斯十分震驚、說不出話。她深深吸一口氣後，又繼續說下去。說這位女孩懷孕後，喬拒絕光明磊落地負起責任、接納肚子裡的胎兒，反而堅持墮胎，事後支付墮胎費用時還耍陰險。瑪琳極力堅持喬是社會上最糟糕的那種試圖往上爬的人，是不道德的好色之徒和壞蛋。

道斯坐在那裡，目瞪口呆。這一切都在他的部門裡發生，他卻一無所知，他不是拘謹的人，卻從來沒有從這種角度，想像他手下的奇才喬。這個魯莽的好色之徒在海灘派對的床上享受了歡愉的性愛後，還膽敢來迷惑、引誘他聰明漂亮的女兒。這個人不是他認識和提拔的人。如果事實如此，他就完全錯看了他，艾蜜莉的處境多麼危險，而他太太甚至會比現在更氣憤。

　　他謝謝瑪琳，然後打電話給吉拉蒂。他認識她很多年，信任她的判斷，她把瑪琳說的話告訴她。

　　「就我所知，這件事已經解決了。」吉拉蒂說。「喬付了大部分的墮胎費用，他在作業部門工作勤奮，我聽說他在你手下當分析師，表現也很優異，這個人很聰明、工作很努力。」

　　道斯停了一下才回答說：「我們認識很久了，吉拉蒂，我要告訴妳的話完全是祕密，這些話我一句都沒有告訴瑪琳，我會問妳，是因為我女兒艾蜜莉愛上了他。」

　　「原來如此，」吉拉蒂緩緩地說：「我當然了解你為什麼這麼擔心，那個週末我沒有去海灘，但是我懷疑瑪琳嚴重誇大喬的行為。我應該告訴你，當時瑪琳正跟作業部門的另一位男士交好，我不喜歡我部門裡發生這種事情，因為這樣經常會造成麻煩。」

　　她繼續說：「基本上這是你的家務事，我無從置喙。」她頓了一下才說：「我要說的是，他交往的女性是個好女孩，但是我不知道是誰引誘誰。喬是堅強而有自信的人，就我所知他是非常正經的人，我認為你應該直接跟他談。」

　　「他也是非常有才氣的股票分析師，我不希望失去他。」道斯說。「但最重要的是，我不希望艾蜜莉受到傷害。」

吉拉蒂在公司裡服務了很多年，多少有點憤世嫉俗。她心想：分析師、分析師，市場上漲時，誰需要分析師？市場下跌時，誰又需要股票？

　　那天晚上，驚恐、沮喪的道斯，把他所知道的事告訴太太。事實上，她比較不關心喬在公司裡的性愛冒險，比較關心他的背景和其中的後果。她腦袋開始思索，如果這是認真的關係，該怎麼辦？一想到這，她不禁背脊發涼。

　　「我的天啊！」她對丈夫說：「如果他們真的結婚，我不能想像要在婚禮時，招待他在紡織廠裡工作的父親和蓬頭垢面的母親。接著，我們可能會有黑皮膚的外孫，你希望黑皮膚的外孫在綠地鄉村俱樂部裡跑來跑去嗎？想想大家會怎麼說，想想我們的朋友會怎麼說，我們會很丟臉。」

　　道斯怒火勃發，罵道：「妳實在太離譜了，現在幾乎已經到了二十一世紀，你還像種族主義者那樣說話，擔心膚色和難堪。」他從來沒有像這樣直接質疑她過。

　　她生氣地看著他說：「我不是種族主義者，我只是講求實際，婚姻和撫養小孩已經夠辛苦了，何況還要加上不同種族通婚引發的極為複雜的問題。你跟我一樣清楚這一點！我是為艾蜜莉的終身幸福著想，道斯，你一定要立刻結束這種局面！」

　　「你要我怎麼做？」

　　「告訴那個人離開她！如果你不告訴他，我會去說！以性騷擾和造成另外一個女性懷孕為理由，開除他。這個人一定是個累犯的登徒子。」說完她便衝上樓。

那天夜裡，道斯輾轉難眠。隔天早上，他難過地坐在辦公室裡一小時，望著窗外。他知道這麼多年來，他太太的個性和財產多少控制了他，他知道要讓太太滿意，必須跟喬談談。

　　他坐在那裡，第一次感受到對妻子的強烈反感，她是觀念落伍、過時的傳統派，有時候，他認為她是跋扈的女強人。如果艾蜜莉嫁給黑人，他們大部分的朋友其實都不會在乎，他們第一次聽到這件事時，當然會呵呵笑個幾星期，但是隨後即會拋諸腦後。

　　我該怎麼辦？他問自己。既然最初的恐慌、沮喪和反抗的種種情緒消退了，他知道他應該跟喬談談。這個人很可能是他所雇用過最好的分析師，現在，他女兒卻瘋狂地愛上了他。

　　喬進入他的辦公室後，道斯敘述了瑪琳告訴他的事情，卻用吉拉蒂的忠告略為加以淡化。

　　喬臉部扭曲、肚子絞痛。「這些都是事實，不過我希望你知道，這一切都是在我認識艾蜜莉之前發生的。我在那次海灘派對上，根本不應該跟派特上床，這樣做很傻，但是事前或事後，我從來沒有引誘過她。」

　　道斯再度覺得震驚：「我一直以為派特是個好女孩。」

　　「她是好女孩。」喬說。

　　「我太太和我要求你從此不要再跟艾蜜莉見面，我們打算告訴她同樣的話。」道斯喃喃地說著，轉頭不再看喬，卻咬著嘴唇，生自己的氣。

　　喬垂著頭，沉默了三十秒，才開口說：「對不起，道斯，但是我不能答應你放棄艾蜜莉，她是我這輩子的真愛。我要把派特的事情告訴她，先前我應該這麼做，但是老實說，這件事似乎沒

有那麼重要，如果她仍然愛我，希望我們繼續下去，我會辭掉公司的工作。」

道斯不知道該說什麼，喬深愛艾蜜莉的告白讓他深受感動。此外，他真的喜歡喬，不希望公司和球隊失去他。事實上，他也不希望艾蜜莉失去他。在他內心深處，他對派特的事情其實並不覺得那麼困擾，這麼多年來，公司裡發生過很多更糟糕的事。他歎了一口氣，承認不同種族通婚的確有潛在的問題，但是他也是個浪漫派，認為愛情可以克服一切。如果艾蜜莉真的愛喬，他不會介意喬當他女婿。然而，儘管他有心反抗太太，卻仍然是怕妻一族。他可以感覺到她即將爆發的驚人怒火。

「道斯，我十分感激你為我所做的一切。你一直這麼好心、這麼慷慨大度，但是我很抱歉，我無法放棄艾蜜莉，我現在就要打電話給她。」喬站了起來。

喬離開道斯的辦公室後，打電話給艾蜜莉。

「我們必須談談，現在就要談。」

「親親，怎麼了？」

「家庭危機，需要真正的告白。」他努力用輕鬆的語調告訴她。

「很嚴重嗎？」

「妳爸爸找我談過，事關生死。」

「對我們來說，死亡是不可能的事情。」她回答說。「你很清楚這一點。」

他們走在華盛頓廣場公園裡，映著夕陽和四周怒放的花海，他用簡短而嚴肅的話，告訴她派特和墮胎的事情。她認真地聽

著，表情深奧莫測。等他說完時，她拉著他的手，把他拉近自己。

「這一切都是你認識我之前發生的嗎？」

「對，此後再也沒有跟任何人有過糾葛，妳很清楚的。」

「喬，我從來不認為我是你的第一個愛侶。」她輕輕地吻著他說：「但是，我最好是你的最後一個愛侶！」

這時他知道一切都會風平浪靜，他們又談了一些話，夕陽照在榆樹高處新綠的枝椏。陽光照耀的新葉像他們的愛情一樣清新、純潔。接著，他把自己的想法告訴她，說如果他們繼續交往下去，他必須離開公司。他喜歡她父親，覺得對他有義務，但是在公司裡，現在這種狀況會讓他們兩個都很難堪。人言可畏，難免有人搬弄是非。她立刻了解他的想法。

「你可以找到另一份好工作吧？」她問道。

「我相當有把握，托妳父親和美式足球比賽的福，我認識了這一行很多高級主管，有幾位已經向我招手。」

那個週末，艾蜜莉回到格林尼治的家。吃完午餐後，廚子正在清洗碗碟，道斯太太聲色俱厲地說：「妳爸爸和我想跟妳談一談，寶貝。」艾蜜莉深知媽媽極為敏感，知道會有什麼風波，也設法做好準備，不過，她還是歎了一口氣。道斯太太主導大部分的談話，極為詳細地說明為什麼艾蜜莉根本不應該考慮跟喬這樣的人，發展深入的關係，更別說還要論及婚嫁了。

「對不起，媽媽，但是我要繼續跟喬來往，他是我的真愛，我們之間有著我從來都沒有感覺過的魔力。說真的，我希望我們六個月內會結婚。」

她的話在午後溫暖的空氣中迴盪。艾蜜莉看著媽媽的眼睛，卻覺得那雙眼睛好像有一扇簾子拉下來，謝絕窺探。

　　「結婚！妳一定是瘋了！妳根本還不了解這個人。要是三十年前我也這樣，我媽一定會把我送到國外兩個月，直到回心轉意為止。」

　　「那時是那時，現在是現在，我們知道我們在做什麼。」

　　「說什麼魔力，妳也太天真了。艾蜜莉，我不喜歡這麼說，但這不是魔力，只是男歡女愛，我敢說這個人一定是情場老手，妳別被他騙了！」

　　「媽，妳根本什麼都不懂，他是我這輩子的最愛！」艾蜜莉心中怒火勃發。

　　道斯太太歎了一口氣。這種時候，態度一定要堅決，「如果妳非得跟他繼續來往，妳爸爸和我就不再供養妳！繼續跟他搞在一起，妳這輩子就毀了！」

　　艾蜜莉凝視著窗外平緩綿延地青翠草坪，說：「媽，妳似乎忘了我有一個信託基金。」

　　「我敢說他也知道這件事。」這句話在空氣中迴盪。

　　「我不想再說了。事實上，他不知道這件事，即使知道，也不會在乎。」艾蜜莉站了起來。星期天早上，道斯一家起床時，艾蜜莉已經離開，餐桌上留了一張便條，寫著：「我會保持聯絡，愛你們的艾蜜莉。」

　　隨著時間過去，多頭市場繼續攀升，喬開始覺得手足無措。

　　「怎麼回事？」韓森在週會上問他：「你得了懼高症嗎，小

子？」

　　他團隊裡有另一位分析師，建議買進一連串股價飆漲的中小型科技股。喬以前閱讀過的書籍，在他心裡種下投機歷史的意識和深厚的價值投資理念。身為一位價值型投資者，網際網路和科技股的漲勢，遠遠超出他所能了解的市場運作方式。在他看來，每一個人似乎都捲入當前的狂潮當中。

　　有一天下午，道斯打電話給喬，談起了巴頓網路公司（Parton Networks）。他說：「雷曼兄弟的電信分析師非常看好這檔股票。他們安排了一次考察，要去聽他們的故事，或許你應該也去。哦，你不希望對電信公司抱持太悲觀的看法吧，整個世界還是如常運作。」

　　喬報名參加考察，也對巴頓網路做了一些功課。巴頓網路是加拿大的電話公司，1990年代中期，巴頓網路經營階層決定推動公司轉型成電信科技企業。他們決心拋棄電話公司笨重又成長緩慢的舊形象，開發和推動新的成長型事業計畫，因此把公司改名巴頓網路公司。經營階層打算為這位多少有點睡眼惺忪、邋裡邋遢的中年婦女拉皮，進行全身雕塑式的按摩，換上合身性感的新衣服，再改個比較富有魅力的名字，促使公司改頭換面。實際上，他們的做法很成功。

　　在科技股燦爛輝煌的熱潮推動下，巴頓網路公司的股價飆漲，從1998年6月的60多美元，漲到1999年的將近3倍，本益比在50倍的水準上起伏不定。喬覺得大惑不解，不知道原因何在，因為公司的盈餘幾乎完全來自成長緩慢的固網電話業務。或許他錯過了什麼東西，他認為自己最好還是找出其中的原因。

1999年，另五位投資專家與分析師和喬一起到蒙特婁參訪，根據雷曼兄弟的規劃，其中一位團員是大型多種策略避險基金業者石橋公司（Bridgestone）的投資組合經理人。多種策略公司成長迅速，對潛在投資客戶很有吸引力，因為客戶可以輕鬆地把資金從一種投資風格，轉移到同一家公司裡的另一種投資風格。

巴頓網路的財務長金馬克（Mark King）是個精瘦的中年男子，古銅色的長臉帶有貴族氣息。那天早上，他穿著緊身藍色牛仔褲，布料是喬認不出來的高級布料，還穿著手工縫製的深藍色獵裝，胸前的口袋上還放了一條手帕。他進入房間後，脫下獵裝，露出合身的短袖襯衫。雷曼兄弟提供的履歷表上，證實他是哈佛大學和耶魯法學院的畢業生，也是史丹佛商學研究所的畢業生。金馬克抓著喬的手，大力地握著。喬不由得想著，這個人似乎有心用有力的握手，投射公司的優勢和力量，他到底是什麼樣的人。

金馬克毫不廢話，直剖重點。「今天，我想向各位證明，以目前的價格來說，我們的股票是被低估了。我們深信我們的盈餘可以以每年20%的速度成長，因此我們的本益成長比，也就是我們的本益比和成長率的比率，只略為超過2倍而已。可口可樂或寶鹼公司之類著名的消費成長股的本益成長比，都有3倍，甚至高達4倍。我們對股東很貼心，因此我們的股價對我們的策略絕對很重要，但是我不希望說服你們，我希望跟你們對話。」他看著大家，同時玩弄著金筆，他講話那副傲慢的腔調想必是拿了太多顯赫學位的影響。

雷曼的分析師說：「股市同意你的說法，因此你一定說的很

對。你也知道，金先生，去年一年我對你的股票都維持買進評等。」

「感謝你的支持，我們不會忘掉這一點。」金馬克回答。喬懷疑其中的意思是什麼，心想，難怪我們不信任為投資銀行服務的分析師。雷曼的分析師客氣地笑了一笑。

喬的直覺和他以前研讀過的投資著作都告訴他，對高本益比要加以警戒。他在紐約大學史登商學所最喜歡的老師，就是堅貞的價值型投資人，也是葛拉罕和巴菲特的信徒。他認為，科技股目前的本益比根本沒有道理，他也不能了解，為什麼基本面業務成長率頂多只跟名目經濟成長目標一樣的公司，怎麼可能預期每年會有20%的成長，除非公司大搞財務工程。他猶豫了一下，然後開口說話。

「金先生，恕我直言，我認為科技成長公司，即便是一流的科技成長公司，本益成長比都不應該跟消費成長公司相同，因為他們產生的真實現金流量非常少。即使是擁有主導性競爭優勢的科技公司，都必須把自由現金流量，花在研究發展上。道理很簡單，科技產業裡永遠面臨產品過時的問題。」

他停頓了一下，深吸一口氣，又說：「如果科技公司的發展做法很成功，資本支出會耗用掉現金流量，因為科技公司必須興建廠房設備，以便生產新產品。因此，連一流的科技公司，股東權益報酬率都相當低。如果科技公司不再支出研究發展費用，或是研究發展失敗，不能生產新產品，要靠自己的積蓄過日子，只消幾年內，這家公司就會失血，再過幾年，公司就必須清算。」

大家全都看著他，彷彿他的說法是異端邪說。

「相形之下，最好的消費產品公司雖然必須在廣告上持續不斷地投入，卻會產生大量的自由現金流量，可以配發股息或買回股票。因此，對消費產品公司來說，15％的成長趨勢具有比較高的素質，和科技公司同樣的成長率相比，值得享有高出很多的本益比。此外，即使是一流的科技公司，通常對景氣循環都比較敏感。事實上，你可以說，科技公司其實不是標竿成長股，反而是循環性成長股。」

財務長金馬克就著會議室的強烈燈光，驚訝又厭惡地瞪著喬。他開始覺得火大，這位大放厥詞的人到底是誰，居然跑到他的公司質疑他？

「年輕人，你說的話過去可能很有道理，但如今的情況完全不同了。」金馬克說：「我們的確花錢資助我們自己的研究發展，但是我們不能只依靠內部研究發展單位的生產力。我們是由創業家組成的公司，因此比起從前倚重公司內部研究單位，我們也非常依賴直接併購規模比較小、卻擁有未來性科技的公司，以便降低過時的風險，同時『順勢操縱市場風險』。因此，事實上，像我們這樣的一流科技公司，的確可以產生自由現金流量，用來沖銷選擇權的發行。我們的創業投資報酬率非常高，我們在這些公司上市時，也獲得了一些相當大的利益，這套策略的確有效。例如，英特爾公司報告，到3月底，該公司的創業投資組合價值大約為一百億美元，成本只有二十億美元。」

金馬克說話時，每個字都用十分正確的音調說出，就好像這些話具有非常大的意義一樣。喬心想，這個人是個浮誇的傢伙。

金馬克停住話頭，顯然要讓大家有時間消化他剛才說的話。

「因為我們可以運用自己的股票，購買擁有破壞性科技的潛在競爭對手，和過去的科技公司相比，現在讓科技公司措手不及的風險小多了。因此，對專業投資人來說，持有這個時代最好的科技成長股，所冒的過時風險比過去小。至於科技公司的循環性敏感問題，這個由網際網路推動的科技循環跟過去不同。」

坐在喬旁邊的避險基金分析師米奇‧柯恩（Mickey Cohen）輕輕碰碰他，低聲說：「這個混球的確上過一些著名的長春籐盟校，我很清楚，你聽他說這些廢話的音調就知道。」喬點點頭，然後問金馬克：「但是你們所有大大小小的競爭對手，難道不是採取類似的策略，設法買下擁有突破性科技的相同公司嗎？競購豈不是會拉抬價格，以至於大家付出五十億到一百億美元的巨款，買下只有一種產品卻沒有營業額的公司嗎？我知道你只是用股票來購買，但是股票還是你們公司的股票，這樣難道不會稀釋現有股東的權益嗎？」

金馬克臉紅耳赤地說：「你完全畫錯重點！我們公司的良性循環正在推動，我們的創業投資正在創造新科技和現金流量。我們擁有極大的優勢，因為我們的總市值極為龐大，以我們50倍的本益比來說，我們可以用幾十億美元的股票，購買沒有什麼盈餘的企業，蒙受的稀釋效果卻少之又少。一流科技公司的股票也是企業家喜歡選擇的通貨，因為這種股票的流動性極高，而且和一般科技股相比，一流公司股價的波動性小多了。在這種新的環境中，規模龐大就是極大的競爭優勢。」

柯恩插嘴說：「伯恩斯坦公司（Bernstein）的研究報告統計過，過去二十五年來，一般大型科技成長股能夠保持高成長的地

位五年，只有三分之一的機會；能夠保持成長股的地位十年，只有九分之一的機會；能夠保持成長股的地位二十年，只有二十分之一的機會。但是以像你們公司這樣的十多家一流科技成長股今天的本益比來看，投資人賭的是這些公司可以在未來十年，繼續保持20％到30％的成長。要接受這一點，你必須相信這次跟過去完全不同。」

金馬克看著他，搖搖頭，腋下汗漬清晰可見。「你在一家避險基金公司服務，你很可能已經放空我們的股票，你這樣做是大錯特錯。雷曼兄弟預測，以我們的事業模式和機會來說，我們今後十年會繼續維持每年20％的成長。不錯，我的確相信這次跟過去不同。此外，網際網路和網路的基本結構代表有史以來最有活力的創新，沒有一種新產品曾經在這麼短的時間內，創造這麼高的普及率。」

「過去有過不少改變生活的突破性發明，你對電話、收音機、個人電腦有什麼說法？」喬問道。

「美國花了四十六年的時間，才讓四分之一的美國家庭電氣化，電話花了三十六年時間、收音機花了二十二年的時間，才達到相同的普及率。個人電腦只花了十六年的時間，但是網際網路只花了七年的時間，就達到同樣的普及率。網際網路的歲月其實像狗的歲月一樣（人的一年等於狗的七年）。因此，我們應該認為我們擁有更大的成長機會。」金馬克現在的聲音幾乎已經變成咆哮了。

「對不起，金先生，但是這樣說很離譜。」柯恩說。「如果網際網路的歲月像狗的歲月一樣，這樣只是表示你們的成長之窗比

較短。早期快速成長機會變大的速度比較快，因為普及率升高的速度比較快，但是就啟動成長過程必須先付出代價的觀點來看，高成長循環會變得比較短，你們這些人可以看到成長的衰退近在眼前。」

喬插口說：「金先生，你們經營方式的另一種做法多少會膨脹盈餘，你們花在研究發展上的經費相當少，而是利用你們的高股價，併購潛在的競爭者。你們把這些公司放在底線下方的投資帳目中，把損失當成非經常性項目沖銷，實際上，這些損失是經常性的項目。因此，事實上，你們高估了申報的盈餘。」

金馬克生氣地瞪著他，但是喬繼續說。

「我很尊重你的說法，雖然網際網路繼續成長，但是網路公司現在卻在虧錢和燒錢，他們不能在垃圾債券市場中籌資，也不能靠著賣出更多股票籌資，而且事實上，他們正在快速燒光現金。他們不是向你們採購設備嗎？大部分的資金是由已經成為你們人質的財務公司出的吧？如果其中有些公司倒閉，那些設備會不會退回，這樣會不會造成過剩，導致價格走軟？就我對你們做帳方法的了解來說，你們把這些交易列為銷售金額，而且在盈餘中，列入全部利潤，沒有為或有負債提存準備。」

「你一定被會計師洗腦了，兄弟。」金馬克咆哮著說：「要在科技這種新工業革命中成為成功的投資人，需要有想像力和不受拘束的心胸。你是格蘭特的新分析師，對吧？」

「是的，先生。」喬說：「但是我沒有被會計師洗腦，而是相信葛拉罕、陶德和巴菲特的觀點。」

「從來沒有聽過這些人。」金馬克說。

「都是老古董！」雷曼兄弟的分析師罵道。

「你們聽過巴菲特嗎？」在避險基金服務的柯恩問道。

「聽過，他完全錯過了整個科技和電信熱潮。」

金馬克現在轉身直接看著喬說：「哦，年輕人，你知道，日本人說過『出類拔萃的人容易遭到嫉妒』這句話嗎？投資我們股票的人相信我們——相信這家由創業家和創造天才的人組成的公司，我們的股價已經上漲很多年了。」

「或許如此，」柯恩說：「但是還記得安徒生童話裡，國王光著身子遊街的故事嗎？揭穿事實真相，說國王沒有穿新衣的是個小孩。熱空氣從氣球裡洩出去的速度，總是比灌進去的速度快多了。」

金馬克站了起來。「現在我的同事會讓你們看看我們的一些新路由和交換設備，就像我們所有的設備一樣，這些都是最先進的產品。」

考察結束後，一部廂型車載他們去機場。「你今天是來亂的。」雷曼兄弟的分析師用無禮的聲調對喬說：「你為什麼要惹火他？」

「我沒有打算讓他難堪。」喬答道。「我只是問問題而已。」

「不要理會那位拍馬屁的分析師。」在避險基金服務的那位老兄事後對他喃喃說道：「你交了一個朋友，就是我！我叫柯恩，在石橋公司服務，我喜歡被會計師洗腦的人。你問的都是好問題，提出的都是好看法。」

他們一起坐飛機回紐約，柯恩問喬：「你對巴頓網路這檔股票有什麼看法？」

「唉！」喬說：「我只是新手而已，但是我認為這家公司是空頭公司，是穿著假科技衣服的普通、舊式電話公司，他們現在走在良性循環中，但是非常可能變成惡性循環。他們的帳目幾乎等於假帳，他們的基本固網業務成長緩慢，而且在很多方面受到威脅，整個價格結構會崩潰。他們用一些會計伎倆膨脹盈餘，拉抬股價，以便利用股票作為現金，併購新秀公司，而不是把錢花在研究發展上。這檔股票的本益比應該只有10到12倍，而不是50倍。」

「我對你的看法敬服之至，我現在並沒有管理基金，但是如果我是基金經理人，我一定會放空這檔股票。連猴子都會從樹上掉下來，何況這隻猴子還是超級醜陋的猴子。」

柯恩問他很多跟格蘭特有關的事情，也問他研究什麼產業，不過他們還是以討論股票為主。

短短的航程結束後，柯恩對他說：「哦，如果你對避險基金起了興趣的話，請打電話給我，我們總是在找精明的年輕小夥子。」

「謝謝，」喬說：「我會記住這句話，但是格蘭特對我很好，而且我真的喜歡跟我一起工作的同事。」

「忠貞不二在我們這一行裡很罕見。」柯恩說：「祝你好運。」

幾星期後，巴頓的股價從考察時的255美元，飛躍上漲到超過370美元，韓森走進分析師的牛棚，大聲說道：「喂，防守後衛先生，你在巴頓網路錯過了什麼？你觸怒的那個人丟出了達陣得分的傳球！看來他似乎完成了一連串飛越你頭頂的達陣得分長傳。」

「對，我知道。」我當時不了解，現在還是不了解。」喬說。

「這樣叫做錯誤，被多頭打敗。」說著，韓森走了出去。

「別生氣。」一位分析師輕聲說：「這個傢伙是混球，真理和正義最後會獲勝，你沒有錯，只是早了一點。」

「太早，跟犯錯一樣。」另一位分析師帶著嘲諷的笑容說。喬知道，不幸的是，他說對了。

結果，1999年下半年，巴頓網路的股價飛漲到500美元，再漲到700美元，幾星期後，回跌到500美元，卻又再度暴漲，屢創新高。2000年7月，巴頓網路漲到870美元的天價，金馬克的魔法發生了作用，喬的懷疑錯了。

因為格蘭特投資管理公司不放空股票，也因為喬沒有錢可以投資，這檔股票像伊卡魯斯一樣飛升，並沒有影響任何事情，只是打擊他的自尊心。但是如次頁圖5‧1所示，隨著科技和電信股泡沫破滅，巴頓網路變成這個時代最大的慘劇之一。最後證明，喬是對的。

幸好喬不必再聽韓森那些嘲諷挖苦，因為他就要離開格蘭特了。

同時，在某個週一上午，道斯跟喬開誠布公地談了一次，說明為什麼他太太片面反對他和艾蜜莉繼續來往。喬恭敬地聽著。

「我明白，」喬平靜地說：「就像我以前說的一樣，我不會放棄艾蜜莉，我們所擁有的這段感情很寶貴，而且是我人生中最重要的東西。」

「我了解，也尊重你的想法。」道斯說。

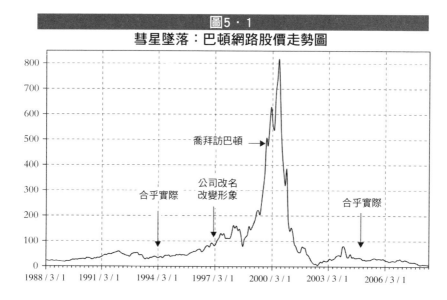

圖5·1

彗星墜落：巴頓網路股價走勢圖

喬拜訪巴頓

合乎實際

公司改名
改變形象

合乎實際

「但是，我會立刻辭職。」

「不，你不能辭職。」道斯堅定地說。「這樣實在太戲劇化了，包括艾蜜莉在內，我們所有的人都會覺得難堪。現在瑪琳可能已經猜到你跟艾蜜莉約會，如果你突然辭職，辦公室裡準會流言四起。」

「道斯，那我應該怎麼辦？道斯太太既然那樣想，你一定可以明白，我在這裡繼續為你工作是不可能的。」

「我認為，利用逆境最好的方法，是你開始祕密地另找工作，你應該跟在足球比賽中認識的一些人，例如吉姆·唐利（Jim Donley）和比爾·席克曼（Bill Hickman）談談。我知道他們兩個都很敬重你，他們知道你創造了一連串的選股佳績。」

「或許是這樣吧。」喬說。「但是他們會猜測我為什麼會離開

格蘭特和你，他們或許會猜到是因為艾蜜莉的關係，這樣可能造成格林尼治閒話四起，我絕對不希望把艾蜜莉牽扯進來。」

喬停了片刻後才繼續說：「整個事情讓人覺得極為不妥，這麼做似乎顯得不忠不義、又忘恩負義。道斯，我真的喜歡替你工作，而且你一直對我非常好，我猜，我真的不知道我是否想在另一家大型投資管理公司工作。」

這在道斯眼裡，就是當初他賞識的喬。他說：「你對公司一直是非常大的加分，但是既然如此，或許你應該考慮避險基金公司——避險基金是精明、年輕、有雄心壯志的人該去的地方，我可以當你的推薦人，我保證會給你非常好的評語。」

「對，我想過一家避險基金，在拜訪巴頓網路之後，我跟石橋公司一位名叫柯恩的人深談過。」

「石橋公司的記錄非常好。我也認識柯恩，他是好人，投資生涯卻一波三折，你要我打電話給他嗎？」

「不用，我直接跟他聯絡比較好，他曾經告訴我，如果我決定異動，可以跟他聯絡。如果你打電話給他，他可能會起疑，想知道你為什麼想甩掉我。」喬說。

「對，你說的對，但是我願意當你的推薦人。」

隨後的幾個月裡，喬在格蘭特拚命工作，同時尋找就業機會。其他分析師和投資組合經理人對他的困境一無所知，多數依然對他很友善，常常跟他開玩笑。喬像過去一樣，刻苦研究他負責的產業，沒有向任何人傾訴，只有道斯知道他在找工作。偶爾他會覺得自己是徹底背信棄義的人，但是他也認為，離開公司才

是上策。

同時，在1999年夏季和秋初，市場繼續飆漲，投機活動十分猖獗，創造出金額驚人的紙上富貴，大家卻視之為永恆的財富。格蘭特本身的股價飛躍上漲，摩根士丹利之流的大型投資銀行股價也一樣飛漲（圖5・2），格蘭特裡的員工欣喜若狂。格蘭特多位總經理的年薪中，大約有65%是現金，35%不是格蘭特的限制性股票，就是公司的認股權。喬猜想，道斯擔任資深總經理，年薪很可能達到三百萬到四百萬美元，公司的股價漲到80美元後，他所擁有的認股權與限制性股票，價值至少有二千萬美元。他跟艾蜜莉提起這一點。

「老爸名下終於有一些大錢，感覺一定很好。」說著，艾蜜莉

圖5・2

格蘭特股價從7美元漲到90美元所創造的紙上富貴

淨值的5倍 →
受惠於科技股狂潮 →

格蘭特的股價
低於淨值 ↓

2008年秋季
格蘭特股價7美元

笑得很開心。

「艾蜜莉，到目前為止，這些錢只是帳面利潤，我倒覺得他該賣掉其中一部分。」

「但是喬，或許現在賣太早了，如果他現在真的賣掉一部分，價格卻繼續上漲，又該如何？他一定會覺得自己像傻瓜一樣。」

「唉，就算他賣錯了，他仍然擁有很多股票。」

11月的某一天，喬坐在道斯的辦公室裡，房門關著，兩個人隨意地聊著，聊起交易市場狀況到國家美式足球聯盟的話題。道斯說，格蘭特有很多位投資銀行家，最近在格林尼治買下占地極廣、貴氣逼人的豪宅大房子，其他投資銀行家在艾斯本（Aspen）、韋爾（Vail）和太陽谷（Sun Valley），選購滑雪度假別墅，年紀比較大的老人因為迷上打高爾夫，正在棕櫚灘和萊福德恰伊（Lyford Cay）找房子。他說，目前總經理餐廳裡的人聊天時，都說這股狂潮是「保姆泡沫」，談論你是否買車給保姆，讓她可以自行開車來往你所住的豪宅。「如今，在格林尼治，一對夫妻得有四個可愛的小孩，至少兩位愛爾蘭籍的保姆，可以放五輛車的車庫。」道斯苦笑地說著，這是這個時代的跡象，也可能是惡兆。

在公司裡，格蘭特股價飆漲的好處並沒有平均分配，在投資管理部門分配得尤其不平均。只有幾位總經理和一些資深投資專家的薪酬中，能夠收到一部分股票，比較資淺的人，包括分析師和喬過去的同事，幾乎都沒有分到股票。股價飆漲不僅沒有讓一些人歡欣鼓舞，卻引發了若干嫉妒和抱怨。

這段期間裡，喬沒有提出新的買進建議，原因之一是他跟一些公司經營階層討論時，他們都開始提到新訂單轉弱。另一個原因則是股票的價格太高。他根據葛拉罕與陶德的投資原則，逐漸看空整體股市，對科技、電信和網際網路股更是抱著負面的看法。但是，他仍然相信AIG和聯合科技應該會熬過這場風暴，這兩家公司不是科技股，和其他股票相比，這兩家公司的本益比並沒有特別膨脹。

喬開始注意到，除了科技類股飆漲之外，市場的其他類股都開始橫向盤整（圖5‧3）。他擔心市場變成科技股一枝獨秀，這樣可能造成可怕的問題。1999年秋季，喬開始提出警示，敦促道斯和投資委員會，賣掉思科的部位，同時大幅減碼公司所持有的

圖5‧3
標普500指數：非科技股和科技股1995-2003年

空頭市場開始

科技股占標普500
指數權數的30%

泡沫破滅

喬開始看空
科技股

非科技股的標普500指數

科技、電信和網際網路類股。當時思科的本益比為60倍,而他們的投資幾乎成長了3倍。

科技和電信類股加總起來,現在占到格蘭特評斷投資組合績效所依據的基準指數——標普500指數——的比率,已經高達30%。標普500指數中,一百檔最大型股票的中位數本益比為30倍,其中一半是科技公司;排於其後的兩百檔股票中位數本益比為13.4倍。網際網路狂潮的確已經到了瘋狂的地步,營收極少、毫無獲利的公司,股票公開上市當天股價即飆漲3倍。喬主張:歷史證明,在這時候勇氣十足、對抗共識的類股配置決定,或許可以強而有力推動投資績效。

他做了一番研究後指出,1980年下半年,能源類股遙遙領先市場,是四年來最強勁的類股,起因是油價因為兩伊戰爭和擔心石油供應前景,因此股價不斷上漲。幾家世界最大能源公司的董事長宣稱,十二個月內,當時每桶40美元的油價,會漲到100美元,結果不到一年內,油價崩跌到每桶30美元。在能源類股最熱那陣子,能源類股占標普500指數的權數升到26%,但是二十年後的現在,能源類股只占標普500指數的5%,而且油價仍然徘徊在25美元上下。1981年時,留著能源類股不賣,會變成悲慘的投資怠惰,同時,減碼能源類股,會為後來創造驚人的優越投資績效。同樣劇烈的變化也在所謂的非必須消費類股出現,1986到1987年間,這種類股占標普500指數的24%,目前只占6%。

然而,投資委員會中的懷疑派指出,現在減碼科技股是危險的決定,因為這樣做是對抗盤勢,賣出強勢和當紅的股票。韓森主張他們應該等下去,到科技股的相對強勢惡化為止。

「只有自大狂和傻瓜才想找出頭部和底部。」他一面說，一面看著喬，「你是哪一種人？」聽他這麼一說，喬暗想，若能一拳打在他臉上該多痛快！

「如果科技狂潮繼續下去，」韓森誇大而獨斷地說：「減碼就會變成慘劇，因為最後我們不是會抱著現金，就是買進相對弱勢、動也不動的股票。」他主張客戶會嚴厲地懲罰他們，這樣會有重大的事業風險，他們全都聽說一家著名的瑞士銀行剛剛開除了備受敬重的投資長，因為他太早賣掉科技股。

他警告說：「你們都知道日本人說過，派對已經進行很久了，『只有傻瓜還在跳舞，但是更傻的傻瓜都在旁觀。』」

經過激烈的唇槍舌戰之後，道斯最後站在喬這邊，裁定他們應該在未來兩個月內，把科技和電信類股占40%的投資組合，減碼為占20%。他們決定立刻賣掉思科，交易在10月完成，賣出價格為35至37美元。很多客戶質疑這個決定，有兩位客戶怒氣沖沖警告道斯，說他「最好做對了」。另外幾位客戶問他為什麼沒有早一點賣。

然而讓喬驚恐、讓投資委員會難過的是，科技股股價繼續飛躍上漲。他們剛剛賣完思科，思科股價就暴漲（圖5‧4）。到了年底，思科以53.61美元的新高價封關。四個月後，思科幾乎漲到將近80美元。至於整個科技類股，那斯達克指數從1988年10月初的1500百點，漲到1999年底的4000多點（這個指數在2000年3月10日，漲到5000點之上）。客戶的反應從憤怒到同情都有，兩位客戶結束了帳戶。韓森在某次投資委員會議上，幸災樂禍地說：「我早告訴過你們了，這是新世界，網際網路是改變一切的

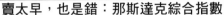

圖5‧4
賣太早，也是錯：那斯達克綜合指數

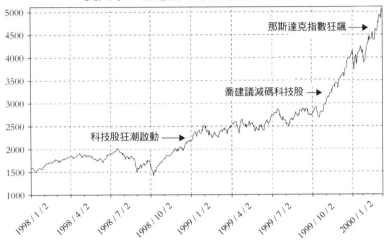

發明。」

　　道斯回答說：「我們全都同意這一點，我們爭執的問題是：我們身為投資專家買進股票應該付出什麼樣的價格，我深信本益比已經到了瘋狂的地步，我們賣出和減少持股做對了，不過顯然我們出手太早。」

　　「你這樣去告訴客戶啊。」韓森自鳴得意地說。

　　「我打算這麼做。」道斯相當冷淡地回答。

　　「道斯，事實真相是，在我們這一行裡，賣太早，也是錯。」大家都點點頭，韓森說對了，喬覺得坐立不安。

　　會議結束後，道斯把喬叫到辦公室裡去。

　　「哦，喬，我知道你覺得很難過，但是你必須擺脫這一切，你做過很多績效很好的正確預測，但是投資專家並非永遠都對。你

要忘掉這件事！你的反應必須像競賽失利的職業運動員一樣，好運動員會從失敗中學習，卻能夠維持鎮定和自信。飛人喬丹經常投籃不中；布賴特法佛罰球會遭到攔截，但是他們就在失敗的地方東山再起，繼續打球。你具備身為一個優秀投資專家的所有特質，你工作勤奮、很精明、擁有實力，而且你的直覺很好，你要打起精神來。」

喬謝謝他，卻還是覺得沮喪，他不但向道斯提出糟糕的建議，而且在自己人生中十分關鍵的時刻，犯下這種可怕的投資錯誤。他是否能夠找到另一份工作？他跟艾蜜莉又會有什麼變化？

接近年底時，艾蜜莉和喬花了幾個週末的時間，到處找出租公寓，最後在第一大道和八十三街街口，租了一間一房公寓。對他們兩個來說，住在一起令人十分興奮，他們買了一些家具，滿心喜悅地搬進去，展開他們人生中的一個新階段。

他們曾經在外面一起過夜幾次，卻總是覺得偷偷摸摸的。搬進新公寓的第一天晚上，他們做愛後，艾蜜莉喃喃地對他說：「我們這樣好像老夫老妻，我覺得好輕鬆、很自在。」

「我知道，」喬說：「但是妳不必再低聲說話了，終於我們的兩人世界可以安穩而放鬆。」

Chapter 6

享用華爾街的不義之財

你同意像量化專家那樣破解股市，就像跟上帝下棋一樣嗎？

喬沒有把自己打算離開格蘭特的事情，告訴過任何人，只跟艾蜜莉和她父親說過，因此連史考特都不知道這回事。巧合的是，史考特自己也在考慮異動。他生氣地告訴喬，年底時，公司和他的督軍在待遇方面欺騙了他。格蘭特在固定收益交易方面遭到重大打擊，但是這件事跟他無關。此外，另外一些自營交易員，包括史考特的那個小組有三位交易員因為過度做多，碰到年底的市場賣壓，因此跌破了虧損的下線，遭到公司結束帳戶。史考特熬過了跌勢，全年創造了八百萬美元的獲利，他暗自高興，預期根據12%的公式，他可以得到九十六萬美元的獎金，金額不算少。

然而，史考特的督軍跟他坐下來討論績效和分紅時，極力稱讚他的績效，卻告訴史考特，他的獎金只有9%，也就是七十二萬美元。他解釋說，獎金縮水是因為整個部門的整體獎金總額縮

小，縮小是因為公司的自營交易部門整體績效不佳，加上他督導的這個部門其他成員績效特別不佳所致。

史考特生氣地說：「你告訴過我，獎金是12%，不管獲利差還是獲利高。你從來沒有提過獎金跟公司的表現，或是跟其他自營交易員的績效有關，你背棄了我們之間的約定！」

這位主管替自己辯護說：「我說大約是12%，可沒有保證。」

「放屁！」史考特說：「我們之間的約定很明確，你和公司違背了約定，為什麼我應該因為別人的失誤，而遭到懲罰？」

「我大概可以替你另外爭取五萬美元，這樣你滿意了嗎？史考特，我們喜歡你的表現，你的報酬率和夏普比率都很好。」

「不！不滿意！那明年怎麼辦？獎金要怎麼決定？你要提高我的資金嗎？」

「對不起，這兩件事情我都還不能承諾。公司正在重新考慮配置在自營交易部門的資金，這種事就像高級經營階層主管常做的事情一樣，自營交易表現亮麗時，他們就熱愛自營交易部門，表現差勁時，就討厭這個部門。」

「真可笑！」史考特說。接著他怒氣沖沖地衝出這位督軍的小辦公室。

「這件事情真的讓我很火大。」史考特告訴喬：「他對我描繪美好的前景，我認為自營交易會很有趣、很刺激，其實不是這樣，這是令人煎熬而恐怖的工作。去年夏天，市況糟糕透頂時，我幾乎是把所有的資金都押了下去，那種壓力幾乎毀了我的生活，不管白天還是晚上，每波動一檔，都讓我覺得痛苦難挨。這樣做不是投資，而是他媽的愚蠢的當日沖銷，你的事業生涯和家

人的生存都受到威脅，這種做法糟糕透了。」

他歎了一口氣又說：「今年夏天的某一個晚上，蘇珊和我在外用餐時，我在餐廳裡當場感到極度不適。每天晚上我都會固定在半夜三點醒來，因為做了惡夢，夢見自己在查對日本和亞洲的行情。在你的部位走勢錯誤時，你設法睡覺看看！我得吃夜用型泰諾止痛藥助眠，然後我會因為那種糟糕、差勁的難受感覺醒來。8月分我去度假時，我都無法勃起，也許是我吃了泰諾，也許是實際狀況讓我嚇壞了。然而，在我熬過所有這種創傷，替他們賺了大錢後，他們卻砍我的獎金，以區區的七十二萬打發我。」

喬搖搖頭，這種焦慮很糟糕，但是他覺得這筆錢不少，他估計自己今年可以拿到二十七萬美元。「這種壓力一定很可怕，史考特，如果自營交易這麼糟糕，你為什麼不回到業務部門去呢？」

「不幸的是，事情的運作方式不是這樣的！這是狗咬狗的世界，他們已經瓜分了我的客戶，我必須自行開發新客戶，可我不能重新來過，我有老婆、小孩和另一個即將出生的小孩，生活開銷很大。」

史考特說，他正在評估別的機會。其他投資銀行和商業銀行的待遇，跟格蘭特原先開的條件大致相同。然而，他卻擔心這些銀行對自營業務的承諾有多篤定，因為投資人越來越不願意付出太多的代價，換取自營交易所獲得的利潤，原因在於大家認為這種獲利來源素質低落，波動又很劇烈。雷曼兄弟實際上已經把交易金額最大、最高明的三位自營交易員，調到投資管理部門，希望投資人願意為這種獲利來源，付出比較高的代價。但是這樣真的能夠欺騙什麼人嗎？

史考特告訴喬，過去幾週裡，他跟哈龍避險基金公司（Hadron）談過，那是設在康乃逖克州新加南（New Canaan）的一家大型避險基金。老闆湯姆‧哈龍是避險基金業界的傳奇人物，出生紐奧爾良，在三十歲以前，靠交易棉花賺到大錢。現在擁有一家十分成功、推動多種策略的避險基金公司，產品線包括自營交易，他在全世界大約派有二十到二十五位自營交易員。

　　「大家認為哈龍是公平而誠實的人。」史考特告訴喬：「他是好心的南方佬，喜歡打獵，也喜歡跟手下一起喝啤酒。」

　　「對，」喬說：「我聽說他在喬治亞州的海岸外，擁有一整座島嶼，讓他打獵，而且他每年要為濟助貧困兒童的慈善事業，籌募幾千萬美元的經費。」

　　史考特解釋說：「哈龍的經營方式比投資銀行開明多了，他的公司跟有潛力的交易員深入晤談，堅持他們必須擁有一些經過考驗的經驗。如果他聘用一位交易員，交易員會得到三十萬美元的資金和兩年的合約期間。他們公司容許交易員最多可以虧損20%，相形之下，大部分銀行規定的虧損上限都是10%，他們公司利用夏普比率之類的波動性與風險指標，評估績效。獎金從15%起跳，交易員可以得到五千萬到一億美元的操作額度。」

　　喬回答說：「聽起來像是潛力很大的好工作。」

　　「但是就像我說的一樣，」史考特插嘴說：「自營交易很累，你不可能一直走運。哈龍南方佬的甜言蜜語完全做不得數，他會變成億萬富翁，不是靠著帶領不能創造重大績效的自營交易員去禁獵場打獵，也不是靠著帶他們去參加重要的慈善晚會。我們都是傭兵，人格和團隊精神做不得數，你不是替他賺錢，就是不歡

而散。」

「這麼說來，你為什麼還想去？」

「因為我已經三十八歲，沒有什麼本錢，又沒有其他可以糊口的謀生技巧。我需要這些錢，此外，自營交易就像賭博一樣，會讓人上癮，我已經染上了嗜血的欲望。你為什麼不跟我一起過去呢？哈龍會出二十萬，聘請跟我一起工作的人，我會把我衝鋒陷陣賺到的錢，交給你20%，讓你當我的合夥人。兄弟，你覺得如何？」

喬抓著頭說：「嘿，我深感榮幸，讓我想一想，我已經跟石橋公司洽談過了。」

「你會消失在那隻巨獸的身體裡。」史考特說。「你要經過很多年，才可能有機會操作我所說的真正資金。」

在喬考慮自己的選擇時，他和艾蜜莉發現同居新生活的好和不太好的地方。她在外交關係協會的工作很體面，不會特別辛苦，不過待遇卻很微薄。她開始在哥倫比亞大學上課，希望拿到歐洲史碩士學位。喬終於完成史登商學所的學業，因為要參加晚上的商業餐會，偶爾還要出差，所以他們在平常的日子裡，沒有多少時間在一起。

到了週末，他們則擠在小小的一房公寓裡。因為艾蜜莉不願意動用自己的信託基金，他們主要是靠喬的薪水過日子，因此，他們其實沒有錢享受紐約的生活，或出門度假。由於艾蜜莉跟父母疏遠，他們也不打算去格林尼治。

「我不想再過這種貧窮的生活。」12月的某一天黃昏，喬說：

「我希望享用華爾街的不義之財。」

「說的好，」艾蜜莉告訴他：「不過現在你只能滿足於享用我。」兩個人都哈哈大笑。

他們開始一起出去和別人共進晚餐，有兩次跟史考特夫婦在東村的餐廳裡吃飯。他們也常跟艾蜜莉的弟弟見面，她的姐姐姬兒正在念法學研究所二年級，那年冬天，也來看過他們好幾次，但是她和艾蜜莉之間的關係不甚親密。

週末他們大都留在市區。他們加入七十二街的春分健身俱樂部，有時也會繞著中央公園的人工湖跑步。週六和週日會在公寓裡看書。喬總是陷入無數疊研究報告、公司報告和艾蜜莉十九世紀歐洲史讀本的包圍下，這種情形有點像閉關修行。他們跟安妮・巴納德（Ann Barnard）出去過兩次，安妮是外交關係協會中跟艾蜜莉交好的另一位女孩，是真正的外交政策怪胎，會喋喋不休地談論神祕的複雜問題和國務院的重大錯失。喬發現自己跟她沒有什麼話可說，她對他的感覺也一樣。事實上，他認為她很無聊，猜想對方也有同樣的感覺。

艾蜜莉卻擔心喬太投入股市，沉迷的程度遠超過她父親。他只談論股市，只看商業版和運動版，他們似乎跟過去不同，沒有多少話可說，最後經常希望在閒暇時間裡，各自做一些不同的事情。她想讓他跟她一起上戲院或博物館，他卻希望閱讀或運動，這一點讓艾蜜莉覺得困擾。

喬逐漸把注意力放在石橋公司上。

2000年初，石橋公司已經創業十週年，旗下多種策略避險

基金家族管理三百五十億美元的資產，在避險基金天地裡舉足輕重。石橋管理幾檔不同的基金，規模最大的旗艦多種策略基金管理一百五十億美元的資產，其他的事件推動、可轉換套利和股市中立投資組合，都是規模比較小的避險基金。石橋公司由朱特‧史波肯（Jud Spokane）和丹‧雷文（Dan Ravine）合創，兩個人白手起家，寫出華爾街夢想的美談。

史波肯深具魅力，性格外向，是個非常高明的行銷大師；雷文是金頭腦，負責創造績效數字。他們彼此互相依賴，形成高度的共生關係，卻不見得是美滿的婚姻。

史波肯和雷文都在紐約市骯髒的腹地長大，實際上從十多歲開始，彼此在布朗克斯（Bronx）就已經認識。他們宣稱他們總是親密的朋友，但是事後回想，這種情形似乎不可能，因為他們現在的差異極大，當時怎麼可能會變成親密的朋友？無論如何，他們透過某種神祕的綜合效果，結合在一起，創造了令人十分驚歎的事業生涯。

五十二歲的史波肯是健康、快樂的魔術師，高興地炫耀自己的財富和身材，他在倫敦訂製的西裝緊貼寬闊的肩膀，也帶出細瘦的腰身。強壯、古銅色的脖子上打著一條一百六十美元的愛瑪仕領帶，史波肯對自己的脖子深感自傲，偶爾他高視闊步、昂首向前時，看起來頗像一隻雄壯的野火雞。

多年以來，史波肯在紐約社會的避險基金新富階級中，開拓了大片的疆域。然而，總而言之，這種環境有一點俗氣，太多粗魯和喜歡吹牛的人娶了兒時平平凡凡的舊情人，住在華麗的現代建築裡，過著不愉快的婚姻生活。史波肯最近剛剛再次離婚，如

今他目標更加遠大，財力更為雄厚。他現在瞄準的是住在公園大道或第五大道那些豪宅裡的家族，他希望可以打進十分排外、社交能力高強的上東城黃金海岸世家俱樂部。

避險基金的財富的確是新近發跡賺到的錢，但是如果你希望引起轟動，又有足夠的金錢花在捐贈和豪華晚宴上，你可以打進由有身分地位人士組成的上流社會，而且贏家的名聲也會強化你的信用。史波肯了解這一切，也知道自己應該怎麼做。他靠著努力和捐款，打進羅伯伍德強生基金會（Robertwood Johnson Foundation）、史隆基金會（Sloan Foundation）和紐約愛樂交響樂團（New York Philharmonic）董事會，所有這些機構的董事身分都是昂貴而高級的席次，因為紐約重要的機構不會隨隨便便地把暴發戶納入董事會。他在歌劇院裡也有一個包廂，他很少錯過某個社團的募款晚會，也很少錯過名人的高爾夫球比賽。

對猶如旭日東升般的避險基金名人來說，不動產是重要的裝飾品，因此他在1997年，買了一棟有點破敗的南安普頓（South Hampton）豪宅。這棟巨大的豪宅坐落在東尾巷（East End Lane），在1920年完工，全盛時期，這棟豪宅看來像是報業鉅子赫斯特（William Hearst）在加州勝西美安（San Simeon）所蓋的赫氏古堡一樣。這棟豪宅坐落在一‧六公頃廣大的綠茵上，離海灘不到一百公尺遠，有三十個房間。他花了千百萬美元整修，恢復原來的豪華樣貌。其他的裝飾品包括在滑雪聖地韋爾的滑雪別墅，還有棕櫚灘的別墅，此外他還一直說要在倫敦的伊頓廣場買一棟房子。

他紐約辦公室的紅木牆上，掛了很多他自己的照片——包括

跟飛人喬丹打籃球、手摟著紐約市長朱利安尼、跟微笑的柯林頓總統閒聊的照片。他經常在四季大飯店與大人物共進午餐,如私募基金鉅子亨利‧克拉維斯(Henry Kravis)、美式足球明星提基‧巴伯(Tiki Barber)等,他還跟副總統錢尼和名主播丹‧拉瑟(Dan Rather)一起打鵪鶉。史波肯滿面笑容而陽剛的臉孔,是石橋公司迷惑潛在投資人和息事寧人的象徵。雖然他在幾椿撕破臉的離婚案中受傷害(史波肯的前妻當中,有兩位「不肯輕易妥協」),但是他的財產一定接近十億美元。

從史波肯寬廣、明亮、開放的辦公室走過去,就是雷文的辦公室。五十一歲的雷文跟合夥人史波肯不同,總是把房門關得緊緊的,百葉窗也總是拉起來,遮住簡樸辦公室中的電腦設備和六台螢幕。書架上堆了很多書,低矮的桌上放了很多疊報告和列印的文件,他的辦公室跟史波肯的辦公室不同,沒有掛照片或擺放個人的物品。

雷文其實對噪音過敏,也拒絕回覆讓人分心的電話和電子郵件。事實上,他跟外向的合夥人史波肯正好相反,人相當內向,卻是堅強、不廢話、頭腦精明的經理人。雖然他沒有受過高等的數學教育,卻是大家敬重的量化專家,也很早就成為一位電腦技客。他在紐約州立大學攻讀物理時,發現十八世紀物理學家約翰‧傅立葉(Jean Fourier)發明、說明熱波頻率的一項數學公式。他利用傅立葉的公式,計算個股最高價和最低價之間的距離,也從這種啟示中,開發出洞悉趨勢、尋找獲利交易的軟體。他辦公室牆上唯一的裝飾是裝裱精美,卻由粗糙木塊構成的傅立葉畫像。

他跟史波肯不同,他盡量避免出席公共場合和會議,也避免

跟手下的投資組合經理人衝突，喜歡做自己的工作、埋頭在資料裡，經營他的統計機會基金（Statistical Opportunities Fund）。他是高聖俱樂部（Club Kosher）會員，這個組織嚴密的團體由正統猶太裔專業人員組成，目的在於堅決維護高聖禮儀，也堅決維護以色列。

1980年代，史波肯和雷文是貝爾斯登（Bear Stearns）成功的營業員組合，他們的交易主要依靠技術分析——包括圖表和價格走勢信號。雷文負責發展策略，史波肯負責向客戶宣傳這種故弄玄虛的東西。這種策略會造成熱絡的交易，為他們兩個帶來金額龐大的佣金，但是不能為客戶帶來多少財富。1989年，他們離開貝爾斯登，創立石橋公司，當時沒有人在乎他們，他們最初只募集了二千萬美元的資金，頭兩年的績效無關緊要，因為他們的技術分析交易幾乎無法克服成本和市場衝擊成本的重擔。

接著到了1991年，他們改變做法，雷文不再依靠技術分析，開始利用自己的分析和電腦技巧，專門從事可轉換公司債套利。這種做法很成功，他們的下一步是從事併購套利。1993年，兩種基金都創造出優異的績效。隨著史波肯開始發揮魔力，他們管理的資產開始成長。到1994年，石橋公司的管理資產達到七億美元，接著到了1995年，他們大展身手，他們管理的多種策略基金創造出52%的年度淨報酬率。於是資金大量湧進，他們創設了更多新的基金。隨後的三年裡，他們的表現很好，卻不能說很優異，但是沒有關係，他們已經變成紐約市的話題——變成了魅力十足的金童和猶太套利天才。更多的資金源源湧入。到1999年1月1日，他們管理的資產總額高達三百五十億美元。

然而，就像常見的情形一樣，以小小資本起家的避險基金表現優異與壯大後，卻會因為自己本身的錯誤而失足。1999年，石橋公司七檔投資組合中，有五檔的績效不如各該避險基金的績效評比標準，三檔最大的基金在扣除費用後，獲利2％到5％。有兩檔基金表現相當好——石橋多空股票型基金和石橋科技機會基金分別上漲22％與28％，這種績效還算過得去，卻不特別突出，因為這一年，許多單向做多的基金經理表現更加搶眼。2000年開年以來，整體公司表現也沒有令人十分欣喜的成績。

　　因此，贖回通知湧入，情形不能說是像潮水般湧入，市場上卻傳出該公司已經喪失動能之類令人不愉快的傳言。此外，最近幾個月裡，直接負責投資組合責任的好幾位總經理不是辭職，就是遭到開革。似乎沒有人知道誰到底出了什麼事情，或是原因為何。行政長也因為不明的原因而辭職，前任產品策略主管也離開公司，加入另一家避險基金公司。取而代之的人都是從其他基金公司找來，但是大型組合基金和避險基金顧問業者都用猜疑的眼光，看待這家公司高階基金經理人的變動。而另一方面，如果績效差勁，投資人希望看到有人頂罪受罰。

　　喬決定離開格蘭特後，在找工作方面非常小心。他不希望他找工作的風聲，傳回格蘭特員工耳中，因為這樣會讓道斯和他自己都覺得難堪。因為他跟柯恩的關係，他把重點放在石橋公司。他喜歡柯恩，柯恩這個人很有遠見，卻相當特立獨行。1999年底，喬已經跟石橋公司三位基金經理人和研究主管面談過。他讓他們看他所寫的報告，他覺得面談大致上進行得很順利。然而，

他卻沒有聽到跟工作有關的確定消息，因此開始緊張，擔心他們是否知道他對科技類股判斷失誤的事。

某天上午，柯恩要喬到石橋公司設在第五大道九百號精美玻璃帷幕大樓的辦公室。他以為這只是另一次面談，但是他到達時，柯恩告訴他，「喂，老兄，有進展了。今天你要跟高層面談，先跟史波肯談，不要被他辦公室裡的東西嚇到了，他剛剛找一位搶手的社會裝潢專家裝修過辦公室，非常喜歡吹噓一番。」

「社會裝潢專家是什麼？」喬問。

「是交際廣闊、專門為多金又精明，卻沒有品味的男士裝潢辦公室的富有女性，這種女性在裝潢過程中，會狠狠敲他們一筆。這女的超瘦很正點，兩眼會放電……不知道你喜不喜歡女性的電眼和纖瘦的身材，但是我不喜歡。」

柯恩沒再多說，就帶著他走進史波肯的辦公室。史波肯指著一張有扶手的椅子，他黝黑的臉孔，顯得精明而有力，微笑時露出一排整齊白牙。他藍色的雙眼盯著喬看，注意到喬有力的一雙大手。

「你坐的是亨利四世的椅子。」史波肯告訴他，喬不安地動動身體，那張優雅而細緻的椅子吱吱作響。「那張桌子，那張小小的古典桌子，過去放在拿破崙的辦公室裡。聽說你是亞聯大學的紅牌球員？」說著史波肯仔細地打量著喬。喬搖搖頭。

「哦，我其實不算很……」但是史波肯打斷了他的話。

「我上高中時是明星跑鋒，」史波肯告訴他，還誇張地伸展光亮海島棉襯衫上方像牛頸一樣有力的脖子。「我應該可以加入全美城市明星隊，但是我打的球隊很差勁，沒有人會防守，必須完

全靠自己衝刺。我也是優秀的接球員，手很柔軟，但是四分衛沒有膽子。接著我上佩斯大學，他們甚至沒有一支像樣的球隊，我的確應該可以打大學球隊，我喜歡比賽。你打高爾夫球嗎？」

「我成長時，跟父親打過一陣子，但是過去五年我不太打。」

「好，」史波肯說：「我很晚才開始學打球，已經把差點降到九點，我可是花了很多功夫。哦，我跟老虎伍茲打球，菲爾・米克森（Phil Mickelson）是我的好朋友。」

剩下的面談時間裡，史波肯滔滔不絕地談論自己的事情，提到很多名人的名字，然後誇耀石橋是多麼優秀的公司。

「四年內，我們會管理七百億美元，然後我們要公開上市。如果你真想發財，這裡是你該來的地方。你想發財嗎？」

「是的，先生，我想發財。」

「你很注重技術分析嗎？」

「哦，我比較偏向價值型投資……」喬才開口說話，史波肯就打斷了他。

「這樣很好，」他說：「我打獵時，會帶狗一起去，但是我不讓狗射擊。」他對喬開口大笑，對自己的幽默很滿意。

史波肯看看錶，露出漫不經心的表情。「唉，喬，你聽我說，跟你談話很愉快，摩尼卡兩分鐘內會來這裡，她是我的前女友。或許我們該找個時間，打打高爾夫。」他站了起來，伸展了一下做工精美的精紡灰西裝裡的四肢，再踮腳扭了扭售價一千二百美元、由倫敦雪迪巷（Shady Lane）羅伯遜李夫斯鞋店（Robertson and Reeves）訂製的英國皮鞋，彷彿正做著預備動作，打算跳到什麼奇妙而令人興奮的地方。

他們出來後，喬對柯恩喃喃說道：「真是少見的面談，我幾乎沒有說什麼話。」

「沒有什麼差別。」柯恩告訴他。「他總是這樣，這樣是在傾瀉個性，他的所有判斷都非常直覺，偶爾他的直覺很敏銳，但是他太偏重高爾夫了，我覺得這樣沒有道理。他迷上了他所說的『臨危不懼』，他一定看過海明威的小說，這一切似乎都有點怪異，但是你聽我說，這個傢伙是個贏家，也創造了很大的成就。」

「你喜歡、信任他嗎？」喬問。

「不喜歡、也不信任。」柯恩答道。「他也不太喜歡我，我是猶太人，是雷文的忠貞信徒。我在公司裡，是他們所說的投資爛頭，甚至可能是爛頭技客。」

「什麼？」

「晚一點我會跟你解釋，我們得去見另一位老大。」

柯恩帶著他走在走廊上，來到另一位資深合夥人的辦公室。雷文的房門像平常一樣關著。他的助手告訴他們：雷文先生正處在「閉關狀態」，但願他很快就可以會見他們。他們站在接待區，看到牆上滿滿都是色彩鮮豔、無法理解的抽象藝術。

「什麼是閉關狀態？」喬問。

「他是非常專注、非常執著的人。」柯恩告訴他。「你很快就會了解，他深信要雇用精明、好奇、執拗的人。執拗很重要，因為他相信所謂的『啟發性爭執』最有益於產生好的構想，或是驗證好主意。」

「他似乎很難纏。」喬說。

「他會從你的背景中尋找證據，判斷你是否是拼盡最後一分力

氣之後才能接受失敗或不完美的人。他覺得這點非常重要。」他們正打算離開時，助手的電話響起，告訴他們可以進去了。

雷文坐在修道院式的工作桌後，桌上有四台螢幕。他看起來消瘦而憔悴，幾乎有一種蒼白的感覺，他穿著藍色牛仔褲和褪色的Polo衫，牛仔褲非常不協調地以骷髏頭的吊帶撐著。有一位打扮類似的年輕分析師站在他後面，看來很煩惱。

「你困死自己了，」雷文對這位分析師說：「這種運算法根本無法解決問題，反而成了厄運循環，你用自己的方法再跑這些方程式，三十分鐘後回來找我，我同樣也會這樣做。」

他轉頭看著喬。看不出他對於停下手頭的研究來面試一個人到底有多熱心。「這就是我，乾旱月分裡的一個老頭，聽著書童替我讀報，等待雨水降臨。你是否到過火熱的門，膝蓋埋在沒膝的鹽沼中，揮舞彎刀？」

「什麼，」喬說：「您說什麼？」

「柯恩，這麼說來，你帶給我的是另一位文盲，不認識艾略特（T.S. Eliot），我剛剛念的可能是近代最偉大的詩句。」

「這就是我，一個老頭……風口中一顆愚鈍的腦袋。」柯恩回答。

「啊，謝謝你。」雷文轉向喬說：「總之，你就是我們打算雇用的人囉，你要怎麼做，引導我們走出這個績效的荒原？」他凝視著喬時，似乎才剛剛把重點拉回來。

「我不知道。」喬說。「但我會努力工作，希望能提出什麼辦法來。」

「你知道『乾旱月分裡的老頭』這句話出自什麼典故嗎？上面

說你主修文學和會計，似乎是不太可能的結合。」

「我得說我也主修美式足球。不，我很抱歉，不知道這句話從何而來。」

「哦，出自艾略特的《枯叟》（Gerontion）。優秀的投資專家必須擁有兼容並蓄的心靈。喬·希爾先生，告訴我，你相信上帝嗎？」

喬呆住了，說道：「相信，我相信天上有一位上帝，小時候，我媽會帶我上教堂，但是我不是非常虔誠。」

「你同意像量化專家那樣破解股市，就像跟上帝下棋一樣嗎？」

「好了，老闆，」柯恩插嘴說：「只要跟他面談就好了，不要把他嚇壞了。」

雷文淺淺一笑說：「耶和華是量化專家，你知道這回事嗎？」

「不知道，先生。」

「你知道耶和華是誰嗎？」

「我想我知道，他是舊時代猶太人的神。」

「你最近所看過對你有幫助的兩本書是什麼書？」

喬思索著書名，結結巴巴地說：「強生寫的《美國人民史》和李費佛（Lefevre）寫的《股票作手回憶錄》。」

「歷史和交易，有意思。美國建國先賢相信上帝嗎？」

「其實不太相信上帝──根據強生的說法，他們大部分都是不可知論者。」

「這麼說來，你還真的看過強生的書。」雷文說：「柯恩，帶他離開，我現在授權你聘請另一位爛頭。」

隨後他們回到柯恩的辦公室。

「你的表現優異！我們要請你當研究部門的分析師。」柯恩告訴他。「我們喜歡你的研究和思想，那家血汗證券商給你多少薪水？」

「我去年賺二十七萬，我猜今年會升為三十五萬，但是錢不是這麼重要，我要的是機會。」

「我可以肯定地告訴你，他們會保證讓你的薪水翻倍，如果你替公司賺到錢，他們還能把薪水提高非常多，因為我們發的績效獎金很高。」

「太好了，我很興奮。」喬說：「但是石橋怎麼能夠提出這樣的建議？我不了解避險基金的會計，但是我聽說經過去年的虧損後，石橋的總資產遠低於過去的高水位，因此除非你們把虧損賺回來，否則你們不會有績效獎金。」

「的確如此，」柯恩回答說：「在五檔低於水面的基金中，今年沒有人會賺到大錢，但是我們收的費用是2加20％——資產的2％，以及獲利的20％。假設我們喪失了五十億美元的資產，總資產從三百億美元，降為二百五十億美元，若市場再度下跌，資產降為二百億美元——全年2％是四億美元。假設就像今年一樣，有幾檔基金會賺到績效獎金，我們的內勤、支援、辦公室的固定成本大概是一千二百萬美元，投資和行銷專家的固定成本是三千萬美元，我們發你七十萬美元的薪水根本沒有問題。」

「雷文說的爛頭到底是什麼意思？」

柯恩微微一笑。「這裡有三種投資專家，一種是成長型專家，就是喜歡成長股的人，他們不管價值，只買具有強烈價格動

能的股票;第二種是技客,技客是計量專家,利用電腦模型投資;第三種是爛頭,也就是價值型投資專家。換句話說,他們買又髒又亂的公司股票,因為這種股票都很便宜。」

「我懂了,我猜我是一顆爛頭。長期而言,價值股的報酬率每年勝過成長股大約200個基點。」

「不錯,但是過去五年完全是成長股的天下。順便要問的是,你要接受這個工作嗎?」

「這個工作非常好,我受寵若驚,讓我考慮一下,過幾天回答你。」

春寒料峭,細雨紛飛,喬走回上東城的公寓,心情矛盾。他喜歡在石橋公司碰到的人,但那兩位東家可能是例外,史波肯似乎是自大狂,只顧自說自話,不肯傾聽;雷文似乎很聰明,卻有點怪異。聽起來他似乎要在柯恩的手下工作,但華爾街傳言指出,這家公司陷入困境。那天晚上他和艾蜜莉躺在床上詳談此事。

「喬,」她最後說:「你得信任自己的直覺,史考特那邊怎麼樣?」

「我不是自營交易員,也不希望當自營交易員,我是分析師,其次才是投資專家。問題是,其實我在就業市場中探索時,消息不可能不傳回格蘭特的員工耳中。但我希望未來這個業界能徹底了解我,而不只是了解我跟妳爸爸的關係而已。」

「那麼你就去吧。」艾蜜莉說。「你其實沒有太多選擇,而且這樣做如果沒有好結果,也不是世界末日。」

隔天早上他打電話給柯恩,接受這份工作,然後就去告訴道

斯。

「我希望石橋公司沒問題。」道斯告訴他。「艾蜜莉怎麼想？」

「她贊成。」

「那好，就這樣吧。事情結束了，一切都結束了。」道斯遺憾地搖搖頭說：「我們快刀斬麻。你就做到下星期五，你可以這週末收拾東西。我會在下星期一的投資委員會議上宣布這件事，說些你的好話，但是我也會讓人感覺我對你有所不滿。喬，祝你好運！」

他們握著手。「保持聯絡，」道斯補充說：「塵埃落定之後，我們一起吃午餐。至於在下個球季的比賽中幫忙我們打球的事情，到了秋天，應該就會船到橋頭自然直了吧。你知道我們需要你！」

Chapter 7

孤獨的價值型投資人

趨勢是我們的朋友，我們不必太早，只要在場，保持清醒。而且，朋友，你知道嗎，歷史向來都是最好的嚮導！

石橋公司總部在第五大道九百號，位於俯瞰中央公園、光線明亮的一棟大樓中。公司聲勢如日中天時，曾經請紐約最受尊崇的裝潢專家裝修過，根據他的宣傳小冊子，他專精「空間、光線、功能和適意」。公司占了兩層樓，由一弧形樓梯連接兩層——史波肯、雷文和投資專家的辦公室在三十七樓；行銷、客戶關係、作業和寬闊的健身中心設在下面一層樓。

投資經理的辦公室之間散布著一些閱覽室，這個樓層的中央是「夜總會」，夜總會早上七點開張，晚上八點關門，負責提供各式各樣的美食和訂製的食物。夜總會的某一個角落俯瞰中央公園，那裡有一張長桌，是專門保留給負責決策的投資組合經理人，大家都知道，分析師或行銷、作業部門的人不能坐在那裡。

夜總會隔壁是三間比較小的餐廳，專門用來跟客戶私下會

晤。隔著走廊，跟史波肯辦公室相對的小餐廳保留給他專用，裡面呈現他的裝潢專家主張的隨意而凌亂的風格。這間餐廳中央，擺了一張富麗堂皇的路易十二式的桌子，四周擺了六張齊本德爾式的扶手靠背椅，一面牆上有一個釘死在上面的紅木書櫃，裝著細長的玻璃門，裡面放著精心裝訂、專供展示的特洛勒普（Trollope）、吉布林（Kipling）、丁尼森（Tennyson）和但丁（Dante）的作品。然而，真正引人注目的地方是一座可以使用的燒柴壁爐，以及史波肯在蘇格蘭買的古典雕花爐台。史波肯在《華爾街日報》上看到一篇報導，說摩根銀行私人財富管理部門的頭頭擁有一座這種壁爐——雖然那座壁爐略為普通一點——就迷上了這種壁爐，決心在自己的辦公室裡放一座這種壁爐。壁爐的裝設、排煙系統和爐台總共花了二十五萬美元。

在遠離這些富麗堂皇擺設比較遠的走廊另一頭，是喬的辦公室，這間玻璃辦公室比較小，可以看到中央公園的優美景致和附近宏偉大樓群的壯麗景色。辦公室裡有一張大型、現代的柚木辦公桌，四角的弧度呈現高級工藝質感，還有搭配的柚木檔案櫃，桌上放著四台電腦螢幕。超薄但不透明的窗簾可以拉下來，確保投資人員有絕對的私密性，這點是雷文堅持的。他說：「如果你可以看到走廊上的人來人往，你就不可能專心。」

喬上班的第一天早上，他的辦公室裡已經擺著兩張鮮明、光滑、裝有弧形軟墊的椅子。其中一張椅子上留了一張便條，上面寫著：「請立刻致電2043號分機」。他撥電話過去，接電話的女士告訴他，她馬上過來。她到了之後，開始仔細地根據喬的身材和姿勢，調整椅子。

「雷文先生認為，如果你有半天的時間要坐著，你最好坐在合適的椅子上。」她告訴他。「如果你有任何問題，請打電話給我。」喬不得不承認椅子的確非常舒服。

喬快速地融入石橋公司的生活。他早上六點半到達辦公室後，先到設備非常高級的健身房健身。他會在跑步機上，看國家廣播公司商業台和彭博財經台。如要舉重，他就戴上公司配備的耳機和隨身聽，聽錄滿研究主管認為特別有價值的經濟和市場資訊錄音。七點四十五分，他會到餐廳裡看日報、快快地吃完早餐，然後他會檢查自己的電子郵件。到了八點半，他會到耶魯巨蛋——這麼稱呼是因為開會所在的大會議室中，有一張巨型的橢圓形桌子，跟耶魯巨蛋的形狀一模一樣——參加晨間會議。

八點二十八分，石橋公司的辦公室會響起鐘聲，通知大家會議在兩分鐘內要召開。所有分析師和當天在辦公室裡的投資組合經理人都必須參加晨會，投資組合經理人和首席交易員坐在會議桌旁，分析師、資淺交易員和行銷人員（也就是大家口中的「微笑擦鞋幫」）坐在會議桌外圍一圈的平台上，即「次等座位」的椅子上。參加會議的人大約有三十到四十個人，會議由首席交易員沙爾‧馬克利（Sal Macri）主持。馬克利高高瘦瘦，一臉靈修人士的樣子，是芝加哥出生的義大利後裔。後來，喬學會尊敬他洞察市場的眼光。

八點半一到，一位從早上五點就開始工作的馬克利的副手，會快速地讀一份裝訂好的資料，摘要說明前一天晚上世界各國發生的市場和基本面新聞事件。他朗讀時，投資組合經理人經常會問問題或發表意見，除非有人要坐在「次等座位」的分析師說話，

否則他們從來都不出聲。雷文偶爾會參加會議，卻很少說話，史波肯很少參加會議。大家都知道他會在麗晶大飯店，吃商業早餐，跟紐約有權有勢的大人物聚會、聊天。

一天天過去，喬發現，在這種會議中可以得到很多市場動向和新聞評論，但是偶爾會議氣氛會讓人覺得害怕、覺得單調乏味。坐在桌旁的一些投資組合經理人之間，似乎有一種幾近厭惡與不信任的負面而非正面的競爭壓力暗流。他們彼此會互相嘲笑。喬還發現，成長型經理人並不避諱攻擊他們認為「還搞不清楚狀況」的人、尤其是對抗網際網路股價格動能的人。柯恩似乎屬於遭到攻擊的那一群人之一，但他只是和善地嘻嘻一笑，卻從來不辯論任何事情。雖然如此，他偶爾還是會指出，科技股的價格存在不可思議的「夢幻溢價」。喬因為十分偏重價值型投資，對於柯恩的看法心有戚戚焉。

總之，喬喜歡石橋公司的氣氛，不覺得有其他投資專家討厭他。這些專家就像在格蘭特一樣，把他當成美式足球球員。他知道在健身房裡時，有一些年輕的女性員工會用愛慕的眼光看著他，在餐廳吃早餐和中餐時，他會刻意跟其他投資組合助手和分析師坐在一起。

他用這種方式認識公司裡的同事，而且很快和瓊恩・李柏薇絲（Joan Liebowitz）交好。李柏薇絲是湯姆・賴特（Tom Leiter）手下的投資組合助理，賴特在公司裡自行操作避險基金，是成長股專家。她似乎經常選擇坐在喬旁邊或附近。

李柏薇絲很瘦——接近皮包骨——是年齡跟喬相仿的長腿女性，有著一頭烏黑的秀髮，以及深具魅力卻不特別細緻的臉蛋。

她極為活躍、精力旺盛、活力十足，不時手舞足蹈。她的肩膀長得很好看，整體看來，有一種特別的感性。喬覺得她很有吸引力，又跟自己志趣相投。

有一天，他問她：「為什麼公司裡有很多女性研究員和客服人員，卻沒有女性基金經理人？」

「因為，」她回答說：「經營這個地方的兩個傢伙認為：第一，女性的情緒太不穩定，不能好好管理投資；第二，女性總會因為當媽媽或變成老處女而分心，天生注定不可能成為專注而成功的投資專家。」

「他們怎麼看我？」喬問道。

「大家替你說了不少好話，小寶貝，你是大牌運動員，他們像大多數人一樣，喜歡運動員。而且，大家認為你是少數族裔，從法律觀點來看，他們必須雇用特定比例的少數族裔員工。至少我認為你是少數族裔。」她以詢問的眼神看著他。

「對，我有一半白人血統、一半黑人血統。」

「如果我是你，我會努力把皮膚曬成古銅色，甚至把皮膚曬得更黑，雷文尤其是徹頭徹尾的自由派。」

「史波肯呢？」

「我認為，他是傲慢、混蛋的當權派。你會打高爾夫嗎？」

「會，會一點點。」

「那麼你要好好利用，他認為在壓力下贏球，是優秀基金經理人的特徵。」她搖搖頭說：「真是大男人主義的鬼話。」

「我每次看到雷文時，他好像總是不快樂。」喬說。

「沒錯，」她答道：「他有憂鬱症，他對朋友抱怨說，他得了

所謂的『慢性全面絕望症』。據說有一位朋友告訴他，說他自己、也就是這位朋友有一位能夠治好他的優秀精神科醫師，他應該去約診。雷文告訴他說：『喔，不行，正是我的憂鬱症讓我變成這麼成功的企業家和投資家。』你知道嗎，他說的可能沒錯。」

喬去上班的第二週結束時，長得高瘦、似乎過著苦行生活的研究總監丹尼斯‧薄根（Dennis Bogan），把他叫進辦公室。薄根告訴他，他的主要工作是當柯恩的助手——柯恩要負責操作自己的多空股票型避險基金。

「柯恩是我的朋友，他說你有很強的價值型投資傾向，對科技股抱著懷疑的態度。在我看來，你跟柯恩在一起似乎是適才適所，祝你好運。」

他經過李柏薇絲的辦公室時走了進去。「瓊恩，告訴我柯恩的一些事情吧，我對他略有所知，卻不是真的很了解他，我剛剛被派到他的手下工作。」

「哦，這裡很多人都認為，在這個新時代裡，他是無可救藥的爛頭輸家，我卻不這麼肯定。」

「他是沒有希望的人嗎？」

「不是，我認為不是，他是雷文的愛將。是雷文在教會裡認識他的，因此史波肯很可能有點懷疑他，但是他將來一定會大展身手。」

喬對她的評語很滿意。從一開始，他就喜歡柯恩。柯恩是猶太後裔，已經四十好幾，上過布朗大學和哈佛商學所。他有著一雙靈活的藍眼睛，鐵灰色的頭髮，渾圓開朗的臉孔上總是掛著爽

朗的笑容，小腹也長得很突出。柯恩認為，投資的真諦是價值型投資。喬知道他發展出一種相當複雜的量化價值模型，辨別哪些股票便宜、哪些股票昂貴。

然而，柯恩相信，建立部位的時機應該由價格動能決定，光是掌握原始的價值還不夠，把價值當成唯一的標準的話，經常會困在價值陷阱中。他認定，在低價股開始出現正面的上升動能前，他不應該買進股票，換句話說，他在股價開始上漲前，不會買進股票。同樣的，除非價格動能下降，他也不會放空股票，不管這種股票的價格多高或題材多麼不利。

喬配屬過去後，柯恩讓他獨立自主，告訴他：「先適應、適應，慢慢來，直到清楚這裡的運作狀況。然後，我希望你看看美國線上公司（America Online），我認為美國線上可能是非常好的放空標的。你要告訴我你的看法。」

當時有一些價值型投資專家認為，整體網際網路股嚴重高估，美國線上股價尤其如此，是非常好的放空標的。看空的投資專家認為，美國線上的股價表述失真，因為該公司動用巨額資金，推廣本身的服務，而且實際上等於購買每個月繳交月費的訂戶。這種所謂的客戶購買成本經過資本化，然後在預期的客戶關係存續期間扣除，公司當然說「希望」存續期間會有很多年，因此，空頭認為，美國線上公司申報的盈餘嚴重誇大。

喬因為具有會計背景，立刻認定美國線上的會計不符合一般公認會計原則（GAAP），因為這個原則規定成本必須在發生時扣除。

他跟李柏薇絲談到自己的結論時，她認為情形沒有這麼簡單。

「你應該根據歷史經驗，比較公司最初購買客戶的成本，以及顧客在預期的關係延續期間，付給公司的金額，算出訂戶的淨現值。」

他立刻了解她的看法，並開始研究分析，他的結論是這家公司的真正經濟價值非常可觀。雖然美國線上真正的每股盈餘低於過去的申報值，而且本益比非常高，但是公司增加了極多的新顧客，因此未來的成長證實了這麼高的評價的確有道理。

他們討論這件事時，他告訴她：「幾乎可以肯定，爭奪顧客會越來越難。」

「這點毫無疑問，但是，另一方面，小寶貝，廣告之類的新收益來源也會出現，我認為這檔股票不是非常好的放空標的，每個人都知道其中的會計詐欺題材。」

喬喜歡她的思想清楚，卻不太喜歡她叫他小寶貝。有人可以討論很有幫助，他在格蘭特時，其他分析師可以說是競爭對手，他在重要的投資判斷上，從來不能安心地向他們敞開心胸。在投資方面有一位紅粉知己，是新的體驗。

他在報告中寫了兩句話的結論：網際網路股嚴重高估，美國線上卻不是主要的放空潛力股。我們應該放空垃圾股和詐欺股，不該放空擁有強力成長潛能和優異事業模式的公司。

柯恩似乎對他的結論十分讚賞，對他的分析也很滿意。巧合的是，十天後，美國線上宣布大舉提列本身資本化後的購買顧客費用，還宣布將來要在這些成本發生時提列，因為這種政策的關係，將來的每股盈餘應該會大幅降低。公司發布聲明後，股價短暫走軟，然後開始飛躍上漲。喬的判斷——就這點而言，還要加

上李柏薇絲的判斷——獲得證實。

隨著時間過去，喬可以感覺到柯恩正在觀察他、研究他，他對這點不以為意。他也在觀察柯恩以及他和別人的互動，尤其是跟其他投資專家的互動，他喜歡自己所看到的情形。柯恩是熱情外向的人，人很友善，多愁善感，喜歡拉著別人的手、拍拍別人的背。他資歷很深，因此會自以為是，但是他心胸開闊，會聽別人的建議。喬上班第五週即將結束時，他邀請喬到外面共進晚餐。「我們必須真正的交心，我希望更了解你，我們彼此要徹底了解對方，你得知道我的出身。就像富蘭克林說的一樣，我們必須團結在一起，否則就會分別遭到吊死。」

柯恩帶他到第三大道的史密斯伍倫斯基（Smith & Wollensky）牛排館，他們一踏進這家人聲鼎沸的牛排館時，柯恩給了領班小費，要求給他們一個隔間。

「這個地方極為嘈雜，這樣我們就可以有絕對的私密。」他們坐下來時，柯恩告訴他：「這裡的食物非常美味，這家店以紅肉聞名，但我總是點更好吃的海鱸魚，你沒有問題吧？」喬點點頭。

柯恩點了兩客海鱸魚，還點了炒菠菜和家庭式炸薯條，外加一瓶俄羅斯河流夏多內。

酒送來時，柯恩說：「首先，我要把我的事情告訴你，也要告訴你我怎麼把事情搞砸了。我知道你是土生土長、有一半黑人血統的人，出身寒微，我認為這樣非常好，但是我希望你了解我。」

他停了一下，深深地吸了一口氣才說：「我十三歲時，父母把我送到迪爾菲爾德中學（Deerfield），我們宿舍裡有些男孩因

為我是猶太裔、長得肥胖，肢體又不協調，因而欺負我。女生、尤其是其貌不揚的女生為我感到不平，因為我很聰明，所以她們喜歡我。而我也當她們是我的朋友。」然後他繼續告訴喬，他從布朗大學和哈佛商學所畢業後，在投資天地裡沒有找到真正的歸宿。「我做過的差勁預測比獨行俠還多。」他鬱悶地說著。

從商學所畢業後，非常著名卻階級分明的萬能資本公司（Magnum Capital）請他當分析師。萬能資本管理大型的機構性與共同基金投資組合，採用團隊方法，經營自己管理的巨額資產。所有投資組合的操作，都由六、七位擁有不同專長的投資組合經理人和分析師負責，每個人都擁有自己的一部分資產，可以擁有完整的自由裁量權。這種做法確保投資可以分散，同樣重要的是，可以對抗個別經理人的高低潮。這樣也可以消除一部分個別明星崛起，可能把公司當成人質的風險。公司會追蹤各個部門的績效，但是公司最高的價值觀是團隊精神和公司，而不是個人。

柯恩在萬能資本當分析師時表現優異，經過八年後，公司交給他一部分資金，由他負責操作。隨著時間過去，他的腦海中浮起愛財的念頭，不過他知道自己其實不適於公司非常融洽的合議制氣氛。

「在萬能資本就像活在十分美好而平等的國家裡。」他說。「這樣沒有問題，卻像社會主義社會，你可以拿到公司的股票，但如果想發財，你必須永遠留在那裡。然而我希望立刻發財，不希望等到六十五歲時才變成富翁。」

而且萬能資本極為偏重成長股，柯恩卻堅決相信深層價值型投資之道。

「他們的信仰跟我不同。」柯恩告訴喬。「萬能資本從過去到現在，都是操作成長股的公司，他們的投資組合中，滿滿都是成長股，而且他們對購買價值股的確毫無興趣，更不用說買進我所偏愛的渾身髒兮兮的深層價值股。我不斷地跟一些主管爭論，說這麼偏重一種股票很瘋狂，尤其是因為所有的資料都顯示，中長期而言，價值股會勝過成長股，但是他們卻是沉迷於成長股的瘋子。」

1995年，柯恩離開萬能資本，進入一家資產快速成長的小型兩人公司。他們跟他一樣，偏重深層價值投資。不幸的是，隨後的兩年內，成長股創造出有史以來最驚人的優異績效波段，價值型投資暗自神傷，就像柯恩說的一樣，績效「臭不可聞」。「我們是純粹的價值型投資公司，沒有半檔科技或網際網路股，我們不是把這種股票看成高估的離譜，就是看成騙局。當每一個人都風靡這種股票時，我們根本沒有翻身機會。我們還沒回過神來，公司就倒閉了。」

「我痛遭打擊。」柯恩告訴喬：「因此，我明智地退到更深入的價值型投資領域。我在萬能資本時，認識一個人，他是萬能資本非常優秀的健保類股分析師，比我早三年離開公司。他顯然很精明，卻非常緊張，具有強迫症。他操作的投資組合非常集中。他離開萬能資本後，創立了一檔叫做高博菲爾德（Copperfield）的避險基金，專門投資製藥、生物科技和照護管理之類的股票。這檔基金從創立之初，就大展身手，成長到二十億美元。他會用我，是因為他認為成長股狂潮已經到了愚蠢之至的程度，希望分散投資，創設一檔偏重價值型投資的基金。那時我走投無路，因

此雖然他讓我緊張，我還是投靠他。

「我進去的第一年裡，公司徹底崩潰。原來這個傢伙是控制狂，沒有他的特別批准，不肯讓我為我操作的投資組合，買賣任何東西。接著到了6月，他兩檔最大的空頭部位，變成完美的慘劇——這兩家公司都只生產一種產品，沒有獲利，卻由其他公司以驚人的溢價併購。他的主要多頭部位包括默克大藥廠（Merck），但是默克卻從88塊，跌到43塊；另一檔他擁有很多部位的輝瑞大藥廠（Pfizer）也痛遭打擊。在多頭市場氣勢如虹的這一年裡，高博菲爾德的淨值卻減少了15%，你也可以想像到，客戶在排山倒海般的贖回潮中自救。片刻之間，公司的資產降到只剩三億美元，卻要負擔各式各樣的固定成本，而且高水位的標記高高地在雲深不知處。基本上，他的事業垮了，我的工作完了。」

雷文在教會裡就認識柯恩，了解他的不幸遭遇。柯恩對於重大的猶太和以色列事務並不熱衷，但是雷文因為在投資方面跟他志趣相投，因而喜歡他。雷文聘用柯恩，並交給他一檔小小的基金、一位助理，而且承諾他可以充分利用石橋公司的資源。雷文清楚表明這一切完全是試用性質，是他實戰測試價值型投資理論的機會。

但是請記住，這時是2000年初，投機科技股和大型成長股超大泡沫仍然在全力衝刺。科技和網際網路股在新年的頭幾週裡，曾經短暫的走勢不振，然後又開始飛躍上漲。大部分熱門的投資經理人在每天的會議中都說，選股完全跟成長和動能有關；很少人關心價值，更不關心價值型投資，有幾個人甚至公開嘲笑柯恩。

他們一邊吃晚餐，柯恩一邊詳細地對喬說明他的投資歷程。

「這一次我不能再搞砸了。」柯恩告訴他：「我已經錯過兩次機會，再來一次就是三好球，我就得離開這一行，變成沒有人願意雇用的廢物，我不能承受這種後果。雷文喜歡我，但我不是史波肯的愛將，他們之間的情形並不是特別好，而且這個地方充滿了派系、嫉妒和內部鬥爭。」他歎了一口氣說：「公司連續兩年交出平凡到差勁的成績，指責和暗箭傷人已經出現，很少人比避險基金業者還會怨恨別人。但是在這一行裡，績效就是一切，他們要交給我一些資金，如果我們能夠創造績效，我們就不會有問題。」

「因此，兄弟，現在我們要這樣做，雷文告訴我，格蘭特的頭頭對你讚不絕口，還花時間述說你選到潛力股的過程。我研究過你的作為，你在巴頓網路的說明會上，為你的價值型投資導向辯護。而且你在美國線上這檔股票上，表現極為優異，我需要你！這樣就像我們在投資上結褵攜手一樣，我們會同生共死。」

喬點點頭，但要他和這位他認識不多的人同生共死或一起吊死，好像不會令人特別興奮。

柯恩繼續說：「但是喬，相信我！當優秀的選股專家還不夠，多年來，我開發和改善一種多空程式，可以篩選由美國兩千檔最大型股票構成的天地。這種程式會拿每一檔股票，跟三種不同的成分股比較，就是跟這種天地中的所有股票、相同類股中的其他股票比較，最後還跟資本運用和盈餘素質特性相同的股票比較，得出的持平結果就是每一檔股票的預期報酬率。」

「我也納入一項因素，以便看出價格動能的變化。這是沒有人

做過的最終極改善。就像我以前說的一樣，我們在一檔股票的價格動能反轉、告訴我們市場開始聞到變化的意味前，都不採取行動，我們不希望擁有什麼事情都不會發生的廉價股……不管這種股票的價格多便宜，這樣的部位會變成價值陷阱。我們希望持有的低價股屬於價值四等分中最有吸引力的一等分，同時這種股票的基本面已經開始改善，價格動能正在變化，但是分析師和大家仍然抱著懷疑的態度。」

「我們也不希望放空價格還在扶搖直上的成長股——不管這種股票的價格貴得多麼離譜。試圖預測流星和噴出的股票，是傻瓜和自大狂的遊戲。我的失效模型設計時，目的是要看出價格動能熄火、表現即將不如大盤的高價股。」

他往椅背一靠，說：「還有一件事，我們的四種基礎因素——價值、市場反應、資本運用和盈餘——在整個市場循環中，並不具有類似的相關性。我們必須依據市場環境的變化，在這些基本因素中納入權數的變化。目前價值應該是其中權數最重的因素，所占權數略低於43%，顯示目前的價值差異已經到了極端的程度。」

柯恩以詢問的眼神看著喬說：「你懂我的意思嗎？」

「懂，」喬說：「我是新手，而且的確不是電腦奇才或量化專家，但是我完全相信價值型投資是唯一的方法。然而，你所說不能只用純粹的價值模型，還要避免價值陷阱的話很有道理。格蘭特的人開發出幾種量化模型，只篩選純粹的價值而已，結果這種模型沒有用。」

柯恩點頭說：「對，你得把價值跟動能結合起來，而且至少

在基本面要能通過考驗。」

「有時候看起來這些量化模型只能使用很短一段期間，到別的量化專家搞清楚為止，不然就是市場的情緒會改變。」喬說。

「在我所做的回溯測試中，」柯恩繼續說，沒有理會喬話語中暗示的問題。「測試涵蓋過去二十年時，這個程式所選出的最好和最差四等分股票在一年裡，績效會勝過基準指數大約9%，在兩年期間裡，會勝過基準指數17%，在三年期間裡，會勝過25%。過去五年裡，四等分中最好一等分的股票年度超額報酬率為7%，最差一等分的報酬率為負7%。」

服務生把白色的魚和新鮮的菠菜放在樸素的桌布上，柯恩繼續說著，好像根本沒有注意到食物已經送來一樣。

「我們要利用很多融資，融資可能是我們資本的4、5倍，大部分時間裡，我們要操作相當小幅度的淨多頭部位。我的意思是，如果我們這檔基金的資本十億美元，我們要拿二十三億美元，做多價格開始上漲的低價股，要放空十九億美元價格不僅過高且已經回頭的高價股。我們的淨多頭部位只占我們十億美元資本的四億美元，因此我們的淨多頭比率為40%。我們要聽市場的話，如果我們變成十分悲觀時，我們就減碼淨多頭部位，把所占比率降到10%，但是基本上，我們會賺錢，因為我們的多頭部位會上漲，空頭部位會下跌。我們的市場風險和波動性都相當低，而且我們會對客戶承諾，我們永遠不會偏離這種原則。如果我們用價值風險比率（value-at-risk ratio）衡量的波動性開始升高，我們就減碼整體持股的規模。事實上，我們會提供比市場報酬率高出5個百分點、甚至高出6個百分點的報酬率，並且暗示我們在這

些年度裡，績效可能勝過其他年度，但我們應該永遠不會碰到淨值下降的時候。」

「我回溯測試過整個模型，累到臉色發青，結果發現這個模型像符咒一樣有效。投資顧問和避險組合基金會喜歡這個模型，因為這個模型的風險低，又偏重價值型量化投資。我們身為石橋公司的一分子，容易得到別人的尊敬和信任，如果我們能夠創造績效，就可以拿到一大堆錢。但是我們不要欺騙自己，最重要的是，我們要堅持我們的模型，在最初幾年，要拿出績效數字出來。」

「聽起來非常好！」喬說。「但是我要扮演什麼角色呢？」

柯恩衝動地把手伸過桌子，緊緊地抓著喬的手臂說：「你要當我的合夥人，兄弟，你要參與這個投資組合，深入研究其中的分析資料。如果一檔部位或一種類股開始出現怪異行為時，你要去了解其中的原因。我們的做法有點像是量化投資，但是其中也有我們的判斷，你要掩護我，我也要掩護你！」

喬開心地笑著，想像不出還有什麼更好的事情了！「掩護我」是艾蜜莉很久以前跟他說過的話。「嘿，」他說：「我只是新手，但是我非常喜歡這件事，我會盡心盡力、全力以赴！」

「喬，我要告訴你一條至理！在我們這一行裡，回歸平均值才是最強大的趨勢。偏差最後必然會得到修正。實證研究公司（Empirical Research）的麥克・高德斯坦（Michael Goldstein）是聰明人，他認為，在這次網路和科技股狂潮推動下，成長型投資和價值型投資之間的價值差距，從來沒有達到這麼極端的地步，連1950年代的狂潮，或是1970年代初期小型成長股狂潮和

『飛躍50』股票（Nifty-Fifty）泡沫期間，都沒有出現過這種情形。」

然後柯恩把手伸進手提箱，拿出一張印有圖表的紙張交給喬，說：「看看我印出來的這張相對績效圖表。」（圖7・1）

喬看著圖表，非常吃驚。他說對了！這次成長股狂潮延續期間之久，或這次成長股泡沫規模之大，都是前所未有的事情。喬心想，柯恩會激動澎湃，這不只是酒精的作用或他的個性平常就很熱情洋溢的緣故，而是他確實相信自己的東西。

「此外，」柯恩繼續說：「雖然你從這張圖表上看不出來，但是長期來說，價值股會大舉擊敗成長股。這是我專長的地方，因此我知道其中的數字。從1927年起，大型價值股的年化報酬率為11.25%，大型成長股的年化報酬率為8.7%；小型價值股的表現更

圖7・1

長期而言，價值股會打敗成長股，但是……

1927年6月以來的年化報酬率
小型價值股13.5%
大型價值股11.25%
小型成長股9.6%
大型成長股8.7%

成長股狂潮
柯恩難過的時刻 →

← 價值股勝出   成長股勝出 →

好──年化報酬率高達13.5%，大型價值股的年化報酬率比大型成長股高出250個基點。以十年為期複合計算下來，就是驚人的差異，更不用說以半個世紀為期來複合計算了。為什麼正常的投資人要買進抱成長股呢？」

喬甚至還來不及回答這個問題，柯恩就繼續興奮地說：「現在是黃金時刻，令人興奮的是，看來潮流已經開始轉向，價差已經開始縮小。趨勢是我們的朋友，我們不必太早，只要在場、保持清醒。如果歷史可以作為指引，未來七季內，高於市場的額外報酬率成長幅度會極為驚人。而且，兄弟，你知道嗎，歷史向來都是最好的嚮導！」

喬回答說：「因此你要告訴我的是，根據你的演算法，我們要變成帶有一點動能味道的技客爛頭。」

柯恩凝視著他說：「技客動能爛頭！你說對了，喬。我沒有這樣想過，但是我們就是要這樣做。」

「為什麼巴菲特說：『要小心抱著公式的技客怪才』？」

「因為他不了解電腦的分析力量，此外，他是舊時代的人，他看不起技客，說技客是玩黑盒子的傢伙，還說黑盒子過去一向都沒有用。（在投資圈的術語中，黑盒子代表電腦化模型驅動的投資計畫。）這句話只是他所說的眾多自作聰明、自認為一語道破的句子中的一句。」

柯恩突然改變話題。「還有最後一件事，喬，我們必須清白。真正清白、優秀的避險基金會在基金組織協議條款中，規定管理合夥人會把他們從這檔基金中賺到的80%利潤，再投資在這檔基金中，而且他們和直系親屬──不能擁有他們帳戶中持有的

個股。這樣是為了確保經理人不會分心，也不可能有利益衝突，這點你都沒有問題吧？」

「嘿，當然沒問題，首先，我沒有半點錢可以投資，而且我喜歡把我們賺到的大部分利潤，回頭投入我們自己所操作基金裡的點子。」

他們出了餐廳，走上第三大道後，柯恩擁抱著喬，拍著他的背。喬不知道為了什麼，覺得他說的一切都很真實、很正確。喬滿懷興奮地回到家裡，但是艾蜜莉問他晚餐中發生了什麼事情時，他卻口齒不清。

「告訴我！」她逼問著他。

「說來話長，我無法解釋清楚，但是這件事一定行得通。妳不會了解的，這就像月亮的盈虧和潮汐的漲退一樣。」

「你一定要告訴我，這件事聽起來神祕兮兮，又讓人覺得像神話一般，挺有詩意的，我想知道。」

在經過了漫長的一天，和一頓漫長的晚餐，並且幾乎喝了一整瓶上等的俄羅斯河流夏多內白酒之後，喬已經精疲力竭，根本無法打起精神向她細說從頭。他歎了一口氣。

「甜心，我累了，明天早上我會告訴妳，我們上床吧。」

「你上班之前要叫醒我。」她說。「我希望了解你所做的事情，而且明天晚上我得去參加我們協會的晚宴。」

隔天早上六點他起來淋浴時，艾蜜莉還睡得很香甜，喬不願意打擾她，何況跟她解釋這麼複雜的事情到底有什麼用呢？她不會了解的。

Chapter 8

技客復仇記

不論是做多還是放空，快速的股票周轉率和奇特的交易形態，都會提高背後醞釀什麼事情的可能性。

兩天後，柯恩約了雷文和史波肯開會。他告訴喬：「喂，兄弟，你要跟我一起去見老大，我們可是搭檔。」

喬受寵若驚，他總是希望得到這樣的機會。

雷文的助理打電話來，讓他們過去。

他們進入會議室時，雷文對著柯恩淡淡一笑，還用深不可測的眼神盯著喬。

「史波肯不能來開會，」雷文說：「他希望把會議時間重新安排到明天，卻行不通，你們用五分鐘的時間，把你們的構想告訴我。」

柯恩已經用一份詳細的書面報告，摘要說明他們的模型和背後的原理，而且昨天就把報告交給雷文的助理，讓他審核。雷文顯然細看過這份報告，了解其中的論點，他要柯恩用自己的話摘

要說明，而且專心地聽著。柯恩說完後，雷文帶有一絲譏嘲的意味說：「啊，黑盒子加上一些閃閃發光的新公式彩帶綁著，聽來可行。當然這種東西聽來總是可行，卻不表示這種做法行得通，但是我們需要一些新產品。」

「這個計畫一定會成功！」柯恩激動地告訴他：「我們已經用我們能夠想像到的每一種狀況，回溯測試我們的模型。在價值與成長對立的不利環境中，這個計畫可能產生比較少的超額報酬，但是負值的超額報酬幾乎是無法想像的事情，因為其中有不少股票、動能和基本面調整因素。」

「這麼說來，你們發現了一種由電腦驅動、可以破解市場祕密靈魂的新公式，聽起來不錯。」雷文深思熟慮地說：「或許好到有點不像真的。」

他搖著頭，繼續說道：「這個計畫會發揮作用，直到它不管用的那天。我們會交給你們一億五千萬美元，一億美元是公司的資金，另外五千萬美元出自要我們代為自由裁量的客戶。如果你們的虧損超過10%，我得結束你們的基金。如果我們操作極為成功，我會把虧損的限制提高為20%，但是我們正在療傷止痛，今年再受傷的話，即使是皮肉之傷，確實都可能造成公司失血。」

「我們的報酬怎麼算？」

「你們各自領取四十萬美元，公司保留基金所收的2%固定費用，而且支付你們的開支，你們可以得到獲利的10%，今年是第一個不完整的年度，我們不會採用這種公式。」

「我們有多少時間？」柯恩問。

「你們有兩年時間，募集另外四億美元。」

「相當公平。」柯恩說。

「你們可以把你們的基金叫做是石橋超額報酬基金（Bridgestone Alpha），在公司裡，我們會把這檔基金叫做BA基金。」

「謝謝你為這件事的所有安排。」柯恩說完站了起來。

「你們走之前，我還要說兩件事。」雷文說：「你們創立基金的這一年非常重要，不要孤注一擲，要注意你們的價值風險比率。請記住，要搶到第一，首先必須很努力。」

「我們知道，新避險基金的第一年攸關生死存亡，我們要告訴潛在客戶，我們絕對不會違反我們的價值風險比率目標。要是我們接近這個目標，我們會減少曝險程度和部位。」

「第二，你們不要陷入你們量化專家的傲慢陷阱，認為成長股勝過價值股的漫長期間即將結束；你們不要試圖預測價值型投資巨大長期底部出現的時機，也不要預測成長股投資頭部出現的時機。」

「當然，」柯恩揮舞著文件，繼續說：「但是這次星座已經排好了，我這裡有很多圖表，顯示成長股和價值股的相對動能與評價的差距，從來沒有拉開這麼大過，這是七、八個標準差事件的底部。」

「對、對、對，」雷文說：「我以前聽過這種話，在底部（屁股）東挖西挖的人，最後都會沾到一手腥臭。」然而他喃喃說道：「希望耶和華照看你們。」

柯恩再度跑他的模型，他們研究無數輸出的結果。喬自從

玩「跑鋒」卡片遊戲開始，就愛上了操弄、分析數字的純粹樂趣──不管這些數字是棒球的平均打擊率、美式足球的統計還是股票的評價──他也熱愛尋找其中隱藏的訊息。現在這樣做變成了非常好的嗜好，電腦可以破解股市這種巨大、不斷翻騰素材深處所發生的事情，同時發現最適於持有和放空的股票。如果文藝復興可以找到一個神奇公式，他們為什麼不能找到呢？

他們幾乎像信教一樣虔誠，堅持自己的基本模型：買進、長抱基本面和價格動能正在改善的低價股，放空情形正好相反的股票。他們必須確定他們買進的股票擁有健全的資產負債表、強勁的自由現金流量、低度的融資，而且最好還有上修盈餘的可能。看來他們即將碰到市場氣候的變化，甚至可能碰到股市變成空頭市場的可能，他們會維持低水平的淨多頭部位，但是對潛在的機會卻相當敏感。除了詳細分析資料之外，喬的責任是查核出現在他們雷達螢幕上的公司基本面，不論這些公司是他們做多還是放空的標的。他必須調查分析師之間的爭論，也必須調查預估盈餘之間龐大的差距，因此他要打電話給證券商，詳細詢問相關產業的分析師，他也要利用石橋公司本身的分析師和資料豐富的研究圖書館。偶爾他也會直接打電話給相關公司。

這是辛苦、耗時的工作，因為他們的多空投資組合中有一百五十檔股票，當然有些部位比其他部位龐大多了。然而，他深入其中後，學到了怎麼利用石橋公司龐大的力量。石橋是證券商十大業務來源之一，他可以接觸華爾街上的每一位分析師，完全是因為他是石橋公司的人。此外，他參與而且積極利用石橋公司有點隨意的下單分配系統，利用這點，他和柯恩確保他們的主要消

息來源能迅速得到付款，賺到豐厚的利潤。喬會列出自己有興趣的股票名單，送給他所信任（研究相關類股）的分析師，然後要求相關分析師，在基本面出現變化時，最先通知他。其中有個心照不宣的暗示，就是分析師在告訴公司的業務部門，或是告訴可能影響市場的其他客戶前，要先把這種資訊告訴他。格蘭特的史考特曾經告訴他，因此他知道分析師經常「有心或無意的」最先通知自己公司的自營交易員。總之，如果分析師積極反應，喬會立刻多交業務給他們，作為報答。

隨著時間過去，柯恩和喬發現十四種特性，可以判定股票會不會虧錢，表現是否可能不如大盤。這些特性每個月都會變化，但是基本面疲弱、分析師預估盈餘差距很大的不確定性、總現金流量殖利率低落、本益比高昂等等，是其中最強而有力的信號。雖然這些信號的強度每個月都會變化，但整個空頭市場期間，它們似乎始終都是有效的判斷依據。

同樣的，這些指標最適於用來找出應該持有的股票，但是資本支出居高不下、資產負債表強力成長之類的特性，也會提高他們的投資成果。不論是做多還是放空，快速的股票周轉率和奇特的交易形態，都會提高背後醞釀什麼事情的可能性。價格動能和成交量是重要的信號。

對柯恩和喬來說，搜集和分析所有這些資訊是極為繁重的工作。

「如果我們沒有時間了解資料的內容，看出其中的機會，即使我們擁有這麼多資料，也是一點用都沒有。」柯恩說。「我們必須當投資專家，而不只是當量化專家而已。」

「對，我們需要幾位真正的量化分析師搜集這些東西、跑我們的模型。」喬說。

「除非我們拿出一些良好的績效，爭取到一些資產，否則公司不會撥這種人給我們，公司的資產正在流失，兩位老大正在互相殘殺。」

喬聽了覺得憂心忡忡，「你擔心公司會不行嗎？」

「其實不擔心，公司的資產基礎極為龐大，可以應付更多的贖回，而且雷文和史波肯之間的關係總是愛恨交纏。」

2000年2月的第三週，開完晨會之後，他們在耶魯巨蛋會議室裡開說明會。大約有一半的投資經理人和分析師留下來聽，次等座位上的客戶服務與行銷人員也都列席，因為有些行銷人員可能會替他們多找一些資金進來。

柯恩相信這種臨時性的說明會有用，但是喬認為他似乎相當緊張，老把「你知道嗎」掛在嘴邊。喬反覆練習他所負責的簡短說明，柯恩還要他延後回答隨後的幾個問題。喬覺得在場的人聽他們說明時，懷有偏見和懷疑。喬在餐廳裡聽到的閒話是：大家對柯恩不算光榮的記錄沒有興趣，而且不知道價值型投資專家在成長股市場中會有什麼遭遇。

到2月底，他們的基金準備開張，柯恩和喬從公司的資本中，拿了一億五千萬美元的資金，從3月1日起開始操作。他們最初的投資組合包括一百一十檔股票，其中三億五千萬美元做多，三億二千萬美元放空，淨多頭部位為三千萬美元，也就是占股本的20%。考驗石橋超額報酬基金的時鐘開始轉動。

喬和柯恩緊張得要命。就像柯恩和他在史密斯伍倫斯基餐廳共進晚餐時指出的，跟價值股相比，成長股和差勁的投機股在所有傳統的評價指標上，從來沒有這麼嚴重超漲過，這是市場歷史上首見，這種情形像是四個標準差的事件。理論上，他們的投資組合應該在多空兩方面，都會創造相當高的差額報酬。然而，動物本能，也就是市場的「動能」強力的偏向成長股，跟他們模型中所記錄的價值背離程度到了空前的地步。他們從這一年開始，操作一個模型投資組合，這個投資組合在1月分裡，下跌了2%，2月分下跌了4%，以這種速度來看，除非動能的勢頭改變，他們應該會在三、四個月內，就因為雷文所規定下跌10%的限制而結束營運。

他們曾經發誓要遵守自己的策略，但是為了降低風險，他們一開始決定只操作非常低水位的淨多頭部位，也就是只操作占資本20%的淨多頭部位。恐怖的是，在基金開始運作的第一個星期，也就是3月的第一週，那斯達克指數暴漲3%，他們放空的股票暴漲，做多的股票橫盤，造成他們的淨值虧損2%。

那個週末艾蜜莉必須到凱茨基爾山脈（Catskills）參加外交關係協會的靜修，喬因為市場走勢對他們的基金不利，整個週末都處在絕望和極端的痛苦中，大部分時間都留在辦公室裡，檢查他們的分析數據。星期天下午艾蜜莉回來後，感覺到喬的沮喪，她堅持兩人散步到百老匯，找一家電影院看電影。之後，他們到四十五街的犁舍餐廳（Pig and Whistle）用餐。艾蜜莉試著和喬談話，她拚命找話題說，最後還講起理事會活動上的事，喬對這些事情幾乎不感興趣，更不用說為了這些事情分心了。這個晚上他

們不快樂，也不滿意。

他們回到公寓後，艾蜜莉拉著他的手。

「我要去洗個澡，然後我們上床吧。」

他擠不出一點笑容。她從浴室裡走出來時，他正在電話上，跟石橋公司的夜間交易員談話。然後又打電話給柯恩，談了很久，討論是否要進一步減少他們的淨多頭部位。他掛電話時，看著她。

「對不起，艾蜜莉，但是我實在沒有心情，我壓力很大，又累、又沮喪，我沒有辦法不在半夜兩點醒來，這種情形就像我體內有一座失眠工廠一樣。」

她歎了一口氣，把燈關了。

他在黑暗中躺著，想到自己的生活，他已經脫離沉迷艾蜜莉的運動鞋的階段，也脫離了擔心兩人的未來而失眠的階段，進入一心一意為投資組合煩惱的階段。他心裡想：工作的焦慮讓我極度筋疲力盡，甚至連和心愛的女人做愛都提不起勁。我的生活和我到底怎麼了？我是否徹底完蛋了呢？

隔天的星期一，那斯達克指數因為不明原因，連續暴跌五個交易日，卻又再度反彈，攀升到離前波高峰不遠處（最後證明這次反彈是那斯達克股市的最後一搏）。在這個月的最後一週裡，科技股和網路股暴跌，就整個3月來說，柯恩和喬的投資組合淨值成長4%，其中多頭部位成長0.5%，空頭部位成長3.5%。市場的劇烈震盪和他們所持有股票的巨幅波動開始造成傷害，柯恩的背部讓他痛苦難當，喬經常覺得反胃，最後還嚴重腹瀉。

「熱潮很厲害時，我總是會碰到這種情形。」柯恩告訴喬。「不必擔心這種事情，如果我們的股票開始啟動，我們所有的痛苦都會消失。」

4月初，隨著一波瘋狂賣壓下帶來的市場崩盤（圖8‧1），他們的病痛神奇地不治而癒了。4月3日星期三市場收盤後，柯恩衝進喬的辦公室，吼著說：「媽的，真是讓人不敢相信！我們三天裡賺了6％！我從來沒有看過這種事情，我們已經成長10％了。」

喬說不出話來，即使是在贏得重大的美式足球賽後，他都從來沒有覺得這麼高興過。柯恩喃喃說道：「兄弟，我們已經找到自己的黃磚路了！就像《綠野仙蹤》的小矮人說的，『跟著黃磚路

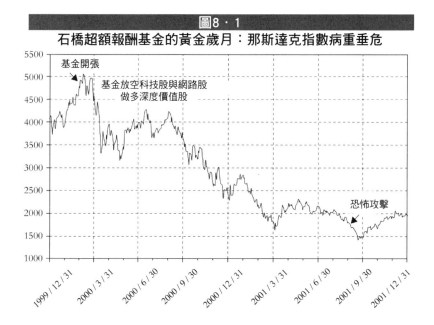

图8‧1
石橋超額報酬基金的黃金歲月：那斯達克指數病重垂危

走下去，你最後會到達奧茲國。』」

「對，但是西方壞女巫還在外面，準備傷害我們，而且她擁有強力的魔法。」

「但是我們有紅寶石鞋。」

他打電話到外交關係協會找艾蜜莉，說要帶她到外面吃晚餐，慶祝一番。他約她在五十二街的四季餐廳見面，他曾經去那裡吃過一次午餐，對那裡的氣氛、用餐環境、服務和食物印象非常好。他知道那裡消費貴到不行，但是他們有一些值得慶祝的事情。

艾蜜莉和他在四季餐廳門口見面時，看來美極了，淡褐色的眼珠閃閃發亮，清秀、黝黑的臉龐彷彿比以往更吸引他。他們在俯瞰噴泉的座位坐下來時，他拉著她的手，喃喃說道：「我愛妳。」

「我也愛你。」她說。「現在告訴我要慶祝什麼事情。」

「首先，我們先點一些東西來喝，我現在很想揮霍一下。」

他知道她喜歡泰廷爵（Taittinger）香檳酒，就為她點了一杯，然後要了一瓶華年（Far Niente）夏多內白酒，酒的價格貴得嚇人。

他們等酒來時，她說：「過去這幾天裡，你變了一個人，現在突然間心花怒放，趕快告訴我發生了什麼事情，我好想知道。」

「我們是對的！」他興高采烈地說：「我們的模型很正確，我們會活下來──甚至可能會大發。」

「你們怎麼做的？我其實還是不懂你們做了什麼事情。」

他開始解釋這個模型，不自覺地越講越快、越講越複雜，直到發現她已一頭霧水而失去興趣時，才突然停了下來。

她困惑地看著他。

「聽起來幾乎就像你和柯恩在賭博一樣，把你們的工作、生命賭在瞬間會風雲變色的市場，這一切聽起來極為危險，好像戰爭、戰鬥一樣。」

「對，」他喝著白酒，一面說：「妳說對了，我們是在賭博。這是一場戰鬥——柯恩和我對抗所有的其他人。這樣好像在大浪衝激的沙灘上建立沙堡一樣，你知道海水漲潮已經很長一段時間了，即將退潮，而且退潮也會延續很長一段時間。我們賭科技股的高潮已經升到最高峰，我們已經在適當的地方，建好我們的沙堡，別人還沒有這麼做。」

「聽起來不像是令人安慰和安心的景象。」

「我不該這麼解釋，實際的情形遠比這樣科學多了，量化模型告訴我們在什麼地方建立沙堡，就像潮汐表告訴你高潮什麼時候會出現一樣。」

「但是，喬，這種戰鬥和潮水的不確定性已經讓你出了問題，你的事業害我們兩個疏離，我時常見不到你，你太投入了。」

「我知道，對不起。」

「現在情況會改善嗎？壓力會減少了嗎？我們會再度擁有共同的生活嗎？」

喬做了一個鬼臉。不知道為什麼，這場慶功宴進行得不像他預想的一樣。「希望如此，親愛的，我希望如此。但是我們，我是說柯恩和我，還沒完全走出樹林。」

艾蜜莉為了激發喬對文學的熱愛，回答說：「你知道佛洛斯特怎麼寫的嗎？『森林又暗又深真可羨，但是我已經有約在先，

還要趕多少路才安眠，還要趕多少路才安眠。』我覺得你就是處在這種狀況中，你喜歡留在森林裡，你喜歡還要趕很多路才安眠。」

但是喬沒有注意到這個意象。「誰知道呢，」他說：「我目前只知道我們正處在獲勝的過程中，我們現在點一些東西吃吧。」

當時他們當然不知道，但是市場已經攻上那斯達克山的頂峰，當時標普500指數進入後來的可怕長期空頭市場，而不是進入循環性空頭市場。標準普爾指數從2000年中的1540點，跌到2002年秋季的775點低谷。紐約世貿中心慘劇之後，這檔指數曾經暴跌，到年底又反彈，然後在2002年，出現更嚴重的跌勢。

喬和柯恩在適當的時機、適當的地點建立了他們的沙堡

石橋超額報酬基金欣欣向榮，這檔基金的空頭投資組合放空股價高得離譜的網路股，也放空所謂「新飛躍50」的大型績優成長股。這些成長股過去表現極為優異，股價極度膨脹，價值嚴重高估，現在卻遭逢恐慌套現賣壓，因為股市大屠殺嚇壞了熱錢，以至於熱錢紛紛走避。此外，由相當低價產業價值股構成的大盤，因為錯過先前所有的投機樂趣，現在不是盤整就是上漲。石橋超額報酬基金擁有最好、前途最光明的這些受困野獸。市場動能猛然轉向價值股，殘暴地擺脫成長股。對柯恩和喬來說，只要他們勤奮工作、忠實執行他們的運算法，這種情形就是實施他們所擬定策略的完美環境。

然而，大部分投資人堅持的凡俗之見是：舊的主流股只是暫時走弱而已，這種時刻正是買進良機，因此，股市定期會出現背

離趨勢的強烈反彈。現在歐美經濟開始減緩，成長股的擁護者堅決認為，在這種惡化的經濟成長環境中，買進醜陋、骯髒、循環性公司的股票而放空成長股，是瘋狂的行為。

4月和5月，整體市場下挫，石橋超額報酬基金分別創造出5％和3％的報酬率，因為基金的科技股與網路成長股空頭部位下跌的速度，遠比深度價值股多頭部位快多了。6、7、8月裡，市場來回起伏，他們的基金在6月和7月賺錢，但是到了8月卻虧損1.5％，他們現在比創立之初成長了14％，淨多頭部位上漲了35％。

「情形原本可能差多了。」柯恩告訴喬，一面輕輕地拍著他的手臂。然而，他們的每一種部位每天都讓他們心驚膽跳，他們決定不交易自己的基本部位，還要堅持注重價值、動能和基本面的紀律，只有在股價突然暴跌20％以上，基本面卻沒有出現任何更為惡化的新情況下，他們才會採取行動，減碼一種空頭部位，他們的多頭部位適用同樣的原則。

這段期間裡，喬極為忙碌，忙著在他們做多或放空的任何一檔股票表現異常時，檢查基本面狀況，因此他長時間留在辦公室裡。不在辦公室時，他強迫性的盯著黑莓手機，白天、晚上都在查看裡面的電子郵件。

「我痛恨那台該死的黑莓機！」有一天，艾蜜莉在他們難得一起吃飯時，生氣地說道：「黑莓機破壞了我們的共同生活，你必須把機子關起來，否則的話，我拒絕跟你一起坐在這裡！」

「我知道這樣是過於沉迷。」他告訴她：「但是市場永遠不睡覺。」

「我不管，我值得你偶爾毫不分心的關愛。」

「但是這件事攸關生死存亡。」

「如果情形完全是這樣，那麼你跟你該死的演算法做愛，抱著你的黑莓機睡覺吧！」

「別這樣嘛，艾蜜莉。」

「我說的是真心話，你告訴我這麼多鬼話，說什麼我是你的心靈伴侶，但是你真正的心靈伴侶是你的投資組合。」她繼續說：「我為了你，放棄跟我媽媽的關係，也放棄我的信託基金，你卻連一分鐘也離不開你該死的投資組合或黑莓機。」

後來艾蜜莉冷靜下來，但是現在他們兩個一週裡也很少能一起吃上頓飯。有些日子，他晚上回到家時，她已經躺在床上睡著了，早上五點半，他昏昏沉沉地起床時，她也很少醒過來。但是這一切都很值得——哦，至少喬認為很值得。雖然他們那個夏季的表現讓他們不敢吹牛，石橋超額報酬基金的策略卻真的很成功。到7月下旬，喬和艾蜜莉出門九天，去邁阿密海岸外的漁夫島度假，他們需要共度一段時間，就買了便宜的度假套票行程。

他們看了一些書，趁著清晨天氣還有一點涼爽時，打打網球，還在海水裡游泳。他們到那裡的第二天，喬問艾蜜莉想不想打高爾夫，他知道她從小就在格林尼治打高爾夫，她同意時，他覺得很高興。他們租了球桿，先去悶熱的練習場，然後租了一部高爾夫球車，在空蕩蕩的球場上打了十八洞，甚至不曾假裝要記錄分數。天氣熱得他們全身冒汗，但是兩個人都極為盡歡。艾蜜莉輕鬆、優美的揮桿和自然的運動能力讓喬覺得驚奇，艾蜜莉對喬的好身手讚歎不已，當年他跟父親一起打高爾夫球時的肌肉記憶仍然還在。

她取笑他說：「如果老爸知道這件事，不管媽媽說什麼，他一定會吸收你當貴賓會員。」他們度假期間，每天都去打高爾夫，他每個洞都讓她一桿。回到紐約後，他們都精神煥發，但是艾蜜莉對他極為繁重的工作仍有憂慮。

　　大約三週後的某一天早上，喬到柯恩的辦公室，把門關好後說：「雖然表面上經濟狀況看來還不錯，但是我聽到的公司預測、還有很多分析師告訴我，有一些不好的事情方興未艾，我們可能已經走到經濟衰退的邊緣。如果是這樣子，科技股和其他類股的獲利在一段期間內，會令人非常失望，投資人還沒有準備面對這種情勢，價值仍然極度高估。過去幾年裡的主流類股，包括科技股、網路垃圾和大型新飛躍50在內，都在喪失價格動能，你對我們減碼淨多頭部位，減到10%上下，或甚至減為零，完全依賴超額報酬的做法，有什麼看法？」

　　「是嗎，」柯恩回答說：「但是記住分析專家說市場已經超賣，很多聰明人現在都非常看好後市，他們認為這次修正即將結束。」

　　「我認為他們看錯了，價格動能已經從成長股轉移到價值股，網路垃圾股正在崩盤，初次公開發行市場已經變成一灘死水。」

　　「還是保持現狀吧，淨多頭部位保持40%。」

　　「如果美國和世界經濟面臨衰退，其他類股的獲利會令人失望，我們可以從每一種跡象上，看到真正的空頭市場即將來臨。」

　　柯恩懷疑地搖著頭說：「我們起步時，操作十分成功，如果市場真的反彈，我非常不願意陷在完全沒有淨多頭部位的情況下，搞砸我們的成就。」

他們又討論了一下，但是喬很執著、很堅持，他主張市場歷史顯示，整個資產類別進入極度超漲，整個鎖鏈中最脆弱的環節破裂狀況時，經常會對整個體系、甚至對整體經濟，造成決定性的打擊。他解釋說：「泡沫的比喻在這裡也適用，氣球薄膜最薄的地方破裂時，氣體會衝出去，片刻之後，整個氣球會爆掉。科技和網路泡沫破滅時，一定會傷害美國經濟和整個股市！」

柯恩雖然不完全信服，卻同意他們應該把淨多頭部位減碼到只占本金的10%。到了9月，市場暴跌，石橋超額報酬基金這個月裡又成長了4%。

但是狂潮很難平息。很多精明的投資專家和大部分沒有受過洗禮的投資大眾，仍然相信網路股狂潮，認為股市只是經歷某一位市場大師所說的「健康修正」。畢竟，他們每天都還在使用自己的個人電腦和網際網路，不是嗎？

喬知道道斯在科技股泡沫方面，跟自己的看法相同，因此格蘭特的機構性投資組合中，持有的科技股比率仍然非常低。因此，到了9月初，他聽到格蘭特正在摩拳擦掌，準備銷售號稱有史以來規模最大的新科技股基金時，深感震驚。這檔基金要由某一位經理人負責管理，過去喬在格蘭特時，知道這個人是相當急躁又魯莽的年輕分析師。

喬打電話給道斯說：「道斯，怎麼回事？我以為你看空科技股，我有什麼地方看錯了嗎？」

「完全沒有看錯！我還是看空，崩盤才剛剛開始而已，但是我們的零售經紀體系說，市場上對科技股基金的需求極大，他們不管我怎麼想，對他們來說，這檔基金會替他們賺到大錢，投資人

會變成羊入虎口。」

「這些錢由誰管理？」

「由我們管理，我們有一位什麼都不怕、營業員非常喜愛的少年天才。」

喬只能搖搖頭。「抱歉，」他說：「我為那個可憐的傢伙感到難過，幾年後，買這檔基金的投資人會把他釘在十字架上。」結果喬說對了。在這檔基金開始銷售後的幾個月和幾年裡，格蘭特這檔科技股基金價值暴跌，負責操盤的經理人十分不幸，信箱裡灌飽了投資人充滿恨意的電子郵件，甚至接到威脅電話。這位可憐蟲得獨自承受這一切，因而得到一種無法控制的抽搐怪病。

柯恩和喬一直擔心自己的曝險程度，他們仍然可以找到很多動能正在消失、基本面正在惡化的高價股 —— 但是這點不是問題。問題是現在越來越難以找到可以買進、業績和獲利卻不突然急劇下降的股票。從價值型投資的標準來看，例如從價值、自由現金流量和股價銷售比等標準來看，這些公司都很便宜 —— 而且這些公司的股價動能正在升高，但是他們不知道如果這些公司的獲利遠低於目前的預期，這些股票是否還會再上漲。

喬認為不會再漲。

「我認為我們應該變成淨空頭。」喬認為：「大家的確都已經變得很沮喪、很灰心，甚至可能有一點害怕，你應該聽聽大家在餐廳裡說的話，市場上可能出現一些嚴重的逆流。」

喬繼續說：「從某方面來說，這樣做像波段操作，但是如果我們要參與這種遊戲，現在正是我們大舉出頭的時候，就像史丹利‧朱肯米勒（Stanley Druckenmiller）說的一樣『要有勇氣才能

當豬。』」

　　柯恩同意這樣做，於是他們的操作從10%的淨多頭部位，變成20%的淨空頭部位。現在石橋公司的行銷小組發現，在公司其他比較偏向成長和動能的避險基金苦苦掙扎的情況下，石橋超額報酬基金是暢銷的熱門新產品。突然間，柯恩和喬發現自己必須站在潛在投資人面前，大家用敬佩和興趣盎然的態度，聽他們說明。他們的長篇大論發生效用，雖然整體情勢低迷不振，卻有三億五千萬美元的新資金在9月30日那天，投入他們的基金。

　　他們的操作當然也不是事事如意、樣樣成功。從事淨多頭部位操作扭曲了他們心理，突然間，你要尋找經濟和股市的利空題材，喬對自己的個人立場仍然覺得煩惱。他知道自己必須改變想法，認為自己只是借券賣出，而不是買進持有。但是他似乎對AIG情有獨鍾，基於他之前對AIG的了解，他以罕見的雙重加碼持有，把AIG的股票放在他們的多頭部位中。AIG算得上是價值股，肯定不是科技股，而且還擁有正面的動能。他很幸運，在石橋超額報酬基金開始操作那天，以59美元的價格，買進這檔股票。在整個大盤搖搖欲墜、科技股崩潰之際，AIG集團的股價穩定上漲，在9月下旬漲到90美元（圖8‧2）。

　　喬開始出現「懼高症」，AIG的股價顯然已經高漲，但是跟科技股和其他大型成長股相比，本益比似乎還相當合理。AIG的複雜程度遠遠超過美國太陽公司，華爾街上有二十位分析師研究這家公司，喬必須依賴公司正式聲明盈餘會繼續強勁成長的預測。他打電話給還在美國太陽服務的速克達，速克達喋喋不休，說著

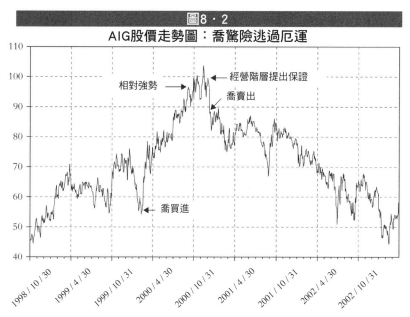

圖8‧2

AIG股價走勢圖：喬驚險逃過厄運

相對強勢

經營階層提出保證

喬賣出

喬買進

Note：2009年3月5日，AIG股價跌到7美元

聖地牙哥電光隊對他的不公平待遇時，顯得很傷心，對AIG的事情卻沒有深入的看法。他說變動年金的業務仍然很好，但是喬不知道如果空頭市場繼續下去，這種情況還能維持多久。

喬決定繼續持有這檔股票一段時間。原因之一是AIG的股價動能仍然非常強勁，他心想，既然科技股的動能已經消失，金融股現在應該可能是市場的新領袖。12月下旬，AIG的股價漲破100美元，而且在12月31日截止的十一個月內，是他們投資組合中表現最好的三檔做多股票之一。然後，讓喬心驚膽顫的是，AIG股價突然暴跌20美元，到1月12日，跌到83美元。就喬所能做的

最好判斷來看，基本面仍然非常好，經營階層還發表聲明，預測新一年的盈餘會達成目標，但是價格動能的變化是警訊，喬在1月20日賣掉這檔股票，平均賣出價格為86美元。隨後的兩週內，這檔股票的價格反彈到90美元，他覺得自己有點蠢，但是接著暴跌和利空消息出現，他逃過了一劫，全身而退。他和柯恩都很高興，他們的模型在賣出方面也有很好的表現。

「日本有句俗話說：『落花不歸樹，破鏡難重圓。』」柯恩說道。

「這是什麼意思？」喬問。

「爛股會一直爛下去。」柯恩回答。

隨後的幾年裡，他們用AIG作為例子，向潛在的新投資人說明他們的投資過程，他們的長篇大論差不多是這樣：

2000年3月1日我們的基金成立時，我們把我們十分了解、擁有健全基本面、本益比低、動能優異的AIG股票，加入我們的多頭投資組合中，作為我們多頭重要部位的主力。十一個月後的2001年1月初，AIG的基本面仍然很好，但是股價幾乎比我們買進時上漲了將近50%，本益比已經拉高，價格動能快速惡化。因此，我們決定賣掉這個部位，平均以86美元的價格賣出，實現獲利。我們錯過了103美元的天價，顯然令人失望，但是這個部位在艱險的環境中是大贏家。長期而言，我們避開了隨後的崩盤，AIG從來沒有回到2000年的高點，或我們賣出的價格過。

他們發給大家像177頁圖8‧2所顯示的AIG股價走勢圖。投

資顧問和避險組合基金中，西裝革履的年輕人愛死了這個故事，隨著時間過去，他們的故事變得更為動人。2006年時，美國證管會控告AIG，指控該集團利用假交易，虛增盈餘。因此這檔股票進一步崩盤。石橋超額報酬基金的模型似乎是理想的——不止如此，還是完美的——量化投資、技術性投資和直覺投資的結合。

喬現在要參加晨會後只有投資組合經理人才能參加的會議，他喜歡會中激烈的討論，尤其喜歡雷文不在場時，偶爾火藥味十足的討論。在石橋這種競爭激烈的避險基金公司裡，有一點不足為奇，就是柯恩和喬的成就一定會引起大家的嫉妒，在空頭市場持續、大部分同事的績效和資產縮水之際，更是如此。他們會聽到別人的挖苦，偶爾大家還會火冒三丈。

「你們怎麼可能會買那種深度價值狗屎？你們擁有這種股票，怎麼可能引以為傲？」某天早上，成長股專家湯姆・賴特問柯恩說：「去參加客戶會議，向他們說明你所持有的那些生鏽、過時、舊世界企業的業務時，我會覺得很羞愧。」

柯恩只是微微笑著——一個友善的微笑，掛在他肥胖的圓臉上。「賴特，市場的動能已經轉向價值股，背離成長股和科技股，我樂於賭這種偏向價值股的傾向會延續很長一段期間——甚至可能延續很多年，這不是應該引以為傲或引以為羞恥的問題。」

「這是廢話，網際網路是改變一切的破壞性創造，會永遠改變世界。身為投資專家，你應該希望參與新世界的成長，而不是缺席。」

「我同意。」柯恩回答說：「但是我們談論的是股票——不

是上市公司或發明，不是股價高估到離譜程度的股票。你們這些人還不了解這件事，還記得安徒生著名的童話故事《國王的新衣》嗎？這個故事的結尾不是讓人這麼高興，最後看著國王遊行的群眾當中，每個人都搖著頭偷笑說：『他什麼都沒穿嘛。』」

柯恩看著大家說：「最後，連受到大臣欺騙的國王都知道，自己並沒有穿著光鮮亮麗的衣服，而是赤身裸體。他心裡想：『我不能停下來，否則就會破壞這場遊行。』因此他更為驕傲的前進，眾多大臣繼續假裝抬著他的隱形轎子，很快的，每個人都開始哈哈大笑，國王變成再也不是國王。但是股市不是童話故事——故事的結尾也不會點名寓意。關鍵是成長股估價中所隱含的預期，是他們不可能達成的永恆成長為依據。這股狂潮最後會慘烈收場。」

賴特問道：「你是在暗示我像這個童話故事中那個混蛋國王嗎？實際上，我最近的確覺得自己沒有穿衣服。」

「哦，」柯恩鎮定地說：「這種情勢結束前，不是你們、就是我們，會在大眾前全身剝光。」

「你已經光著屁股走動很多年了，柯恩，你只是不知道而已。」

「我太清楚了！相信我，我知道這一點。」

「去你的，也去你媽的童話故事。」賴特一面咆哮，一面發出苦笑，苦笑雖然沒有消除這句咒罵當中的所有惡意，卻也帶走了一些惡意。「我們明年就會看到：到底你們這種技客爛頭會不會在馬桶中沖走，就像辛普森家族影集中霸子對河馬說的一樣，『胖女人唱歌前，一切都還沒有結束。』」

柯恩受夠了。「就像河馬的回答一樣，『小子，你覺得那斯達

克女士還不夠胖嗎？』」

10月初，標普500指數和那斯達克指數微弱反彈後，繼續暴跌到年底。價值股痛宰成長股。石橋超額報酬基金這一季績效驚人，成長了12%，而且在成立的十個月內，淨值總共成長30.4%，扣除費用後，成長率還高達22.1%。他們的相對表現十分亮麗，因為這一年全年裡，標普500指數下跌9.1%。摩根士丹利歐澳遠東指數（不含美國股市的世界股市指數）下跌13.7%，而且那斯達克指數暴跌39.3%。從石橋超額報酬基金3月1日創立的時間開始計算，這些指數的相對跌幅更為驚人，例如，這十個月裡，那斯達克指數已經腰斬。以這一年全年計算，扣除費用後，避險基金的平均成長率為4.1%，石橋公司其他基金構成的綜合指數下跌4%──不算太糟糕，卻根本不能讓人高興。

到了年底，喬拿到石橋公司的一張支票，使他全年的薪酬合計達到將近一百七十萬美元。柯恩告訴他，他拿到了三百五十萬美元，喬不覺得這樣有什麼不公平。畢竟，立下大功的是柯恩的演算法，不過喬認為自己在風險管理和選股過程中，扮演同樣重要的角色。他們算出石橋公司從他們基金的固定費用和績效獎金中，大約收到了四千萬美元，發給他們的錢只占其中的13%不到，在他們看來也算合理。畢竟發給他們種子基金、用潛在投資人支持他們，又提供他們基本架構的還是石橋公司。

喬把自己的所得告訴艾蜜莉時，她嚇呆了。「我的天！」她說：「真是驚人，我們可以去找個比較好的房子了，還有，還要到高級餐廳吃一頓豪華晚餐。」

他抱著她說：「房子的事還先別急。」他謹慎地說：「這一行的動盪程度非常厲害，而且我們還沒有走出森林，但是進球得分一定讓人覺得高興。不過，我們在餐飲方面，當然要升級。我很抱歉，長久以來我一直都是一個執著的怪胎。」

　　她嚴肅地看著他說：「我已經開始相信，在你們這一行裡，只有執著的怪胎，才能創造成就。」

Chapter 9

混球、高爾夫、避險基金

想要了解一個人的性格，就得跟他打十八洞高爾夫，這比跟他生意往來多年都更能了解一個人。

喬和艾蜜莉同意各自回家度假。艾蜜莉聽從父親要求，回格林尼治跟全家人團聚，重修舊好。喬要回大頸鎮度週末假期。他們約好聖誕節後，在棕櫚灘會面。

喬在大頸鎮的時間過得有點悶。他不禁想到，自己在大頸鎮平淡無聊的時間，跟艾蜜莉忙於社交、忙於跟老友見面、忙於在不同的豪華雞尾酒會或晚宴中來回奔波的行程，真是對比鮮明。他心想，自己的人生和人際關係到底哪裡出了問題。不過，他真的希望跟她在一起，忍受她母親無情的敵意嗎？跟那些叫不出名字、不會再見第二次面的人，有一搭沒一搭地找話題應酬嗎？另一方面，他的確認識那些一起打美式足球的人，跟他們在一起會很開心，而且聚會上，也一定都有操作避險基金的其他同行在。大頸鎮怎麼會沒有雞尾酒會呢？

喬跟父親大喬和同父異母妹妹共度平安夜。大喬看來很好，但他實在是個沉默寡言的人，除了運動之外，喬和他沒什麼話說。他的同父異母妹妹很可愛、很甜美，但是他跟她們沒有什麼交集。隔天他跟媽媽共度聖誕節，她烤火雞時，他就看著美式足球賽。她最關心的事情是他吃得好不好、什麼時候要結婚。

晚餐後，他走到邱吉爾燒烤酒吧，活躍的鎮民總是會到這家老舊、殘破的酒館，喝一杯睡前酒。酒吧裡面又擠又吵，有不少高中生，也有年紀較大的人。有一位酒保大聲招呼他，喊著他的名字，許多人轉頭看他。他叫了一杯啤酒，一會兒，有一位又肥又壯、年齡跟他相仿的人走了過來。喬看他非常面熟，但是這個人的身形又很陌生，喬就是想不起他的名字。

「喬，是我湯姆・泰利啦。」這人說著，熱烈地握著他的手。「還記得我嗎？最後兩年裡，我是你的中鋒，你把雙手放在我的屁股上，應該有四百次吧。」

「兄弟，我當然記得你。」喬知道自己沒有立刻認出泰利，是因為他的臉孔和身體已經像氣球一樣吹得非常大。泰利現在的體重一定接近140公斤，但是七年前喬認識他時，他的體重可能只有90公斤。體重使他看來比較老，也扭曲了他的面貌，使他好像自己過去的漫畫版。

「泰利，我們念高三時，你是全州明星隊，你在所有的比賽中，很盡職地保護我，夥計，你只是看來更有分量了。」喬回答時，不禁說出維吉尼亞州沿海地區的方言。

「對，我知道。」泰利說。「我現在肥的像一隻豬。」

其他人聚攏了過來，但是談了過去球賽的一些回憶後，談話

就慢慢地結束。他們當中，甚至沒有一個人知道避險基金是什麼，喬又喝了一杯啤酒，最後跟大家告辭。

「如果你們來紐約，要打電話給我。」

「喂，」泰利說：「喬，見到你真好！近來這裡的日子過得有點平淡，所有跟我們一起上學，又有一點進取心的人都離開了，然而，這種生活也挺好的。」

隔天晚上，喬跟吉布森在鎮上唯一還開門的麥當勞共進晚餐。吉布森還是像過去一樣嘮叨，他告訴喬，他計算過自己從1980到1999年的投資報酬率，這二十年期間，標普500指數包含配息在內，平均每年上漲將近15%。吉布森雖然專心從事投資，報酬率大約只有8%，也就是標普500指數報酬率的一半左右。

喬看著他，非常驚訝地說：「為什麼會這樣，吉布森？你有一些好股票啊。」

「因為我聽那位該死的營業員，還有他們的策略師和技術分析師的話，試圖從事波段操作。我在頭部時總是過於樂觀，在谷底時卻是過於悲觀。此外，交易成本要耗掉很多錢，賣出時會產生資本利得，必須納稅。我應該只買一檔指數型基金，不從事波段操作，也不負擔交易成本，稅負降到最低，每年只繳納0.1%的投資管理費用才對。對我這樣的傻瓜來說，這樣才是該走的路。」

喬認真聽著。「對，看待投資的正確方法是：看你扣除包括稅負在內所有成本後的報酬率，但是大部分人都不這樣看。」

接著，吉布森熱心地問他石橋超額報酬基金的事情。喬指出，交易成本很高，是因為他們的交易金額相當大，而且到目前為止，他們所創造的大都是短期利得。他詳細說明費用的計算方

法，吉布森對這麼高的投資管理費用顯然深感震驚。

「多麼肥美的交易。」他操著維吉尼亞口音說：「凡是頭腦好的人才都應該竭盡全力做這種事。」說著他搖搖頭。晚餐結束時，他問喬，石橋超額報酬基金的最低投資金額是多少。

「五十萬美元。」

「好，兄弟，你可以把文件寄給我嗎？我終於明白了，我不能自己從事投資，但是投資指數型基金幾乎可以說違背我的宗教信仰，看起來像投降一樣。我希望跟你一起投資。」

喬答應了，他們彼此擁抱。在維吉尼亞州刺骨的寒夜裡，喬送吉布森上車，看他開車離去。吉布森離開後，喬站在街上，感受著寒意，看著半弦月和繁星——看著黑暗的夜空中凍結起來的月弧，想著不知道艾蜜莉是否打電話來過。他們說好，他不主動打電話給她，因為她身邊一定有很多家人和同伴，他打電話過去只會讓她母親厭煩。

突然間，他站在那裡，映照著高掛在老鎮淡硫磺色陰影上方微微凸起的月亮光芒，不安和煩悶的感覺襲上心頭。他對這兩種情感都沒有什麼經驗，但是最近他對自己跟艾蜜莉的關係覺得非常不安。她跟她母親在一起時，這種感覺更是強烈，因為她母親一直不遺餘力、用盡心思地破壞他們的關係。她還不斷地把她認為適當的男人介紹給艾蜜莉，這種事情讓他很不好受。

喬和艾蜜莉曾經浪漫地談到結婚——卻從來沒有認真地討論這件事，但是他猜想，她心裡一定放著這件事。她念普林斯頓大學時的兩位好友已經宣布訂婚。她曾經要求他，一起去參加她們的婚禮。但是她媽媽說的對，他不是適當的男人，她的祖母是

個自命不凡又虛偽的老魔女，喜歡提醒她「寶貝，妳已經不年輕了」，這樣對他們的關係也沒有幫助。

他知道，她姐姐姬兒也不喜歡他。姬兒總是跟艾蜜莉競爭，偶爾還會取笑妹妹，諷刺她是「同居小姐艾蜜莉」，還有一兩次，她甚至叫她「與人同居的那位」。喬知道艾蜜莉對這種嘲笑耿耿於懷，現在他卻想到，如果他們結婚，結果會怎麼樣，他們的工作差別非常大，他們的熱情現在看來似乎已經不同了，她的家人——當然除了她的爸爸之外——是否會把他放逐在外？

但是，他愛她。他查看了自己的手機，沒有她的來電記錄。事實上，他們分開的這段期間裡，她一次電話都沒有打過——甚至連聖誕節都沒有打來。這到底是怎麼回事？

喬走過五個街口，向媽媽住的房子走去。媽媽的房子似乎永遠淹沒在近乎絕望、孤獨構成的瘴氣中。吉布森是他在小鎮上唯一的朋友嗎？他所有的高中哥兒們到底怎麼了？這是他成長時所住的小鎮，他卻覺得跟這裡很疏遠。天上開始下雪了，他想到：幸福就像雪花一片，抓在手裡突然就消失不見。

那天晚上，他終於關燈上床後，卻久久不能成眠。然後他有一度睡著了，卻在半夜三點醒來，感覺到胸口被沮喪的黑狗壓著。也許是夜深人靜的關係，他開始想到派特，覺得內疚，他是否利用了她？他又想著，也許自己和誰都不能天長地久，心裡悲悲戚戚，一直到最後，他終於回頭睡著。

隔天一早，喬開著租來的車，來到里奇蒙，準備搭飛機到西棕櫚灘，跟艾蜜莉會合。隨著這一天的過去，他的心情開始好轉，很快的，沮喪的黑狗就消失不見了。他在棕櫚灘的碎浪飯店

訂了一間房，他為了參加格蘭特舉辦的研討會，到過這家就蓋在海岸上的美麗巴洛克式旅館，他喜歡這裡的氣氛。道斯一家在聖誕節後，也飛到他們在海洋島上的度假屋。喬急於見艾蜜莉，甚至迫切渴望她，他忍不住想到，她家人對他敵意深厚的猛攻，會不會磨損她的愛？他不禁擔心起來。

他一進房間，就打她的手機，她說她會開車過來，下午三點左右會到飯店，並直接到他的房間來。他們不自然地打完招呼後，換了泳裝，到飯店外的海灘上，享受帶有鹹味的空氣。他們走在潮濕的砂灘上，有一搭沒一搭地聊著。艾蜜莉似乎有意與他保持距離。然後他們調頭回到碎浪飯店的海灘。他們在大西洋湧起的海浪中前進，心中懷著一絲危險的感覺，波濤洶湧讓人覺得激動而興奮。喬認為，他幾乎感受到身上的壓力已經沖洗一空，他感覺艾蜜莉也有同樣的變化。

他們回到房間、關上門後，他環抱著她，親著她的頸後。她光滑的皮膚、緊實的身體緊貼著他，感覺非常好。片刻之內，他們就脫下泳裝，躺在床上。

她轉身對著他，扶著他的臉，告訴他，自己是多麼想念他，她媽媽塞給她的男人完全無關緊要。然後他告訴她，他在大頸鎮碰到的事情，也把自己孤獨無助的感覺告訴她。他們談話時，他想到像這樣躺在一起，彼此真心告白，實在是親密之至的關係，他以前從來沒有過這種感覺。突然間，他不再擔心他們之間的關係，也不再擔心石橋超額報酬基金的投資組合，一切恐懼煙消雲散，他的心神無比平靜。

纏綿盡歡之後，他們在海洋燒烤餐廳共進晚餐。她的手機響

了起來，她接起電話，然後捂住手機，轉頭對著喬說：「是我爸打來的，他問我們想不想明天去塞米諾爾（Seminole）高爾夫球場跟他一起打球。」

喬大喜。「可以，我很願意去，塞米諾爾是一流的球場，而且我很久沒有跟妳爸爸見面了。」

「喬，」艾蜜莉輕聲地說：「我認為我們應該去打網球，然後我們可以游泳、在沙灘上散步，還可以在碎浪飯店裡一起吃午餐——甚至可以小睡一下！」

「親愛的，高爾夫是避險基金業界喜歡玩的遊戲，我需要好好享受一下，而且大型避險基金的人都在塞米諾爾打球，何況妳也可以一起打。」

她對他做了個鬼臉。

隔天早上，艾蜜莉和道斯很早就來接喬，他們到達塞米諾爾球場時，比他們預定的開球時間還早半小時，因此他們直接到練習場去。他們排在練習場最外頭，背對著二十位練習擊球的男士，突然間，喬覺得有一隻高爾夫球桿碰觸他的屁股，他轉身一看，看到堆著滿臉爽朗、友善笑容的史波肯。

「喂，公子哥兒，我一直在注意你，我不知道我的新投資天才還天生具有非常高明的揮桿能力，可以用六號鐵桿，把球打到一百八十公尺外，你讓我印象深刻，喬，你的差點[1]是多少？」

「我從來沒有過差點。」

1.高爾夫的「差點」，是指「實際擊出之桿數，減掉標準桿數」。如果以一個十八洞的球場為例，標準桿是七十二桿。

史波肯的眼睛似乎一亮，說：「真的假的，你沒有差點？」

「我小時候，家父和我完全是為了好玩，在維吉尼亞州大頸鎮的公共球場打球，那裡其實只是乳牛牧場而已，沒有高爾夫球車，我們得背著或拉著高爾夫球袋，沒有真正的差點系統。」

史波肯看看一直瞧著這一切的道斯。

「喂，道斯，你今天晚上去不去老鷹橡樹鄉村俱樂部，參加布里茲舉辦的雞尾酒會？」

「去啊。」道斯說。

「請你把你們的計分表帶來，我希望徹底檢查這匹種馬，不能有讓分。」他轉頭對喬說：「我得走了，哦，我們星期一再談，我想到一些跟我們有關的構想。」

史波肯離開後，道斯看著喬。

「哦，喬，我聽說他的事業非常成功，卻是傲慢之至、拚命搶錢的混球。」

「他為什麼對我高爾夫球打得好不好這麼感興趣？」

「因為他希望在公司裡，找到一位真正會打高爾夫球的人，跟他一起打高爾夫。這樣他可以把載他到這裡來的私人飛機支出，名正言順地列報為業務開支，而且打這種球是跟客戶建立良好關係的遊戲。」

不過，那天他們在塞米諾爾球場打球時，道斯還是忠實地記錄分數，而且每個洞都叫喬記錄推桿。那天晚上，他見到史波肯時，把這次比賽的成績單交給他，道斯打了八十三桿，艾蜜莉打了一百零二桿，喬打了八十一桿。

「哇！」史波肯說：「就第一次在球場上看到的人來說，成績

不壞。」

「他長得人高馬大，是天生的運動員。」道斯告訴他。「你應該看看他在美式足球場上的樣子。」

「怪異的是，他可能也是天生的投資好手。」史波肯一面思考，一面說著：「或者他可能只是運氣好，掌握了連續得分的運氣。我總是認為，現在跟他合作的人是衰人。總之，我得好好了解喬。」

當然，道斯把這番話告訴了喬。

那晚，喬躺在床上時，腦海裡閃過千百萬個想法。「不知他打算怎麼了解我？」。道斯對史波肯的看法和史波肯對柯恩的評價也讓他有點不安。

紐約投資圈的凡俗之見認為，史波肯是超級業務員，他的對手不見得喜歡他，卻傳說他「善於花言巧語」。然而，在公司裡，卻有人懷疑他只能把擁有熱門績效的產品賣出去，其他東西都賣不掉。

對石橋超額報酬基金表示有興趣的潛在投資者，會來到石橋公司的辦公室，不意外的話，理當對那種富麗堂皇的環境和氣派的裝潢，感到敬畏。然後一位滿臉笑容的業務員會為他進行五十分鐘的解說，讓他深入了解所謂的石橋超額報酬基金的建議書。建議書實際上只是墨守成規，又枯燥無味的文件，建議書中滿是評估投資組合的結構與建立、實施中的風險控管和監督之類光芒耀眼又燦爛浪漫的主題。建議書也說明利用融資可能碰到的可怕問題。大部分潛在投資人都不太注意，或是不會問什麼深入的問

題，他們只對績效感興趣。

建議書也記載柯恩和喬的背景、他們的投資哲學，以及他們的模型怎麼運作之類的詳盡說明，還針對報酬率的來源與基金的操作手法，提供所有相關的統計資訊。建議書特別強調風險控管和壓力測試，壓力測試會評估這個投資組合，如果碰到1987年10月紐約股市大崩盤、俄羅斯與長期資本管理公司（LTCM）倒債、標普500指數震盪10%，和美國國庫公債波動0.5個百分點的情況時，會有什麼樣的績效表現。募集備忘錄特別承諾：這檔基金的價值風險比率絕對不會超過7%，意思是這檔基金的投資組合在一個月裡的虧損，非常不可能超過7%。建議書是經過淨化的法律文件。

「文件中沒有說明當年你在『肥頸鎮』時，怎麼在滿月時分嚎叫的事情。」柯恩讀後對喬說：「也沒有說明我多年來一直是『衰人』的事情。」

喬哈哈大笑。

在這種初次會議中，滿面堆笑、衣著光鮮的業務員會評估潛在的投資人是不是真心想投資，或者只是到處逛逛、看看而已，業務員也要估計潛在的投資人能夠投資多少錢。如果客戶能夠投入一百萬到五百萬美元，卻又不要求強力的保證，一定深受石橋公司的歡迎。

如果投資人打算投資五百萬美元以上，石橋公司的業務員經過初步查證後，柯恩或喬會挪出半小時左右的寶貴時光，對這位潛在客戶說明，描述他們的投資哲學，說明這檔基金目前的定位。他們也會講一些業務員因為受到法律限制不能講的話，比

如，「我們的目標是在扣除費用後，創造出12%到15%的年度報酬率，不會產生巨額虧損」，或是說「我們對波段操作免疫」不管這句話的意思是什麼。喬發現有一招特別管用，就是他跟客戶道別時，低聲說：「我們非常希望您能成為我們的合夥人。」這句話很有效，很多人、尤其是女性和比較年輕的男性，聽到他請他們當他的合夥人時，似乎都快要熔化了。合夥人會收到利用電子郵件發出的績效半月報、月報通訊，還可以聽取每季一次的投資預測，還會受到邀請，參加在四季大飯店舉行的年度投資檢討會和雞尾酒會。

如果潛在投資人是「大象」，能夠投入真正的巨額資金（二千五百萬美元到一億美元），那麼業務員就會請偉大的史波肯出馬。史波肯曾經明確指示行銷人員，大象的「最後殺戮」絕不能少了他。他非常喜歡扮演最後收網的角色。

史波肯施展魔法引誘大象時，絕對不會發表特定的市場看法，他說，這樣做的人是傻瓜，如果你的短期看法錯誤，大象就會失去興趣。他會讓潛在客戶看他掛在牆上的名人相片，跟他們分享幾個他最愛的小故事，然後他會請潛在客戶，在他花了十萬美元裝設的古董倫敦式爐台的假壁爐前面坐下來。戲演到這，他會換上一種凝視遠方、若有所思、彷彿他擁有特殊眼光的眼神（但是有些懷疑他的人認為，這種眼神其實來自他凝視球道）。然後他會洋洋灑灑地大談世界情勢，說出「上週我跟艾倫見面時，他似乎沉默寡言的讓人稱奇」，或是說「亨利說布希的問題是不了解歷史」之類的話。艾倫指的當然是葛林斯班（Greenspan），亨利無疑是季辛吉（Kissinger）。每當史波肯有熱門基金要銷售

時，這種例行公事通常會為他爭取到合約。然而，有時候比較不容易受騙的大象離開時會搖著頭，在通往大廳的電梯裡，喃喃抱怨著史波肯鬼話連篇。

聖誕假期後，史波肯出現在喬辦公室的門口。他像平常一樣精心打扮，穿著十分合身的Thomas Pink襯衫和Burberry黃褐色休閒褲。喬心想，他腳上鑲著流蘇的Berluti軟皮便鞋，每隻至少都要一千美元。

「兄弟，你們兩現在可紅了，大家對你們能夠創造這種績效數字，卻幾乎完全沒有暴露在市場風險中，深感著迷。客戶喜歡低貝他係數的基金，這種情形幾乎好到不像是真的！」

喬對他展露最謙虛的笑容說：「老闆，正確的說法是不可思議。」

「你覺得你們可以繼續這樣下去嗎？」

「我們的模型顯示，最高和最低十分位之間的價差仍然極為龐大──就像是四個標準差那麼大。」

「啊！」史波肯啊了一聲，又停了片刻才說：「喬，這個週末你和艾蜜莉跟我一起飛到棕櫚灘如何，我們要跟客戶打打高爾夫。我一直希望近距離觀察你在壓力之下怎麼大力揮桿，我們星期五下午搭我的飛機離開，星期天下午回來，我會讓你和艾蜜莉住在碎浪飯店裡。」

喬不禁覺得受寵若驚。「多謝，這聽起來很不錯，我會問問她。就我所知，這週末我們還沒有什麼計畫。」

「好，」史波肯說：「你們兩個星期五晚上自己打理，但是星

期六晚上來我新買的地方，參加晚宴。這兩天，我們都要好好地打高爾夫，一天主要陪客戶打球，另一天比賽賭點小輸贏。至於艾蜜莉，我有一個新歡，我問問她，或許她們可以一起聊聊。」

喬笑著說：「聽起來很好。」可是內心裡卻覺得有點畏縮，他知道艾蜜莉對於這種排他性的行程不會覺得高興。

那天晚上，他告訴艾蜜莉去棕櫚灘的事情時，犯了錯誤，提到史波肯對他新女朋友的說法。

「太好了。」她說。「我猜他認為，我也只是另一個同居的女朋友，可以在你們這些大人物去打高爾夫球時，被打發到水療館修指甲和按摩背部。去他的！我不去！」

十五分鐘後，等她火氣消了一點，喬遊說她說，見識一下避險基金暴發戶的行動應該會很有趣。此外，星期五晚上是他們兩個的二人世界，他承諾星期六只打十八洞，不管史波肯怎麼要求，打完高爾夫球後，他會陪她一起打網球。她勉為其難地同意。

實際上，這個週末的確很有趣，甚至很有啟發性。

喬和艾蜜莉星期五下午搭上史波肯的灣流五型噴射客機，離開新澤西州的泰特波羅（Teterboro）。喬和艾蜜莉都沒有搭過灣流五型客機，而且事實上，他們從來沒有搭過任何私人飛機，因此覺得眼花繚亂。史波肯樂於向每一個人展示飛機上的所有設施，包括六個人能夠舒服睡覺的地方，他持續不斷地吹噓灣流五型的速度和航程。

「有了這玩意兒，我可以直飛歐洲任何地方，甚至可以從日本飛回來。搭過這架飛機後，世界上沒有一位女性能夠抗拒我。連保羅・瓊斯（Paul Tudor Jones）、朱利安・羅伯遜（Julian

Robertson）和朱肯米勒都還沒有灣流五型客機，這架飛機是終極的玩具。」

史波肯的新歡實際上是個相當端莊、穿著得體的年輕女性，有著黑色的頭髮、清純的臉孔，舉止討人喜歡。史波肯介紹她時，只說她叫羅冰，沒有提她的姓。她的年齡跟艾蜜莉相仿。白萊德公司（White Rock）投資長鮑伯‧夏比洛（Bob Schapiro）也在飛機上。白萊德是一家巨型的避險組合基金公司，喬知道白萊德在石橋公司的三檔基金中，投資了四億美元，其中一億一千萬美元投資在石橋超額報酬基金中。

前一年年中，夏比洛來詢問石橋超額報酬基金時，喬跟他見過面。他年約四十五歲，長得人高馬大。喬對他的第一印象是他非常重視自己，知道自己有能力左右避險基金的成敗，因此希望大家聽他的話，對他抱著尊敬的態度。夏比洛熱情地跟喬打招呼。

石橋公司的行銷人員吉米‧布朗（Jimmy Brown）也在飛機上，布朗是脾氣很好、身材細瘦的人，年齡跟史波肯相當，很會打高爾夫。大家都知道他是史波肯的愛將，不過喬卻沒有看出他有什麼才華。事實上，公司裡的人都叫他的綽號「玩伴」或「御用弄臣」，他一個人上飛機，目的是要幫忙張羅一切。

星期五晚上，喬和艾蜜莉在碎浪飯店的燈光下，打了一場夜間網球，在可愛的拱形大餐廳裡，吃了一頓精緻的晚餐，然後早早上床。史波肯約好的打球時間是星期六早上十點十五分，因為喬知道自己應該先練習一下擊球，因此九點半就到了塞米諾爾球場。他們的第四位球友是石橋公司另一位客戶——喬治亞州教師退休基金（Georgia Teachers）執行長比爾‧傅爾曼（Bill

Furlman）。

　　這是1月分的佛羅里達州，刮著風、微寒。他們打完前九洞、吃完午餐後，再打後九洞。喬跟夏比洛搭檔，夏比洛是差點十二點的高爾夫好手。史波肯說，喬的差點應該是十點，史波肯自己是九點，高大強壯的德州佬傅爾曼說他的差點是三點。他們每個人都拿出一百美元，作為這場球賽的賭注。

　　喬跟道斯在這個球場上打過三次球，心裡比較有底，揮桿也順。他從小就跟大喬在大頸鎮邊邊的球場練球，造就出他平順而自然的揮桿，而且他的短球打得很準。打第一球時，他揮出一桿長達二百七十公尺遠的超級高飛球，夏比洛低聲地發出讚歎。他們走在球場上時，他詢問喬的背景，也探問他對當前空頭市場的想法，傅爾曼似乎也深感興趣。

　　他們中午在燒烤餐廳用餐時，史波肯一如往常誇誇其談、三句離不開名人的名字。他似乎認識塞米諾爾鄉村俱樂部不少老會員，還告訴客人，要加入這個俱樂部多麼困難、費用多麼高昂。喬心想，他到底是怎麼辦到的。喬發現，當史波肯不斷提到有錢人和名人的名字時，夏比洛一開始覺得有點困惑，然後變得十分惱火。

　　他們打完後九洞大約是下午三點左右，喬打了七十七桿，對自己的球技非常滿意。夏比洛是非常厲害的對手，他和喬贏得比賽，公開慶祝接受贏到的一百美元，他擁抱了喬。

　　那天晚上的晚宴很有意思。史波肯的別墅——就在離碎浪飯店海灘不遠處的一條安靜馬路上——是棕櫚灘的豪華別墅。參加宴會的有史波肯、沉默寡言的羅冰、夏比洛、傅爾曼夫妻、喬和

艾蜜莉。對喬和艾蜜莉來說，羅冰是謎樣的人物，她看來的確不像是史波肯所喜歡的那種俗豔女性。那天下午她們在水療館時，艾蜜莉試著跟她聊天，但她似乎一直縮在自己的殼裡。艾蜜莉開始同情起她。

「天啊！」她對喬說：「這個可憐的女孩，覺得跟那位混球在一起很丟臉。」

「小聲一點。」喬警告。「妳說的是我的飯票。」

客人一到，史波肯就帶著他們，來一場他深感自傲的導覽。他詳細說明牆上每一件藝術品的來源，還興高采烈地宣布這些東西的價格。就連他睡的四柱古董大床也炫耀說是用七萬五千美元買來的，餐廳裡透明的蕾絲窗簾花了他五萬美元。甜點盤是兩百年歷史的古董，上面有手繪大革命前的法國貴族頭像，購自倫敦，每個價值八千英鎊。

「我希望你不要把這些碟子放在洗碟機裡。」艾蜜莉淡淡地說。

史波肯臉色一沉，大家的笑聲顯然激怒了他。「晚餐後，我會讓你們手洗。」艾蜜莉笑著看喬，喬無可奈何地笑笑。他很怕她繼續隨心所欲地說話，因為史波肯根本沒有幽默感。

客廳裡一張精美的齊本戴爾桌子上，放了一些厚重的白銀相框，相片中三位美麗的女性都露出和善的笑容。

「我的三位前妻。」史波肯陪著客人走過去時，比著照片中的人，驕傲地說：「每個人都拿到一千萬美元！大家都不傷感情。」

「我聽到的不是這樣，你猜她們三個人當中，有誰的客廳裡擺著他的照片？」艾蜜莉低聲對喬說著，站在她旁邊的夏比洛忍住笑聲。

「不要自作聰明。」他們走向陽台時，喬低聲地說。

史波肯手裡拿著一杯馬丁尼，似乎忘了客人，而且顯然覺得精神奕奕。

「有人說過，對我來說，婚姻好比半年住在天堂，然後六年在輕量級裡打拳。實際上，這樣說並不公平，因為我的婚姻從來沒有維持這麼久，我甚至不知道她們的衛生習慣。」

除了艾蜜莉和羅冰，每個人都哈哈大笑。「虧他說得出口。」艾蜜莉對喬耳語。

他們回到碎浪飯店時，艾蜜莉說：「我們去喝一杯，也看看海。」他們拿了兩杯蘭姆淡香水酒，走上空無一人的欄杆旁邊。天氣已經放晴，巨大的月亮懸在他們眼前，在海上留下一條銀光大道。

他們站在那裡，聞著帶有鹹味的空氣，看著美景喝酒時，艾蜜莉說：「哦，喬，你這位老闆是個浮誇、狂妄、無知的混蛋。但他是你們公司的形象代言人，這可不是件好事。」

喬看著她，站在月光下的她看來如此美豔動人。他伸手握住她的手說：「妳說對了，他是介於混蛋和怪胎之間的人，然而，他有的是白花花的鈔票。」

「他怎麼會這麼成功、這麼富有？」

「我也問過自己這個問題，我認為原因是偶發性因素的結合。他的銷售能力加上雷文的投資績效，又正逢避險基金熱潮，天時地利人和，都是其中的原因吧。可能他原本就有混蛋和怪胎的潛質，而成功又把這些潛力激發出來。」喬回答時，感受到蘭姆酒的威力，看著眼前浪花在狹窄的海灘和岩石上變成碎浪。

「哦，總之，我們七點要起床去打網球，因為你愚蠢的高爾夫球比賽從九點半開始。」

「哦，老天！」喬說：「我希望早早去健身房。」

「少來了！」艾蜜莉說。「我都在這枯坐一天了，我希望跟你一起行動，我們要去打網球。」

他們一早就去打網球，然後喬迅速地鑽進浴室，她跟著進來。

「艾蜜莉，你知道我必須練習擊球，而且我不能遲到。」

「哦，當然不能！因此我今天的任務是把東西打包好、退掉房間，到塞米諾爾接你，再一起去機場。」

他輕輕地吻著她說：「妳真是貼心的可人兒。」

「對！」她說：「是不快樂的可人兒。」

那天稍晚他們在第一個洞會面時，史波肯規定他和喬要跟夏比洛和傅爾曼比賽。賭注是每人二百美元，按差點算，兩組勢均力敵。發球前，史波肯輕聲地對喬說：。

「現在是跟客戶打高爾夫，但是要好好打，我不喜歡輸球，我想打敗這兩個人，夏比洛惹惱了我。」

第十六洞打完，雙方戰成平手，第十七洞是標準桿四桿的長洞，也是夏比洛要減一桿計算的洞，他打第三桿時，把球從果嶺邊緣切到起伏不平又難打的果嶺上，離旗桿大約一‧五公尺。喬打了四桿，但是如果夏比洛推桿成功，他應該會贏得這個洞，他們那組在這場只剩最後一個洞要比的比賽中，應該會取得一桿的領先。

史波肯看著球、看著球跟旗桿之間的距離，也看著起伏的果

嶺。這一球很尷尬，絕對不是輕鬆的推桿，未必好打，但推不進洞又顯得挺沒面子。喬知道史波肯喜歡看別人在這種壓力下怎麼反應，然而，讓喬驚訝的是，史波肯彎下腰，把球撿起來，丟給夏比洛。

「這一洞你們贏了，打得很好。」

「謝謝。」夏比洛面無表情地說。

下一個洞地形更崎嶇，果嶺在小山丘上，還隔著一條小河，標準桿是四桿。喬再度打出標準桿，夏比洛和傅爾曼的桿數比標準桿多一桿，因為要減去一桿，因此淨桿數為四桿。比賽的結果現在要看史波肯的表現而定，史波肯必須打出標準桿，這樣配合他的差點，他的桿數會變成三桿。他的第二桿打得非常好，在空中飛了一百五十公尺遠，落在離旗桿大約五公尺遠的地方。

他們全都站在那裡看著，他推第一桿後，球從洞旁滾過，距離洞口兩、三尺遠。他們全都看著夏比洛，以為他會讓過這一桿，因為他打上一個洞時，史波肯讓過他更遠又更難打的推桿。

「以為我會讓你這一桿嗎，史波肯。」夏比洛帶著邪惡的笑容說著。喬很意外，夏比洛這一招太過分了。

史波肯只是瞪著他，然後走過去、蹲下來，認真研究球前後的草皮，研究果嶺的地形，然後站在球的上方，輕輕地練習揮桿三次，再眯著眼看看洞，然而走到旁邊，再站在球的上方，大約擺了三十秒的姿勢。大家動也不動，突然間，他狠命揮著球桿，把球打飛，飛過果嶺、飛過果嶺的邊緣，遠遠地飛出球道。

「你們贏了這一洞和比賽，兄弟。」他只說了這句話。

他把四百美元的鈔票交給夏比洛，「這是你們贏的錢，喬，

我幫你付了。」

他們回到球場的聚會所，匆匆地喝了一點酒、吃了午餐、沖了一下澡，車子就來接他們到機場。吃午餐時，夏比洛顯得意興闌珊，大家說話也不太起勁。

飛機飛回紐約時，史波肯跟羅冰閒聊了一會兒，就戴上眼罩，把椅子放平，睡了過去。傅爾曼堵住喬，逼問他石橋超額報酬基金的事情，艾蜜莉坐在後艙，看著《紐約時報》週日版。

星期一早上，史波肯走進喬的辦公室。

「你認為我生夏比洛的氣嗎？」他問道，喬還來不及說話，史波肯就回答了自己問的問題。「沒有，我沒有生氣，那個傢伙很難搞。但是，他永遠不會忘記這次的事，他現在是我的囊中物了，因為他會害怕我讓大家知道，其實他是多麼不要臉。我永遠掌握了他！這是跟客戶打球的目的，贏得最終控制權。」

喬點點頭，他了解這一點，這樣是非常高明的威脅。

隨後的幾個月裡，喬經常跟史波肯、史波肯自認的朋友和公司的客戶一起打高爾夫。打球時，他不免想到高爾夫、事業和避險基金業者到底有什麼關係。看來男人年紀大了以後，似乎會沉迷、執著在高爾夫和差點中，這樣就像很會打高爾夫、在壓力下能夠表現出優雅的風度，跟你的打球自尊和鈔票有關。或是在三公尺外把球推進洞、準確地轟出二百六十公尺遠的開球、到第十八洞時身體狀況仍然十分完美，是他們男性氣概的決定性考驗，證明這個男人「的確有真材實料」。

幾年後，他曾經問史波肯，為什麼他這麼重視用高爾夫考驗

旗下的基金經理人。史波肯說了一番流傳很久的鬼話：想要了解一個人的性格，就得跟他打十八洞高爾夫，這比跟他生意往來多年都更能了解一個人。喬顯出懷疑的表情時，史波肯說：「你希望找誰替你管理財富？是找在十八洞旁能夠冷靜地用長推桿把球打進洞，打出博蒂的人，還是找在關鍵時刻是唯一可以減一桿，卻打出雙柏忌的傻瓜呢？」

喬心想，哦，兩個我都不要。這樣評估投資專家是非常差勁的方法，我要找擁有良好直覺，又擁有最好、最廣泛的量化模型的人。但是喬沒有說話，只是坐在那裡點點頭。

Chapter 10

空頭市場的閃亮之星

他們就像「在糞堆中打滾的豬」。在下跌的市場中，他們靠著空頭
部位賺大錢。

　　2001年，石橋超額報酬基金展開第二個年度，資本規模是
六億美元，還有一堆新資金排隊等待文書作業程序，以便投入這
檔基金。突然間，他們變成紐約市的焦點，至少也可以說變成了
避險基金圈子裡的話題人物。一年前，大家對他們毫無興趣，但
基金運作的第一年結束時，有非常多的人要求他們召開介紹說明
會，於是公司指派了兩位最高明的行銷人員，全天候為石橋超額
報酬基金服務。面帶微笑、衣著光鮮的行銷人員，滔滔不絕介紹
起他們的投資故事，過程極其熟練，非常得心應手。

　　因為在行銷方面得到額外的協助，石橋超額報酬基金出現突
飛猛進的成長。一開年，經濟和市場出現更多重病的跡象。1月
初，聯邦準備理事會把利率降低0.5個百分點，市場的反應卻跟大
多數人的期望大異其趣，出現暴跌式的沉重賣壓。此外，對柯恩

和喬來說，更重要的事情是成長型投資徹底崩潰。根據他們的公式，他們繼續放空那些基本面惡化、盈餘預估差距很大、總現金流量殖利率低落、本益比升高的股票，同時，他們持有相對強勢低價股的投資方法如有神助，產生優異績效。下跌似乎具有傳染性，連健全的科技股也未能倖免，貪婪變成了恐懼。市場上有無數奄奄一息的病馬，柯恩和喬會從一匹垂死的馬匹，跳到另一匹剛剛開始生病的馬匹身上。同時，他們繼續從持有的價值股多頭部位中，賺到小額的利潤。

就像柯恩說的粗話一樣，他們就像「在糞堆中打滾的豬」。在下跌的市場中，他們靠著空頭部位賺大錢，靠著多頭部位賺小錢。喬徹底查證過，消費必需品在經濟衰退中，都能夠創造完美的記錄，每次都能超越大盤，而且他們把投資重點放在通常很呆板的這個類股中。在這段期間，他們持有的兩家公司差點被併購，進一步提升了他們的績效。他們利用4倍融資的做法更創造了驚人的報酬率（實際狀況見圖10‧1）。資金瘋狂逃離成長股與動能股轉進價值股的趨勢已經確立。他們背後正在颳起一場颶風。雖然當時他們沒意識到這一點，這段時間其實是最有利於他們投資的環境。

然而，市場上還是有很多多頭堅決認為，科技股的跌勢只是多頭市場中的修正，因此是買進良機。他們宣稱，現在是新時代，多頭的軍師是兩位想像中的投資專家，一位是葛拉斯曼（James Glassman），另一位是哈賽特（Kevin Hassett）。哈賽特擔任過哥倫比亞大學商學所教授，是聯邦準備理事會資深經濟學家；葛拉斯曼是備受尊敬的美國企業研究所（American Enterprise

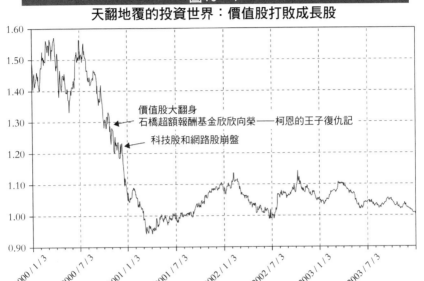

圖10 · 1

天翻地覆的投資世界：價值股打敗成長股

價值股大翻身
石橋超額報酬基金欣欣向榮——柯恩的王子復仇記
科技股和網路股崩盤

Institute）「學者」。他們寫了一本暢銷書，由蘭燈書屋（Random House）在泡沫最高潮時出版，書名叫做《道瓊三萬六千點》（*Dow 36,000*）。他們在書中提出一個理論，認為股價應該是獲利的100倍。這樣的書名，甚至不規規矩矩地加個問號！他們從學術方面搖旗吶喊，為股市泡沫提供了正當性。

就像柯恩說的一樣，「這兩個人應該覺得羞愧，這種說法是遺毒嚴重、具有煽動性的愚蠢言論，但是這樣說對我們有好處，會使瘋狂延續的比較久。」

同時，艾蜜莉在哥倫比亞大學的碩士課程要求很嚴格，逐漸占用她更多的時間，她開玩笑說，她閱讀的東西幾乎跟喬一樣

多。她的指導教授建議她跟其他碩士班研究生加強互動。下午的研討會往往延長到傍晚。因為她每週也要到外交關係協會上幾天班，她的時間表排得密密麻麻，因此很少跟喬一起晚餐。

2月初，她受命為外交關係協會的主要捐款人團體，安排東歐之旅。她規劃了一個十天的行程，包括在華沙、布拉格和布達佩斯，跟政治、企業與文化領袖見面。她告訴喬，有幾對很有興趣的夫妻已經報名參加。

她拼命地勸說喬跟她一起去，理由有二。第一，擺脫石橋公司、股市和他平常的工作日程去休假，對他會有好處。理論上，他不能不同意，但是想到離開投資組合和市場將近兩個星期的想法，讓他覺得害怕。

第二，她說：「我們跟這樣的團體一起會有好處，因為我們會有機會看看我們跟他們怎麼互動，也看看他們怎麼跟我們互動，我們必須打破我們所處的這種無菌蠶繭的狀態。有時候，我都懷疑我們還有沒有社交能力。」

最後一句話引起了喬的注意，她的意思到底是什麼？

「妳說的『我們還有沒有社交能力』到底是什麼意思？」他問。

「就像我說的意思一樣。」她嚴肅地看著喬回答說：「喬，我們會變成什麼樣的人？我對於『同居的艾蜜莉』這種好女人角色，已經覺得厭煩，我們能夠打進文明社會嗎？目前我們的社交關係好比死胡同。」她話裡的重大意義在空氣中迴盪。

「唔，我知道妳的意思。」喬說。「艾蜜莉，我愛妳，我希望跟妳結婚、跟妳生小孩。」

「我也愛你！但是我們要住在什麼地方？跟什麼人來往？這

裡是二十一世紀的美國，不同種族通婚再也不是什麼大事，事實上，還很常見，但是我們似乎無法融入其中，無法成功達成目標。」

「對，我知道，這樣的感覺很糟糕。」喬答道：「我滿腦子都是避險基金，好，我一定會跟妳一起去東歐。」

隨著時間過去，多頭的樂觀氣氛開始消退，因為情勢很清楚，美國和世界大部分國家的經濟都陷入衰退。股價在1月下旬漲到最高峰，然後在2、3月間暴跌，到了3月底，標普500指數已經比1月31日的高峰下跌20%，那斯達克指數的跌幅超過40%。然而，以這一年的頭三個月來說，石橋超額報酬基金總共成長了14%，在他們的天地裡一切都很順利。

到了2月中，史波肯又一次邀請喬和艾蜜莉共度週末假期，但是艾蜜莉斷然拒絕。結果喬、史波肯和兩位重要的客戶在星期五一早飛到佛羅里達州，那天下午和星期六一起打高爾夫。喬要求不參加星期天的球聚，搭星期六晚上的客機飛回紐約。星期天喬跟艾蜜莉在中央車站的室內球場打網球，但是這個球場的彈球速度太快，讓他們非常不滿意。喬知道他和艾蜜莉心裡的疙瘩還沒解開。

突然間，經歷3月下旬的瘋狂賣壓後，市場從4月1日愚人節開始反彈。到了4月底，那斯達克指數比3月的低點飛躍上漲32%，投機和垃圾股（就是石橋超額報酬基金放空的標的）躍升的幅度更大。

「哦，我想我們學到了死貓也可能蹦跳兩下。」柯恩說。

「對，我今天看到的報導指出，富達公司的所有資金中，有62%的資金仍然投資在十檔科技、網路和通訊相關基金中，比率已經比一年前的80%降低，卻仍然遠高於39%的十二年平均值。」喬說。

「即使巨大的泡沫出現裂縫、遭到刺穿，也要花很長的時間才會消氣，我們必須堅持下去。」

同時，他們的多頭部位有氣無力，跟他們的空頭部位結合在一起，造成傷害，整個4月裡，石橋超額報酬基金淨值減少4%。讓客戶更困擾的是他們的報酬率波動激烈，這檔基金理當不該有接近這種震盪幅度的波動。

突然間，柯恩和喬的電話不分晝夜響著，客戶問的問題都是：「到底怎麼回事？」「你們的演算法失效了嗎？」最令人擔心的問題是：「如果這種波動性是我們必須接受的東西，那麼我們要把資金贖回。」

暗示贖回的威脅讓他們特別火大。

喬吼著說：「向上波動不是問題，向下波動就變成無法接受的事情。你還盼著他們對你有點信任和忠心！真是廢話一堆。」

柯恩只是大笑著說：「歡迎來到全國美式足球聯盟，兄弟，費用結構是2加20%時，不會有信任或忠心可言。」

無論如何，客戶打來的電話固然令人困擾，然而大盤繼續反彈，成長股的反彈更是厲害，讓他們變得更是緊張。石橋超額報酬基金現在要申報月中績效，到5月15日為止，這檔基金又虧損了2個百分點。他們現在特別迫切需要良好的績效和別人的支持，因為投資人只能在日曆年的每一季季底贖回，而且要在三十

天前通知。換句話說，投資人如果希望在7月1日拿到錢，就必須在5月31日前，發出贖回通知，5月的贖回通知日現在迫在眼前，令人不安。

柯恩和喬十分擔心贖回，生怕會碰到資金大規模的流出，造成基金大失血。在這種情況下，喬十分煩惱，因為他不能跟艾蜜莉一起到歐洲進行學習之旅。雖然柯恩沒有對他施加任何壓力，他知道柯恩需要他，他不應該離開。

他們預定出發前三天，他告訴艾蜜莉，說他不能跟她一起去。她氣沖沖地吼著說：「太感謝你了！從我最初拜託你去到現在，你一直在找藉口。」

「我沒有，這樣說不公平！我從來沒有出過國，非常願意去探索東歐，而且我真的希望看看我們跟你們的團體怎麼互動，只是現在出現投資危機，我知道我會分心，會不由自主。」

「當然，」艾蜜莉說：「等我一離開，你鐵定會心亂如麻到立刻去打高爾夫吧？」

「不要這麼說，艾蜜莉，這樣說不公平。」

她軟了下來說：「如果你寶貴的股票開始走回正道，你隨時都可以改變心意。」

「我答應妳，我一定會這麼做。」

石橋超額報酬基金熬過5月的贖回通知，受到的傷害微乎其微，打進來的電話也大為減少。喬決定加入艾蜜莉的行程，但是這時她的參訪團已經到達布拉格，行程幾乎就要結束了。他打電話給她，說他要過去時，她告訴他，現在過來已經沒有意義了。

她回到紐約後，他們的重聚可以說是相敬如冰，她回來的第一個週末，喬沒有去打高爾夫，而是跟艾蜜莉到室內的網球俱樂部，打了兩天球。她設法安排她的一位大學朋友和她的先生，跟他們共進晚餐，但是他們很忙，因此改去看電影，她的態度軟化了不少，卻仍然不怎麼開心。

2001年的炎炎夏日裡，市場橫向盤整，因為經濟復甦指日可待，市場已經築底的樂觀氣氛增強。柯恩和喬卻抱著懷疑的態度，主張很難相信這麼龐大的投機熱潮，可以用這麼溫和的衰退化解，讓每一個人從此都可以愉快地過著幸福快樂的日子。

「世界不是這樣運作的。」柯恩說。全球經濟正在走弱，他們找到的放空標的比做多的標的多。因此，他們的淨部位略為偏空，在這種情況下，他們6月和7月的績效不錯，分別上漲了2%左右。

果不其然，股市在8月和9月10日前暴跌，那斯達克指數已經比1月的高點下跌40%。接著，爆發九一一恐怖攻擊，恐慌氣氛彌漫。到9月21日，標普500指數已經比元月的高峰，下跌28%，那斯達克指數暴跌將近50%。從10月初開始，兩種指數持續反彈到年底，消除了大部分的跌幅。

整體而言，2001年是令人難過、痛苦的空頭市場。一整年裡，標普500指數下跌11.9%，那斯達克指數下跌21%，摩根銀行全球債券指數下跌3.6%，私募基金指數下跌4.5%，創投資本基金下跌8%。除了避險基金之外，投資人無處可逃。避險基金研究公司的綜合指數微幅上漲2.3%，雖然不多，但好歹是正報酬率。組合基金雖然要負擔雙重費用，避險基金研究公司的避險組合基

金指數卻仍然上漲了3%。相形之下，石橋超額報酬基金因為抱著巨額的價值型多頭部位和科技股空頭部位，創下了38.1%的報酬率，扣除費用後，投資人獲得28.8%的淨報酬率。他們兩個的確大展身手！

然而，石橋公司的其他部門卻深受其害，所謂的多種策略避險基金公司，背後的觀念是經營階層在同一家公司裡，建立多元投資的王國，支持遵照不同投資策略的很多檔基金。石橋公司自稱為多種策略公司，其實並非如此。1998到1999年間——投資狂潮如日中天時——史波肯和雷文引進和資助年輕的科技股與網路股分析師，也引進看來像是新世界天才的交易員。他們請來的這些快槍俠以自己行動迅速為傲，他們的說話速度很快，聽信熱門題材的速度也很快，股票踟躕不前時，賣出的速度也很快。基本上，他們是傳播閒話、利用準內線消息的人，也是利用公司的資金從事投機的波段操作交易員。在多頭市場氣勢如日中天時，他們極為傲慢、毫無恐懼地昂首闊步，並且利用巨額的融資。

結果，泡沫破滅時，他們慘遭屠殺，因此對石橋公司而言，2001年是另一個不好的年度。石橋公司的四檔主要基金淨值下跌超過5%，五檔規模比較小的基金跌幅超過15%，基本上處於解散邊緣。只有雷文的大型全球總體基金在扣除費用後，仍然成長。避險基金雜誌《絕對報酬率》刊出一篇報導，篇名就叫做〈石橋到底出了什麼問題？〉

柯恩和喬在這種背景下，坐下來進行一些簡單的計算。這一天是2002年1月5日，他們已經收到2001年實際操作的最後統計數字。年底時，他們的資產為二十五億美元，但是全年平均資產

規模大約為十五億美元。因此公司從這些資產中，賺到2%的固定費用，金額為三千萬美元。扣除固定費用後，石橋超額報酬基金的績效獎金大約為一億八百萬美元（十五億美元的36%為五億四千萬美元，五億四千萬美元的20%為一億八百萬美元）。換句話說，石橋公司從這檔基金中得到的總獲利為一億三千八百萬美元。雷文提過的公式指出，他們應該可以得到公司獲利的一半，作為績效獎金。一億八百萬美元的一半是五千四百萬美元。以這種水準的績效獎金來看，因為石橋公司的費用和固定成本不可能比一千萬美元多多少，因此石橋可以賺到八千四百萬美元，柯恩和喬不知道自己會領到多少薪酬。

到了1月中，史波肯和雷文把他們叫到史波肯辦公室旁邊的小會議室。他們進入這間精美的房間時，史波肯吸著夾了一片檸檬的氣泡水，跟他們打招呼，散發出歡樂的氣氛，雷文筆直的坐在一張古董木頭椅子上。

「哦，我們要完全遵照我們之間的協議，發給你們兩位天才獎金，也就是獎勵金的50%，金額為五千四百萬美元。我們建議發給柯恩二千九百萬美元，發給喬二千五百萬美元。」

「我們的協議的確是這樣，而且這樣很公平。」柯恩熱切地問：「你們要發績效獎金嗎？」

雷文只是哈哈大笑，史波肯卻皺著眉頭，伸展脖子。「我們沒有砍你們的錢，你們就算好狗運了。」雷文說。「畢竟，如果你們自食其力，你們永遠不可能募集這麼多錢，根本不可能！我們提供你們良好的聲譽，提供你們可以作業的平台，也提供絕佳的行銷機器。你們實際上是把我們其他基金的資金吸走。」

喬這時才開口說話，他對自己的勇氣也覺得吃驚。「如果我們繼續表現優異，增加資產，到什麼時候，我們才有希望成為公司的合夥人？我們希望成為東主，而不只是當手下而已。」雷文和史波肯同時轉頭看著他。

史波肯回答說：「不可能，我們兩個是這家公司唯一的老闆。我們一手創立了這家公司，我們沒有計畫分享利潤、經營管理，或者這麼說，我們無意跟別人分擔風險，因為如果出了問題，我們才是會遭到控告的人。」

「沒錯。」雷文補充說：「我們認為像石橋這樣的事業，用合夥的形式行不通——因為在這種事業中，績效就是一切，但是績效的波動卻極為劇烈。如果有一位合夥人變得腦滿腸肥、不思進取、績效一團糟的話，要怎麼辦？多種策略避險基金必須像李光耀統治新加坡一樣，當仁慈的獨裁者，有時候又要當不太仁慈的獨裁者。我們承諾在你們表現優異時，發給你們巨額獎金，卻不承諾跟你們締結至死方休的婚姻。」

「我了解了。」喬說。

柯恩插嘴說：「好，我們敬愛你們兩位獨裁者，也感謝你們栽培我們。如果你不介意，我希望下一年的合作簽署協議，拿去公證。」

「唉，沒良心的技客爛頭。」雷文喃喃說著。

「哦，」柯恩說：「我沒有不敬的意思，但是我們現在談的是大筆的資金，你們知道，我們明天就可以離開。」

「你們的資金中，很可能只有一半到三分之一會跟著你們離開。」

「對，如果我們的表現優異，下一年所有的錢都會跟著離開，而且還會有很多新資金湧入。」

「我們會請律師準備一份備忘錄，我們全都要在上面簽字，還要拿去公證。你們的報酬中的獎勵獎金，還是公司獲利的一半。」

「為什麼不是你們固定費用和獎勵獎金加總起來，全部利潤的一半呢？」柯恩問道。

「因為這樣做行不通，我們提供你們棲身的地方，我們支付所有跟投資無關的固定成本，固定費用是為了支付這一切。順便要說的是，你們需要多增加一些研究火力。」

喬搖搖頭。上個週末，他跟規模龐大的多種策略避險基金家族雷斯頓基金公司（Rextun）中，兩位成功管理規模高達二十億美元基金的操盤手，一起打高爾夫球。他們告訴他，雷斯頓向顧客收取2%的固定費用，外加利潤的25%。這兩位基金經理人可以得到固定費用的一半，也就是1%，加上所操作基金利潤的15%。換句話說，雷斯頓基金家族拿到1%加上10%的利潤。喬認為，是時候提出雷斯頓的分配方案了。

「哦，我們不是熱門的狗屁雷斯頓基金公司，無法收取2加25%的費率。」史波肯提高音量說：「我們收取2加20%的費率，我們的建議仍然有效，我們留下全部的固定費用，接不接受是你們的事情。你們兩個真是貪心又忘恩負義的混蛋，別忘了，兩年前你們一無是處，是我們支持你們，給了你們機會的！」

「對，」雷文說：「柯恩，兩年前，你在事業上是輸家。喬，我們雇用你，是你的好狗運，那時格蘭特正打算開除你，因為你勾搭上了老闆的女兒，本來他是一片好心，把你從內勤辦公室的

煤礦中救出來。而且顯然你還跟那裡的一些女性胡搞瞎搞。」

喬深感震驚,他們還真是徹底調查了他的背景,柯恩看起來也有一點尷尬。

「好,好吧。」柯恩說:「我們接受你們的建議。」

雷文站起來說:「衝吧!基督的戰士奮勇前進,奮力作戰。」

他轉身走出小會議室。

他們離開後,喬輕聲對柯恩說:「我們真是有對好主子!」

「是啊,不過我們一開始就曉得了。他們是混球,而且是我們的混球。」

石橋是在紐約州和紐約市註冊的公司,根據公司的結構,喬和柯恩領的錢屬於一般所得,喬算過,扣稅後,他可以淨領一千四百萬美元。會計師告訴他,他可以免稅贈與任何人一萬二千美元,但是他希望給媽媽一筆大錢。他告訴媽媽,他替她在石橋超額報酬基金開了一個戶,存進去一百萬美元時,朵洛莉絲根本不敢相信,他沒有告訴媽媽,他還要另外負擔六十萬美元的贈與稅。他同樣贈與大喬這麼多錢,大喬一句話也說不出來,另外他也分別贈與三位同父異母妹妹一萬二千美元。這一年年初,他的資本帳戶中原來有一百萬美元,現在的存款略為超過八百萬美元,那種感覺真好。

他自己也說不清為什麼,他沒有把自己的慷慨贈與內容告訴艾蜜莉,只是說他很高興領了很多錢,她也沒問細節。合理的下一步是找一間更大更新的公寓,但是他對於定居紐約這件事卻有些猶豫不決。

不過他卻去找史波肯幫了個忙。他知道史波肯是孤樹俱樂部（Lone Tree Club）的會員，這個俱樂部擁有一處風景優美且挑戰性頗高的球場，還有新穎又華麗的都鐸式會所、豪華的更衣室、裝飾著橡木板的華美酒吧，以及極為一流的服務。這家俱樂部的歷史相當短，只要你從事投資業，又有領導階層的推薦，要加入成為會員並不是特別困難，很多避險基金從業人員都是會員。

「你想加入孤樹？」史波肯浮現會心的一笑，但笑容帶有邪惡的感覺，好像他早已料到似地說：「哦，孤樹可不是鄉村俱樂部，沒有游泳池、沒有網球場、沒有水療設施，沒有女性更衣室，我的前女友個個討厭那裡。」

喬笑了笑，笑聲卻有一點無力。

史波肯說他樂於幫忙，還有，他認識創設和控制孤樹俱樂部的美林證券公司總裁約翰·史賓塞（John Spencer）。史波肯跟史賓塞說了，還找了曾經跟喬一起打高爾夫的另外三位會員寫了推薦函，連同申請書一起送進去。兩個月後，喬成為會員，入會費為五十萬美元，每個月的月費為二千美元。一夜之間，喬就踏進有錢人的高爾夫世界。

2002年是新的一年，股市卻沒有新氣象，一樣是相同的舊空頭市場。柯恩和喬堅持自己的策略，讓公式替他們找出應該注意的高價股和低價股，等待股市動能變化和基本面分析完美的結合，然後開始行動。

因為管理的資產增加到二十五億美元，他們把自己持有的投資組合部位擴大到三百檔，形成便於管理的平均部位規模。這樣

表示要花更多的功夫，研究股票中的素質因素，因此他們增聘了兩位分析師，使專門為他們工作的總人數增加到四個人。

柯恩喜歡跟分析師在一起，喬卻發現其中兩位分析師會害他分心，因為他們顯然需要花很多時間跟他開會。他喜愛另外兩位分析師，也願意跟他們交流分享。然而，分析師在他的辦公室裡出出入入，實在讓他無法集中精神，他和柯恩最後訂定了一條嚴格的規則，規定分析師所有的報告，都必須用電子郵件的方式送出。這種做法也創造了他們可以回頭參考的書面記錄，如果分析師要告訴他們什麼事情，可以寄電子郵件給他們，如果他們希望跟某位分析師談話，他們可以打電話給他。基本上，他們希望儘量減少辦公室裡公事往來造成的困擾。

到6月30日，他們的淨值成長11%，因為資產增值和新資金湧入的關係，石橋超額報酬基金管理的資產增加到大約三十三億美元。部位增加、規模變大後，他們重視的超額報酬變得越來越難以達成，喬開始認為他們需要更多的獲利。他決定聘用李柏薇絲。喬認識李柏薇絲很多年，他們一週有好幾次會一起在餐廳裡快速地吃頓早餐或中餐。她人很精明、敏捷，也很有見地，他喜歡跟她在一起。他也知道她為傲慢的賴特工作，賴特今年的操作成績不佳，目前離他所謂的高水位水準至少下跌了10個百分點。因為賴特操盤的基金2001年虧損，他的處境很艱難，必須把虧掉的錢賺回來，才能賺到獎勵獎金，發給自己和手下的人。

喬告訴李柏薇絲，說有興趣請她加入自己的團隊時，她問道：「我的職務是什麼？」

「妳要跟我一起工作，管理我們聘用的分析師，他們很好，卻

需要指導，我很欣賞妳的眼光和直覺。」

「喬，你知道我希望管理基金，將來能讓我自己操盤嗎？」

「一開始不行，妳比較像是當助理投資組合經理人。」

「那麼我現在就回答你：不去！謝了——其實也沒啥好謝的。」她揮著修長的雙手，讓人覺得特別性感。「而且我順便要說的是，」她咧著嘴笑著說：「去你的，喬，還有你騎著到這裡來的那匹馬！」他假設她所說的那匹馬是柯恩。

他不怪她，也喜歡她的爭強好勝。他跟柯恩討論這件事，柯恩也心軟了，於是他們同意讓她主導他們做多和放空的四百檔股票中的十分之一，也就是主導他們投資組合中的四十檔股票。她必須在他們的系統限制下操作，他們會查對她的績效，但是這些股票是屬於她的投資組合。

「太棒了！」他把他們的決定告訴她時，她的黑色眼珠子一亮，說：「謝謝你們兩位！哦，你們要付我多少薪水？」

「我們發給妳的薪水跟我們一樣，妳會從公司領到六十萬美元，到了年底，我們再分配獲利。」

李柏薇絲看來有點懷疑。「聽起來有點含混不明。」

「嘿，」喬說：「我們不會欺騙妳，妳將來會成為我們團隊中的一員。」

「好吧，」她說：「但是我喜歡各種公式，柯恩看來比他談話時還精明。」

柯恩告訴賴特打算聘請李柏薇絲時，賴特很生氣，卻也沒有打算留人，因此李柏薇絲從7月1日起擔任新職。她從一開始就應付自如，而且對於獨立操作自己的四十檔股票的投資組合——操

作他們所說屬於她的部分投資組合，並不會覺得畏懼。作業部門追蹤她的績效，因為她採用他們的信仰，因此她的績效跟整體投資組合的績效不相上下。

這時，柯恩和喬已經形成習慣，會在公司每天的晨會後，到柯恩的辦公室，討論任何投資發展，判斷他們是否可能需要採取行動。他們互相簡報時，幾乎總是有些事情要討論，他們邀請李柏薇絲加入。頭幾天她相當低調，又沉默寡言，喬懷念她平常直言不諱的活力，對於她不願意發表高見，深感不解。他給了她一段時間適應，經過一個月之後，他告訴她：「妳聽著，我們可不想請個沉默的驢子做投資伙伴，我知道妳有的是想法。說出來吧！」

她嚴肅地看著他說：「好，我會的，謝謝你提醒！我一定參與！」她言行如一。

到了7月，喬邀請大喬和吉布森來紐約，希望替他們安排一個特別的週末。而且他必須承認，他心理希望略為炫耀自己新賺到的財富。他派了司機在星期五下午，到拉瓜迪亞機場（La Guardia Airport）接機，並直接送他們到四季大飯店。艾蜜莉也來跟他們一起共進晚餐，這一點意義重大，因為她跟他們從來沒有見過面。雖然他們盡興地談話，大喬卻沒有說什麼話。喬知道，艾蜜莉對這兩位在他一生中扮演極為重要角色的男人充滿好奇。星期六她也到孤樹俱樂部，跟他們一起打後九洞，還一起共進晚餐，讓他覺得非常高興，他可以察覺爸爸對她的態度越來越自在。

星期天晚上，吉布森和大喬離開後，喬告訴艾蜜莉，他非常

希望他們可以替她的家人，尤其是為她的媽媽做些事情。道斯曾經跟他一起到孤樹俱樂部，打過幾次高爾夫，艾蜜莉甚至曾經陪著他們打過一次球。

「對我媽媽來說，這樣實在是太尷尬了，她是無可救藥的老頑固。」她回答說

「這麼說，她對我的態度完全沒有改變？」

「其實沒有什麼改變，你不是她心目中的乘龍快婿，就是這麼簡單。」

「是，我知道。」喬意興闌珊地說，同時內心裡感受到一種幾近絕望、氣餒的感覺。

她握住他的手，說：「但是我的確感覺到一些軟化的跡象，坦白說，你成為成功的避險基金經理人的確有幫助。說得更白一點，你發財了，這個幫助更大。」

「如果我們生小孩呢？她會接受和愛他們，把他們當自己的孫子對待嗎？」

艾蜜莉停了整整一分鐘，才回答說：「我認為她會——只要小孩像我。但是你聽我說，不要生氣。爸爸非常以你為傲。」

「太好了，我也以他為傲，但是這樣也不能讓未來的岳母比較喜歡我……」

喬在工作上，得到一群他可以信任的券商分析師的支持。當然，石橋超額報酬基金也有自己的分析師，喬可以分派工作計畫。

他也花相當多的時間，跟他靠著打高爾夫建立起來、範圍日漸擴大的避險基金朋友閒聊。他知道自己對他們必須小心謹慎，

某一個人可能是你的朋友，但是你不能指望他不扯後腿。事實上，他也知道有很多人只要一有機會打擊他，是絕不會手軟的。這是個狗咬狗的世界。誰都希望對手買進你持有的股票，賣出你放空的股票。但是，和你同樣部位的人，尤其是那些短線進出的熱錢，其實是兩面鋒利的雙刃劍。

　　一整年裡，柯恩和喬都把他們的淨多頭部位，維持在接近零的程度。他們選股的天地裡，最高價和最有價值股票之間的價差已經縮小，但是他們仍然可以利用自己的公式判準，找到他們信心十足的多空標的。主要以網路、科技和相對低素質股的那斯達克指數無情地下跌（只有在3月初曾有一次短暫而有力的反彈），到10月初，跌勢在真正的恐慌賣壓下達到最高潮。10月9日那天，曾經一度升破5000點的那斯達克指數跌到1114點。柯恩和喬靠著自己的空頭部位，在這場自由落體運動中一路衝殺得利，隨著現有的部位到期，他們偶爾還必須加碼放空。

　　至於由常用指數代表的整體大盤，在年初時，因為大家對經濟和股票看好，曾經出現短暫的樂觀氣氛，但是到3月底，標普500指數和道瓊工業指數都急劇下跌。現在處處彌漫悲觀和沮喪的氣氛，很多人談到經濟會出現二次衰退，批評聯邦準備理事會和聯準會主席的聲浪升高，這種情況的確是正午時刻的黑暗。第一次的賣壓高峰在7月初出現，標普500指數也在此時第一次築底，隨後股市反彈到8月中，反彈幅度將近20%。然而，10月第二星期升到高峰的另一次慘跌結束了反彈，隨後的強勁反彈在12月逐漸失勢。整整一年裡，柯恩和喬都把淨多頭部位維持在接近零的程度，不曾試圖利用這種激烈波動進行交易。

到2002年結束時，根據總報酬率的方式計算，標普500指數下跌了21%，那斯達克指數下跌了32.1%。和大盤的大屠殺相比，避險基金的表現優異，但是避險基金甚至在下跌的市場中，仍然可以持續不斷賺錢的錯覺慢慢消失。避險基金股價指數創設以來，第一次出現下跌4.7%的年度跌幅——雖然若干部門，例如艱困國家與新興市場指數報出小幅的正報酬率——避險基金研究公司的避險組合基金綜合指數在扣除所有費用後，只微漲1.02%。除了放空的賣方之外，幾乎每個人都苦苦掙扎，偏空指數上漲了29.7%，但是投入這種基金的資金非常少。

　　然而，石橋超額報酬基金的表現雖然不如前兩年那麼驚人，卻還是交出了優異的年度成績單。隨著他們的多頭部位橫向盤整、空頭部位直線下跌，他們每個月都獲得正報酬率，只有11月例外。雖然也有一些他們持有的股票走勢沒按他們的預期，但是廣泛的分散投資對他們有所幫助，他們利用金額非常驚人的融資，對他們也有幫助。圖10‧2清楚說明了他們的精彩故事。

　　然而，在指數表現極為差勁，整體避險基金業的成績令人失望的這一年裡，石橋超額報酬基金淨值成長了19.1%，投資人的淨報酬為13.6%。到12月31日，石橋超額報酬基金管理的資產已經達到四十四億美元，一整年平均管理的資產規模為三十四億美元。他們計算之後，深感震驚。

　　史波肯和雷文代表的石橋公司從固定費用中，收到六千八百萬美元，公司收到的獎勵獎金（占獲利的20%）達到一億二千萬美元，其中柯恩、喬和他們的團隊會分到一半，也就是分到將近六千萬美元。總而言之，石橋公司光是靠著管理這檔基金，就賺

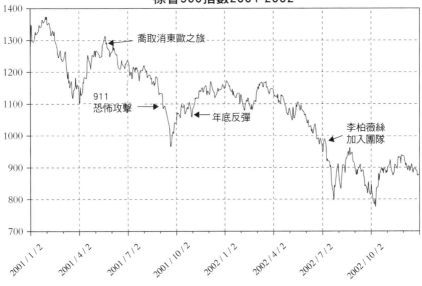

圖10．2

**石橋超額報酬基金在空頭市場異軍突起：
標普500指數2001-2002**

喬取消東歐之旅

911
恐怖攻擊

年底反彈

李柏薇絲
加入團隊

到一億八千四百萬美元。一檔規模相當的全球性大型共同基金只會向客戶收取0.5個百分點的固定管理費，差不多是收到一千七百萬美元的費用。而2002年時，當然沒有任何一檔大型基金創造13.6%的淨報酬，事實上，不管基金規模大小，沒有幾檔基金能夠創造類似的報酬。

柯恩和喬決定發給李柏薇絲三百萬美元，獎勵她為他們工作不到六個月期間的表現。他們發給兩位優秀的分析師各二百萬美元，發給表現平平的另兩位分析師各七十五萬美元，但他們會被換掉，請他們另謀高就。他們也問自己，是否應該多發一點錢給

兩位優秀的分析師，但這樣做會有寵壞他們的風險，實際上，他們的薪酬遠高於石橋公司或幾乎任何其他公司的任何一位分析師。他們發完獎金後，柯恩拍了拍喬，熱情地說：「哦，我們大約還留下五千一百五十萬美元，金額非常驚人，依我說，我們應該平分。今年又是成就非凡的一年，而且我們是好戰友。」喬沒想到柯恩會如此決定，一時不知說什麼好。他們握手時，喬的眼前一陣朦朧。

「還有件事，我們得商量商量。」柯恩神情嚴肅地對喬說：「是我們的寶貝石橋超額報酬基金替公司賺了一億八千四百萬美元，我們才拿到六千萬美元，而角落辦公室那兩位朋友卻要拿一億二千四百萬美元。這比率看來似乎有點失衡，是吧？」

喬也算過這些數字。「他們支持我們，把我們拉進這一行，但是我覺得，過去三年來，我們已經超額報答他們了。」

「我絕對同意！不是我貪心，我也知道自己報酬不少，算是很走運，但是現在的狀況不同了，我們要是自立門戶，絕對可以輕易地帶走一半的資金。」

「對，但是自創基金的行政工作會累死人。我們必須聘用營運人員、交易員、配合執行法規和客戶服務人員，這樣會變成噩夢一場。然後還有各種法律程序，像是到證管會登記之類的，還要募集資金，整個過程也得折騰四到六個月，這樣會害我們無法專心在投資方面。」

「我們可以找一位真正能力高強的營運長，由他負責雇用員工，找律師替我們安排。」柯恩回答說。

「誰要負責跟客戶聯絡呢？他們是對石橋公司忠心耿耿，還是

對我們忠誠？史波肯一定會控告我們，我們必須辭職離開公司，我們在創立基金期間，要做什麼事呢？」

「客戶只對績效忠心耿耿，但是你說的對，這樣做會令人非常厭煩，但是我們至少應該跟公司要求比較好的合約。」

喬和柯恩要求與兩位合夥人面談。他們走進史波肯的會議室時，喬驚訝地注意到會議室又重新裝潢了，現在走的是頂級名人俱樂部風格，氣氛很像布魯克俱樂部（Brook）之類的——皮椅舒服得像是要把人吸進去似的，還有很多謝拉頓（Sheraton）和海波懷特（Hepplewhite）設計製造的英式家具。

「我早就在想，你們這兩匹狼還要多久才會撲上來咬我們的腳跟。」史波肯生氣地說：「不要用數字浪費我們的時間，我們很清楚數字，我不喜歡討價還價，我們把費用結構提高為2加25%，我們會把利潤的70%、而不是50%交給你們，也從固定費用中提撥25%給你們。」

「少來了！」喬幾近憤怒地說：「你很清楚，我們在害死人的空頭市場期間，不能這樣提高費用！我們的地位還不夠穩固，如果我們隨後犯了錯誤，這樣做等於自殺。」

「你說對了。」史波肯說：「貪心……卻很正確。」

「驕傲在敗壞以先，狂心在跌倒之前。」雷文喃喃說著。

「少來了！」柯恩說：「我在荒野漂泊這麼久之後，已經沒有高傲的心，你們兩個才是貪心的人。我們不要浪費時間了，把70%的利潤發給我們，固定費用結構維持不變，否則我們就走路。」

「是我們幫助你們兩個破落戶翻身，而你們現在想從我們的口袋裡掏錢。」史波肯咆哮著說：「現在馬上給我滾出去，我過幾天再回覆你們。」

　　兩天之後有了答案，結果當然是接受他們的提案。無論如何，石橋超額報酬基金真的是石橋公司還能繼續運轉的唯一引擎。對公司來說，失去這檔基金一定會變成重大災難。

　　新年伊始，喬發現了兩件事——一件好、一件壞。首先，對他來說，2002 年是美好的投資年度，他現在已經變成富人，大家認為他是避險基金天地中閃閃發亮的新星，他喜歡變成富人，也喜歡受到大家尊敬。連續創造三年優異績效後，現在沒有人能夠說他只是曇花一現。此外，他現在對自己的投資終於建立了真正的信心。

　　喬決定好好利用他的新財富。他給了家人更多的鈔票，還捐出六萬五千美元，為大頸鎮高中足球場裝設新的燈光設備。吉布森、大喬和新任首席教練希望他回到故鄉，在新球季的第一場球賽前，親自到場為球場開燈。當地的《大頸鎮新聞》週刊刊出一篇文章，報導他的捐贈，也報導他怎麼在大都市裡功成名就。但是這種吹捧多少讓他覺得不安。他把開燈儀式的事情告訴艾蜜莉時，她非常想去參加。「我希望看看你成長的地方，看看你的小鎮，對你來說，那裡是你生命中極為重要的一部分。」

　　他嚇壞了，她會怎麼想？大頸鎮的人會怎麼想？他編出受邀參加翼腳俱樂部（Winged Foot）的會員球賽的藉口，告訴吉布森和大喬他無法回去，他們非常失望，艾蜜莉也真的生氣了。

「什麼！你以我為恥嗎？怕你所有的高中朋友會認為你已經被格林尼治同化了嗎？」

他試圖把這種說法當成笑話。

「我說你沒有資格怪我媽，因為你幾乎跟她一樣壞。」

他沒有理會這種話。

第二件事情是：2002年對艾蜜莉和他來說，不是很好的一年。他承認自己已經變成工作狂和高爾夫球狂，他的心思都在寶貝石橋超額報酬投資組合上，無法自拔，而她又是需索無度的情婦。艾蜜莉不是乏味的女人，也沒有讓人討厭的朋友。然而，如果你不時常陪伴她、關心她，對她表示她所需要的尊重，她馬上就會無情地懲罰你。而投資組合的起起落落，股價的震盪走勢，在在都吸引著他，讓他感到無限的興趣。

避險基金投資是最為刺激的競爭，外界會記錄競爭者的得分，這是跟所有其他從業人員，從事攸關生死的競爭。喬現在要花極多的時間閱讀、思考、討論投資和股票，以至於他意識到，自己其他的知性生活已經變成一片空白。他也承認雖然他可能有興趣跟另一位投資專家討論，跟擁有各種興趣的一般正常人談話，他卻已經變成有點偏狹又讓人討厭的人。而實際情況可能還更嚴重——變成十分淺薄，又讓人討厭的人。

這一切的後果是他和艾蜜莉之間越來越無話可談。他甚至偶爾會害怕和她單獨出去吃飯，因為他們會像老夫老妻一樣坐在餐廳裡，瞪著牆壁，無話可說。當他們跟她的朋友一起出去時，他知道他們覺得他難以交流，而且事實上，他也覺得那些人很無趣。

為了跟艾蜜莉重修舊好，他設法靠著購物——或者應該說靠

著他的私人購物助理代勞。他買了價值八萬五千美元的古董江詩丹頓手錶。雖然他把手錶掛在她手腕上時，她似乎很感動，但後來他卻注意到她幾乎不戴這隻手錶。

「對哥倫比亞大學的人來說，這隻手錶太花悄了。」她告訴他：「那裡的人會認為我是別人包養的女人。」

還有一種相反的社交狀況。現在他和艾蜜莉偶爾會在星期五或星期六晚上，受邀到俱樂部或某位避險基金業者的家裡聚餐。這種聚會艾蜜莉很不喜歡，她直截了當地表示，她發現這種社交場合裡，餐桌上的話題不是跟投資和高爾夫有關，就是無休無止的胡說八道，她覺得這種談話極為無聊。

「我不知道還有什麼比這更無聊。」有一次她對喬說：「不是一桿又一桿地敘述在第十四洞打球的情況，就是熱烈辯論蘋果公司的第三季獲利會不會讓人失望。」

另一方面，她不是開著賓士休旅車的足球媽媽，因此與避險基金業者青春年少的太太們也找不到共同語言，因為她們都是以婚姻為事業，力爭上游。在聚會上，她們露出皮膚光滑的古銅色手臂，戴著閃閃發亮的珠寶、滿口媽媽經。而她則是把全副精神，放在外交關係協會的工作和哥倫比亞大學的學業上，她對歷史和地緣政治主題感興趣。這些東西，都不是喬和他社交圈裡的人會感興趣的。艾蜜莉和喬知道，他們一起相處的時間越來越少，他們的性生活質量也開始惡化。

喬沉迷高爾夫，是他們關係惡化的另一個問題，他知道他已經得了高爾夫強迫症。他的差點緩慢而穩定地下降，已經穩固地降到四點。史波肯介紹他認識了不少以從事投資行業為主的高爾

夫好手。喬心目中完美的週末是：早晨去公寓裡的健身房運動，淋浴後，再搭車前往孤樹俱樂部或其他俱樂部，路上他可以看看報紙，在俱樂部練練球，跟另外三位投資圈人士打十八洞，賭點錢。他深愛孤樹俱樂部，這是他參加的第一個俱樂部，他非常以此為傲。這裡的裝潢不誇張，卻絕對豪華，服務無可挑剔。打完球後，喬坐在貼著橡木壁板的酒吧裡，跟大家閒聊投資話題，多麼愜意。這時，他覺得自己很富有，並且找到一種歸屬感。

他還有一件困擾的事，那就是李柏薇絲。自從他認識艾蜜莉後，他就不曾對其他女性懷著非分之想。但現在卻發現自己盯著性格堅毅、個性潑辣、活力十足的李柏薇絲，甚至想像她在床上的樣子。他知道她偶爾會跟某些男人出去，卻認為她覺得那些男人不夠聰明，只是個伴而已。喬喜歡她的熱情，也喜歡她在討論投資中挑戰他的樣子，而且他們之間的談話總是那麼饒富趣味。現在他們晚上偶爾會到戴爾摩尼科餐廳（Delmonico's）去，喝一杯酒，然後回家。他仍然愛著艾蜜莉，但是他們之間好像出了什麼問題。還是，這只是他庸人自擾？或許，另有其他原因讓他分心。

Chapter 11

避險基金金童

昔日的無名小卒一鳴驚人打進大聯盟。他成了創造優異績效的避險基金金童，資深投資專家網羅的新秀，是金融菁英的圈內人。

隨著時間過去，柯恩和喬的傑出表現變得更廣為人知，財經媒體也終於發現了他們。媒體真正注意到他們，始於哥倫比亞大學商學所邀請柯恩演講。那是在葛拉罕和陶德的經典傑作《證券分析》——大家公認的價值投資聖經——出版七十週年紀念會上，發表公開演說。葛拉罕曾經在哥倫比亞大學授課，陶德曾經擔任哥倫比亞大學商學所所長。此外，他們最有名的高徒，「股神」巴菲特也畢業於哥倫比亞大學，事實上，十九年前，巴菲特曾經在這本書出版五十週年紀念大會上，發表著名的演說〈葛拉罕與陶德村莊裡的超級投資專家〉，這篇演說直接攻擊和否定所謂的「隨機漫步理論」與「效率市場」假說。

由普林斯頓大學教授波頓・墨基爾（Burton Malkiel）領軍的效率市場假說信徒主張：凡是績效持續打敗大盤的人，跟投擲

錢幣的人或對著報紙證券板投擲飛鏢的幸運猴子沒有兩樣。麥克‧顏森（Michael Jensen）在這場著名的年度辯論中，代表隨機漫步信徒說話，他說如果有夠多的人投擲錢幣，其中有些人會一再地投出正面，因為隨機性就是這樣發揮的。接著巴菲特站起來，反駁這種說法雖然可能言之成理，但如果所有成功投出正面的投擲者都出身同一城鎮，而且信仰相同，那麼連續投出正面應該不屬於隨機性質。接著他提出九位偉大價值型投資專家的記錄，所有的這些專家都出身他所說的葛拉罕陶德村。

　　哥倫比亞商學所很重視本身是價值型投資起源地，也是價值型投資溫床的想法。現任所長對於新一代的價值型投資專家利用電腦運算，從科技股泡沫狂潮的灰燼中崛起的事蹟，深感興趣。所長雖然知道投資大師巴菲特對電腦技客保持懷疑的態度，卻在2003年中，邀請柯恩到該所的年度投資論壇上演說。柯恩受寵若驚地接受邀請。

　　「這幾乎就像獲得榮譽學位一樣。」他告訴喬：「從某方面來說，等於為我平反了這麼多年來，成長股投資專家攻擊我的所有廢話和誹謗。」

　　「這是意義重大的邀請。」喬說。「我們會把你的演講內容發送給所有客戶。」

　　柯恩花了好幾個星期，準備演講稿，結果證明他的演講極為成功。從法律觀點來看，他絕對不能提到他們的績效，或是表現出促銷石橋超額報酬基金的樣子，但是他還是有很大的空間可以發揮。雖然他沒有揭露他們的模式和運算法的細節，或是透露不同因素的實際權數，他卻用簡單的說法，說明了他們的做法。

請注意，這些模型不是祕密建構的東西，反而比較像是思慮周密、依賴直覺、有系統地選股和建構投資組合的方法。我們承認在知識方面，我們要感謝AQR資本管理公司（AQR Capital Management）的克里夫・艾斯尼斯（Cliff Asness）和實證研究公司（Empirical Research）的麥克・高德斯坦（Michael Goldstein），他們兩位都是偉大的思想家，對系統價值型投資法有獨到的見解。

　　我們——我的合夥人喬・希爾和我——認為這些方法是優異的長期投資策略（持有低價、品質優良、業績正在好轉的公司，放空相反的公司）。多年來，這種策略能夠產生成效，是因為大家會出現正好相反的行為偏誤。我們認為很多這一類的效應會發生，是起源於大家最常稱之為「行為財務學」的因素，行為財務學包括投資人的一系列偏誤，這些偏誤加總起來，會影響股價。我們的做法是有系統地從這些偏誤中追求利潤。例如，我們賭魅力十足的股票會繼續獲得遠高於實際狀況的本益比，反之亦然（這是其中的價值因素），我們也認定盈餘品質較差的公司會繼續欺騙若干投資人，投資人喜歡購買最近有動能的股票，喜歡賣出最近沒有什麼動能的股票。我要提出一些有力的證據，證明這種偏誤仍然安然無恙，也證明我們可以利用我們所說的價值型價差，衡量這種偏誤。

　　柯恩的演說大受歡迎，他也喜歡在隨後酒會中，跟重量級學術人物交換心得。

　　隨後的幾個月裡，喬接受著名財經雜誌《霸榮週刊》的專訪，

也接受電視節目《韋林愛談天》（*Welling at Weeden*）主持人凱特‧韋林（Kate Welling）的專訪。兩篇專訪的開場白都強調他出身亞歷桑納州聯邦大學，強調他的美式足球生涯，以及他在格蘭特一路從內勤工作做起，力爭上游的事蹟。《霸榮週刊》的報導是這一週的封面故事，而且取名為〈新星誕生〉。這些專訪刊出後，國家廣播公司商業台和彭博電視台開始打電話來，邀請他上節目。他是與眾不同的華爾街避險基金新人，沒有上過著名大學，也並非畢業於哈佛商學所，媒體喜歡這種英雄不怕出身低的故事。

一夕之間，喬成了名人，號稱「好小子」——昔日的無名小卒一鳴驚人打進大聯盟。他成了創造優異績效的避險基金金童，資深投資專家網羅的新秀，是金融菁英的圈內人。這種故事是能夠造成轟動的素材，他參加投資人會議時，察覺到有人看著他。「那就是他，」投資人會低聲地說：「那就是他，就是好小子喬‧希爾。」

石橋超額報酬基金操作的成果，加上圍繞在四周的名聲，的確提高了量化價值型投資的知名度。渴望致富的量化投資新秀紛紛崛起，他們開始聽到不少新基金創立的消息。

6月初的某一個下午，柯恩、喬和李柏薇絲坐在喬的辦公室裡閒聊，雷文走了進來。他們覺得很驚訝，因為他難得走動，這次他顯得相當友善，卻像平常一樣，一臉嚴肅。

「你們把量化價值型投資表現極為優異的事情告訴大家，你們確定自己這樣做是明智之舉嗎？」

「希望是吧。」喬心中一凜，答道：「我們希望大家知道，我們信守量化價值型投資理念。當然，我們也希望藉此獲得更多的

尊敬和認可。」

「對，」柯恩說：「我們的客戶似乎喜歡這種名聲。」

「就我所知，已經有很多新基金創立，還吸納了不少資金。」雷文說。

「我們認為，我們可以輕易地再多管理幾十億美元的資金，流動性還沒有變成問題。」

「也許吧。」雷文若有所思地回答。

「模仿是最誠摯的讚美。」柯恩說。

「對，但是模仿者會跟你們競爭。依我看，你們的天地裡出現了新的風險因素，就是你們自己。任何人都可以像你們一樣，利用資料採礦的方法，而你們甚至連自己怎麼做都教給他們了。」

「我們的優勢不是什麼獨家擁有的資料庫或電腦模式，而是我們在解讀和調整資料方面經驗豐富，又具有判斷力。」

「但願如此！那麼，依你們看，最近擁有良好動能的低價股會繼續打敗高價股嗎？」

「會，至少大部分的時間裡會這樣。」喬信心十足地回答。

「耶穌的登山寶訓說，規模是績效的死敵。」雷文回答說。

「我們還沒有走到這種地步。難道你不想再多弄個二、三十億來管理操作嗎？」柯恩問他。

「艾斯尼斯說過，策略初次出爐，大家還沒有廣泛採用前，經常會創造超額報酬率，然後慢慢地會變成創造系統性風險溢酬，或者是在長久之後，至少會發展出一種『外來的系統性風險溢酬』因素。」雷文若有所思地看著他們說：「多年來，在我們這一行裡，我可是看過很多人因為過度曝光而死亡。」

雷文離開後，柯恩發表看法：「他說的話有點嚇人，這回他不是像平常一樣，告訴我們一些文學上的屁話而已，他是非常精明的人，或許我們應該暫時保持低調。」

2003年6月下旬，強納生‧裴洛（Jonathan Perot）邀請喬和艾蜜莉，到格林尼治參加晚餐聚會。裴洛是強悍、精明又非常富有的人，喬很想見識一下他的豪宅與他的生活方式。裴洛也是孤樹俱樂部的會員，大概跟喬一起打過五、六次高爾夫。他靠著健保避險基金賺到大錢，在娶了個性活潑的新嬌妻前，大家都叫他強或小強。幾個月前，喬參加避險基金研討會的晚宴時，曾經坐在第二任裴洛夫人旁邊，對她很感驚訝與好奇。她說話滔滔不絕，他津津有味地聽著她訴說包括他們的新房子占地多少坪，她在芝加哥長大，曾經當過空中小姐。他也聽說他們有兩個小孩，一位叫做約書亞，一位叫布利塔尼。他們家裡請了三位佣人，其中一位是法籍男管家，接電話時會說「Bon soir」（法語晚安）。

她告訴喬：「當富人的代價極為高昂。」事後喬回想起來，不知道她這種說法是明確的見解，還是無意義的說法。

她也對喬透露，她現在是哈法一族，她和裴洛在巴黎有一棟臨時居所。「在這個高傲的城市裡，這樣有點階級的味道，你不覺得嗎？」她問他時，天真地轉動著眼珠子。

為了參加這次晚宴，喬安排了一輛車子，先到市區接艾蜜莉，然後再到孤樹俱樂部，接打完高爾夫的他。車子開在格林尼治蜿蜒的道路上，道路籠罩在6月傍晚的仲夏景色中。

裴洛住在克拉柏嶺路（Clapboard Ridge Road）上，臨街都

是優雅的老宅，彼此相隔約一百公尺左右。每棟房子都很大又堅固，望上去非常氣派。熟習自己故鄉格林尼治的艾蜜莉告訴喬，這裡是占地二千五百坪的住宅區，也是高級資產階級住的地方。

「他的家位在非常高級的地段。」艾蜜莉告訴他：「真是等不及要看他的氣派豪宅。」

克拉柏嶺路一百四十八號的車道跟他們經過的其他房子不同，由濃密的樹籬圍著，從路上看不到房子。他們轉彎開上比利時區的車道，開了好幾百公尺，突然間眼前出現一大片草地，有三匹駿馬在上面悠閒地吃草。他們可以看到一座燈光已經點亮的網球場、一座似乎兼充穀倉和馬廄的大型石造建築、一座長形的游泳池，和一棟精美的池邊小屋。遠處可以看到一座宏偉的大宅，有大片窗戶和漂亮的石造莊園，旁邊還附設了一座占地廣大的停車區。

「哦，」艾蜜莉說：「我媽媽總是說，格林尼治財富的真正標誌是擁有一條長車道。你的朋友在這裡至少擁有十五英畝（六公頃）的土地，這一帶每英畝土地的價格大約是二百萬美元。」

「妳一定是在開玩笑，這麼說來，裴洛持有的土地價值可能就達到三千萬美元。」

「這樣真是瘋狂！」艾蜜莉說：「十分瘋狂！」

「我敢說在這個城市裡，土地一直是非常好的投資，格林尼治是成功的避險基金業者嚮往居住的地區。土地是分散投資的一環，是對抗通貨膨脹的東西，是實質而不只是帳面數字的財產。我總是希望擁有土地，擁有自己可以在上面散步和耕種的土地。」

現在——在電光石火之間——他突然想起維吉尼亞州，想起

他跟吉布森漫步在河邊那片肥沃芬芳的黑土地上，想起春天的玉米嫩苗——小小顆、淡綠色、葉子狹長的植物——天氣溫和的時候，不出幾天就會從脆弱的莖中突然發出新芽來。

「這裡不是維吉尼亞州或愛荷華州，這裡的泥土是沙質土，土中混雜了小石頭，在格林尼治的土地上，唯一能長的東西是不動產稅而已。」艾蜜莉有點不屑地地訴喬。

「還有鈔票！我想我看到的可能是幾個高爾夫球球洞？」覺得眼花的喬說。他說對了，他們可以看到馬廄和馬場後面，有兩個標準桿四桿的球洞，還有一個標準桿三桿的球洞。

這座豪宅主建築的入口門廊高高拱起，連接大教堂式的天花板，一座盤旋而上的扶梯是凡爾賽宮一座扶梯的複製品。在一張漂亮的橡木桌子上，一個鍍金的水晶瑪瑙花瓶中插了一些高高聳起的鮮花。他們可以聽到別人談話的嗡嗡聲，一會兒，身材高挑、優雅的女服務生托著銀盤上前，送上香檳和夏多內。

過沒多久，裴洛現身跟他們打招呼，他長得高高大大、面貌英俊，穿著上面兩個扣子沒有扣的絲質襯衫和淺色的休閒褲，腳上穿著附有流蘇的便鞋，沒有穿襪子。他的臉孔是中西部人那種坦率的臉孔，讓你覺得好似一眼即能看穿他。他也極為健談。帶點世故又有個人風格的思想和見地從他口中，以意識流的形態流瀉出來，讓人消除戒心，又非常吸引人。他大約四十五歲，喬喜歡他，他在艾蜜莉的臉頰上親了一下。

「終於見到妳了，實在太高興了！喬是我所認識最聰明的投資專家。妳在格林尼治長大的吧？」他說。

「沒錯。」艾蜜莉說：「你的豪宅十分壯觀，窗外景色極為優

美，我可以請教一下你擁有多少土地嗎？」

裴洛眉開眼笑地看著她說：「七‧三公頃，四年前，我花了二千五百萬美元買這塊地，現在的價值至少有三千五百萬——希望是這樣，因為我可背了極為龐大的貸款。」

「我好想參觀一下你的房子。」

「當然沒問題！房子面積一共有五百零五坪。」他顯然十分愉快地說：「我以這棟房子為傲，哦，我在克里夫蘭的兩房公寓中長大，從來不敢夢想自己會擁有像這樣的地方。『我的南希』找了一位非常好的裝潢專家，我藉重她的獨特品味來打點這一切，你們想不到吧？她負責挑選藝術品、壁紙和畫作，包括藝術品在內，只花了我五百萬美元，我甚至還沒有買任何重要的東西。」

裴洛像狗甩掉身上的水一樣搖搖頭，說：「我們不像哈蒙（Harmon）或裴特洛斯基（Petrowski）的豪宅那樣，用引人注目或炫耀財富的方式裝潢，這兩個人讓我討厭，總是在吹噓自己的房子、吹噓自己多重要、擁有多少特別的玩具。他們在下意識裡暗示說，如果你擁有非常大的房子，你就有非常大的老二。我跟他們一樣富有，卻不會炫富。」

艾蜜莉再也忍不住了，開口就說：「我看過一本跟羅斯福和所謂鍍金時代有關的傳記，羅斯福說，嫉妒和傲慢是一塊黑水晶的兩個對立面。」

裴洛疑惑地看著她說：「黑水晶？意思是什麼，聽來似乎不太好。」他停了一下，又繼續說：「樓下的遊戲區我就不帶你們去了，不過那裡很棒，有壁球場、室內游泳池——我們種了迷你棕櫚樹和裝了一座人工瀑布，還有一間遊戲室，地板和牆壁都加

了墊子，小孩可以在裡面踢足球、打美式足球或長曲棍球。」

「哇！」喬說：「聽起來真棒。」

「是很棒，維護費卻貴得要死。」裴洛回答說：「我只能祈禱我的兩個小兒子不要愛上冰上曲棍球，否則我就得蓋一座室內滑冰場。」說著他哈哈大笑。「孩子要是善於運動，尤其是善於玩壁球之類的貴族運動，對將來申請進入長春藤大學很有幫助。我跟我前妻的孩子可沒享受到這種優勢。我們只能協助他們做功課，他們最後上了康乃迪克大學和內布拉斯加大學。但是『我的南希』已經下定決心，我們的小男孩必須上長春藤大學。我現在拚命地賺錢，就是為了以後給某個大學捐贈一棟建築物，好讓我的小孩進去念書。你上什麼學校？」他問艾蜜莉。

「普林斯頓。」

「普林斯頓！我的天啊，普林斯頓！要是我能夠把小孩弄進普林斯頓，我願意捐給他們一棟新的科學大樓。如果我們的一個小孩上普林斯頓，『我的南希』一定會樂翻了。妳上哪一所預校？」

「霍奇克斯（Hotchkiss）。」

裴洛凝視著她，臉上敬畏的表情只有一部分是裝出來的。「妳竟然跟這位維吉尼亞州農業地區出生的鄉巴佬在一起，他差一點就被亞歷桑納的大學當掉，不是嗎？」他開玩笑地拍拍喬。

「我是靠他們的多元入學方案，才進霍奇克斯和普林斯頓的。」艾蜜莉告訴他：「我們格林尼治的女孩是瀕臨滅絕的稀有物種。」

「對，對。」裴洛漠不關心地說著，帶著他們經過一座圖書室，圖書室鑲著古董木板條，擺了一些堆滿書籍的書架，其中有些書還放在已經磨舊了的防塵書套中，書籍的擺放有點混亂，似

乎是有人看過。

「喔，」裴洛說：「看到那裡的書了沒？裝潢師傅從別人的遺產中，買了一整套二十世紀美國的古典小說，我有費茲傑羅、海明威、福克納、詹姆斯‧瓊斯和羅伯‧華倫最好的小說——全都是第一版的書。哦，這些書裝在防塵書套中值錢多了。我打算以後找些時間來讀一讀。」他的笑聲有點害羞。

他們走在一條長長的走廊上，走廊的一邊擺的顯然是美國的藝術傑作，另一面牆上掛的是威尼斯掛氈，然後他們走進一間挑高大客廳，裡面已經聚了三十個人，像參加雞尾酒會一樣，三五成群，熱烈地談天。

「這個客廳，」裴洛帶著有點不好意思的笑容告訴他們：「是跟綠廳幾乎一模一樣的複製品。哦，綠廳是美國駐倫敦大使館的主要接待處，是安德魯‧梅隆（Andrew Mellon）親自在1928年委託興建，由一位叫做威廉‧海恩斯（William Haines）的人設計的，這些是裝潢師傅告訴我們的事情。這裡的裝潢屬於中國風，也就是運用淡綠色的家具、上過蠟的松木護板和實木複合地板。」

「看到那邊的壁紙了沒？」裴洛說：「那是十八世紀的手繪壁紙。走近一看就會看到在翡翠綠色的背景上，畫了粉紅色的牡丹花、鳥類和蝴蝶。」

他做了個鬼臉說：「實際上，這一切都是鬼扯，小孩討厭這個房間，因為大部分的時間，我們都用塑膠布，把所有的精美裝潢蓋起來。我們從來沒有在這裡坐過。」

艾蜜莉表示同意。這個房間非常漂亮、十分動人，且品味獨特，沒有太多的銅臭味，但總顯得缺乏一種親切感，散發著不歡

迎有人住進去的氣味。

「我發現你有幾匹馬、有馬廄和馬場，你的家人一定很喜歡騎馬吧？」艾蜜莉沒話找話般地問道。

裴洛做了一個鬼臉，說：「唉，我的天哪，真是鬧劇一場，我和第一任妻子生的大女兒派蒂在她媽媽和我分手後，迷上了騎馬。我們的精神科醫師說，這是她對離婚的反應，我當然覺得非常難過，十分內疚！我以前從來沒有騎過什麼東西……除了摩托車之外，但是為了派蒂，我開始學騎馬。結果真是一場災難，我不喜歡騎馬，心裡很害怕，還因此占用了我打高爾夫的時間。某次學跳躍障礙時，我還摔下來傷到了背。」

他搖搖頭，顯然等待他們的回應，喬不知道該說什麼，裴洛繼續抑制不住地誇誇其談。

「我們裝潢這棟房子時，我蓋了馬廄、馬場和全部應該有的東西。我買了幾匹展示馬，每匹要價五十萬美元，替派蒂請了一位馬術教練。然後派蒂十七歲後的某一天，心思轉到了男孩子身上，到現在已經一年多沒騎馬了，還說她沒興趣騎馬了。這可好，我要怎麼處理我弄來的所有跟馬有關的狗屎，尤其是該怎麼處理這些馬兒？請原諒我說粗話。這些馬是昂貴的玩物，我得付獸醫的費用，還得讓馬運動。這些馬跟你付出太高價格買來的差勁畫作不同，因為你可以把差勁的畫掛在臥室的牆上。」

這場家庭悲劇讓喬和艾蜜莉無話可說，最後喬終於開口說：「把馬賣掉，叫馬夫走路，你知道該怎麼做，就像股票一樣，要懂得停損。」

「這真是一場慘劇。」裴洛繼續說：「我學騎馬時，我的高爾

夫差點從十一點降到十六點。來，我希望你們見見『我的南希』。」喬心裡想，她是否會叫他「我的強納生」呢，他多少有點懷疑。

「我的南希」顯然不知道他們是誰——雖然她見過喬——而且她顯然只想跟另一對夫婦談天。她關心的問題似乎是在今年9月，怎麼把兒子送進勵進戴伊中學（Regional Day）的幼稚園。裴洛在片刻之內，就被其他客人拉走。喬和艾蜜莉信步走上石板露台，坐在擋土牆上，在柔和卻平靜的傍晚陽光下，喝著夏多內。宴會上皮膚光滑、穿著鮮豔服裝的女性帶著熱切卻泰然的表情，手裡拿著葡萄酒杯，周旋在意態閒適、穿著卻很時髦的男性之間。綠色的草坪緩緩向下延伸，一直到小河邊為止，河邊是一排茁壯的櫻桃樹。

「這些人都長得很好看。」艾蜜莉簡潔地評論說：「看來全都好像十分愛上健身房。」

喬在眾多來賓中，看到幾位認識的避險基金業者，艾蜜莉卻一個也不認得。

「我離開格林尼治已經有一陣子了，但是因為我在這裡長大，我認為我應該會看到我認識的人。」艾蜜莉對喬說：「顯然這是不同的社交圈！」

「然而，上勵進戴伊中學似乎是每一個人都牽掛的事情。」喬諷刺地說：「妳是不是也從那畢業的？」

「不是！爸爸是格林尼治學校的受託人，不論是對是錯——我認識的每一個人都上勵進戴伊中學或格林尼治中學。」她瞟著喬說：「現在這些學校都決心推動多元入學。如果我們有小孩，格林尼治的學校會競相爭取他們入學，社交名媛和明星黑人避險基

金經理人漂亮的子女，還有比他們更好的招生對象嗎？」

晚宴時，喬和艾蜜莉分開來坐，喬坐在一位阿根廷女性和裴洛家庭網球教練的太太之間。這位阿根廷女性身材修長、一頭黑髮，有著白晰、漂亮、帶點空靈味道的臉孔。她往椅背靠時，散發出慵懶的性感。喬猜她大概三十多歲。

「你一個人來的嗎？」她問道。

「不是，我的女朋友坐在那邊。」

「哪一位？指給我看。」喬指著艾蜜莉給她看。

「啊，你的愛人是長春藤盟校大學的畢業生，裴洛告訴我，她上的是普林斯頓大學，真好！」

然後她開始逼問他是什麼人、做什麼行業、有多少錢。她的追問毫無顧忌，單刀直入，相當巧妙。喬覺得很有趣，甚至開始享受起她的逼問。然後他反過來質問她。她單獨一個人來參加這場晚宴，是「南希的裝潢專家之一」。

「這棟豪宅的裝潢不但講究，也十分徹底。」她低聲說道。喬報以微笑，卻心生警惕，開始覺得她非常厲害，但跟自己道不同、不相為謀。

吃頭兩道菜時，他們就這樣一直交談。餐盤撤走後，裴洛站了起來，謝謝大家光臨，要求大家跟他們夫婦一起到客廳，去觀賞「大魔術師」的表演。

二十分鐘後，喬站在群眾中，看著魔術師表演，那位阿根廷女性走近，在他身後輕聲說話。

「這是我的名片，要是你想裝潢房子，打電話給我。」說罷便飄走了。

艾蜜莉走了過來，用不算小的力量，賞了他小腿一腳。「讓我看看那張名片！」她看著名片說：「她是無恥的蕩婦，不是裝潢專家，帥哥，她是你的禁區。」

　　那天晚上，他躺在他們租來的上東城公寓裡時，想到在裴洛豪宅參加晚宴的事情，尤其是想到他的晚宴女伴有趣的逼問。她蒼白卻空靈的臉孔、高瘦白皙的身體都相當誘人。他想到，他真正了解和有親密關係的女人，其實只有艾蜜莉一人。他是不是錯過了什麼？難道他從情感和身體都不成熟嗎？

Chapter 12

不土豪，哪算成功

在避險基金天地裡，豪華大宅是你用來炫耀的東西。如果買個普通
的房子，別人會認為我沒有賺到大錢。

　　一週過後，喬帶艾蜜莉到柏納丁餐廳（Le Bernardin）吃晚
餐。他們兩個現在對餐廳和吃的東西都相當挑剔，這家餐廳是他
們的最愛之一。吃這頓晚餐的緣由是他們的公寓租約即將到期，
他們知道有些事必須好好討論一下。自從在格林尼治認識艾蜜莉
那晚後，喬就一直思考這些問題和兩個人的未來。而裴洛家的晚
宴促使他下定決心，做出決定。

　　他們點了兩客柏納丁餐廳最有名的生魚套餐，也叫了一瓶很
好的夏多內。喬的身體靠向椅背，一邊感受餐廳豪華高貴的氛
圍，一邊享受著美酒。他看著艾蜜莉，自己多麼愛她、在乎她，
為什麼自己居然還會想到李柏薇絲，想到那位愛出風頭的阿根廷
女裝潢專家？

　　突然間，喬似乎毫無來由地脫口說：「艾蜜莉，我希望我們

結婚、生小孩、搬到格林尼治去。妳覺得如何？」

她深情地望著他。「我的回答很簡短、卻很甜蜜。好、好、好。」她開心地笑著說：「這三件事我都準備好了。順便說一句，你是該問這個問題了！」

那天晚上，他們都在討論他們的未來。艾蜜莉精神煥發，眼睛閃閃發亮，她說，婚禮應該在格林尼治舉行，規模要小，只限近親，也就是家人參加。她希望在教堂舉行儀式，但是不要伴娘和伴郎，沒有排場，也不要鋪張。婚禮之後她的家人可以發一份印刷好的結婚啟事。她媽媽當然不會歡喜，但至少比他們在紐約舉行完全私人的婚禮，用既成事實告訴她好。

「我不是總是夢想盛大的婚禮，再舉行連串婚宴的女孩。」她告訴他：「此外，我們現在這樣做會顯得虛偽，畢竟每個人都知道我們已經同居超過三年了。」

「妳確定嗎？」他問。

「我絕對確定，但是你父母親要怎麼處理？」

「我知道，這是問題，我們必須設法安排他們參加，或許妳爸爸、大喬和我要在同一天打一場高爾夫，然後一起共進晚餐。」

「絕對有必要這樣做。」她告訴他。「接待會的規模要大一點，不能只有家人和近親參加，還要有我們希望邀請的朋友來參加。光是想到這件事，我就十分興奮，接待會一定會變成慶祝會！」

她繼續說，她對生小孩的想法十分興奮，也認為她應該繼續在外交關係協會工作，但是應該轉成兼職。他們兩都很清楚，他們現在的財富已非常可觀，做這種決定時，可以不必考慮經濟問題，逕自做決定。

隨後的幾星期裡，他們在一起的每一刻，都忙著討論婚禮和搬到格林尼治的事情。這種討論讓他們的關係重新恢復活力。然而喬確定自己願意每天花很多時間通勤嗎？通勤能夠配合他的工作時間表嗎？他確定自己想跟她的家人一起住在同一個城市嗎？

　　對，我確定要這麼做，他心想。別人告訴他，實際上，你在火車上可以不受打擾的閱讀時間，比包括在辦公室在內的任何地方都多多了，而且要趕特定火車班次的限制，會強迫你在合理的時間下班。通勤甚至可以改善他的工作時間表，更何況如果大都會北方鐵路太慢的話，他總是可以找到一部車和司機。

　　她不放心地追問他，是否確定自己真的願意跟她的家人住在同一個城市裡。

　　「說到格林尼治，這可是一個相當大的市鎮，是個多元化的地方。」他以有點迴避問題的方式告訴她。「實際上，那裡有幾百家避險基金，有一個笑話說，格林尼治的車速限制是二加二十。我們又不是跟妳的家人住在同一個屋簷下，也不是週末只能去綠地鄉村俱樂部。」

　　「這倒是真的。」她說：「實際上，我們在格林尼治認識的人，遠比我們在紐約認識的人多，不只是我，你也認識一群踢美式足球的朋友。喂，說不定你靠自己就可以加入綠地俱樂部。」

　　「大概吧，妳爸爸告訴我說，有些避險基金暴發戶住在大房子裡，靠砸錢擠進俱樂部，相當令人厭惡。」

　　「說到住，」她問道：「你對我們要住的房子和家有什麼想法？」

　　「哦，我想了很多，首先，我完全無意住在狹窄的首購屋裡。

我們必須找一間又大又漂亮的房子，要有很多房間才能讓小孩、保姆和狗一起住。我還希望我們住的超大主臥房擁有像樣的衛浴設備，而且我也希望擁有土地。」

「喬，這樣很瘋狂，我們應該先住比較普通的房子，看看格林尼治是否適合我們。」

「我們要讓格林尼治適合我們。我很確定，我不希望在紐約市過活和撫養子女。我在想，照今年的情勢發展來看，我至少會有四千萬美元的財產，將來還會更多。我過去對自己的投資能力沒有信心，但是現在我相信我已經找到信心，而且我們的模式有效，現在是升級的時候了。」

「我們這樣會嚇到我父母和你那些球友。」

「這樣有點不妙，但是在避險基金天地裡，豪華大宅是你用來炫耀的東西。如果我們花三、四百萬美元，買個普通的房子，別人會認為我沒有賺到大錢。」

「你幹嘛要在意他們的想法呢？」

「因為這樣涉及我的形象，涉及我在避險天地裡的名聲。房子不只是房子而已，是別人用來判斷我的標準之一，以這件事來說，也是判斷妳的標準之一。如果我們過著簡樸的生活，他們會認定我只是柯恩的小跟班，沒有領多少錢。房子是人事，我不想成為裴洛那樣的瘋子，但是大家確實都在比拼誰的房子比較大、比較豪華、土地比較多，還有壁球場、三洞高爾夫球場、酒窖等其他設施誰比較多。」

艾蜜莉凝視著他說：「你們這些避險基金的人真是瘋了。」

「對，妳就要嫁給一個瘋子了。我希望在這棟房子上全力發

揮，妳一定會深愛這棟房子的！我等不及要看妳媽第一次看到房子時的表情，我們就把莊園命名為『全力豪奢』……開玩笑的啦！」

「你確定你存的錢夠多，可以這樣一擲千金，還可以維持往後的奢侈生活嗎？」

「奢侈？妳這句話是什麼意思？」

「就是我說的這個意思，我們將來的生活水準要以你的房子——對不起，我們的房子——為標準看齊。格林尼治有一些在社會上努力往上爬的人，我了解你，也了解你的競爭本能，在努力往上爬的這些人當中，由於爭強好勝，手腳上都起泡了。」

「我已經賺到夠多的錢！我有絕對的信心，認為石橋超額報酬基金可以繼續賺錢。我們現在是真正的有錢人了，再也不是力爭上游的高級中產階級了。」

「這有什麼差別？」她十分好奇地問。

他哈哈大笑說：「高級中產階級的人，家裡有雙車位的車庫，清潔婦一週來兩次，他們夢想讓機票升等。富人的莊園裡會有酒窖、幾位保姆、廚師，不會想搭民航機，他們會簽下利捷航空公司（NetJets）的租機合約，如果他們真的非常富有，他們會擁有自己的飛機。」

「我們真的有這麼多錢嗎？」

「還沒有那麼多。」喬說：「但是，艾蜜莉，我在石橋超額報酬基金裡有四千萬美元的資金。就像我以前告訴過妳的一樣，根據我們跟投資人簽訂的合約條款，兩位管理合夥人也就是柯恩和我，必須把稅後盈餘的80%再投資到石橋超額報酬基金中，

我們和近親家人不能另外開帳戶買股票。事實上，我們所有的可用資金都擺在石橋超額報酬基金中，但是我們可以取錢出來買棟房子，甚至可以買很多棟房子。而且我們還可以拿房子去抵押貸款，這樣我就可以儘量多留一些資金放在石橋超額報酬基金中複利成長。」

她投降了。她還能說什麼？他說得對，他們當然拿得出一千五百萬或二千萬美元買房子，甚至可以買下一座莊園。

「再說，在格林尼治買房不是花錢，是為未來投資。」他補充說：「這世上不會再有一個格林尼治，能印製更多的紙鈔。」

他後來不得不承認，他做這個重大決定，潛意識裡是受了柯恩的影響。柯恩最近告訴他，他要再度離婚。這是柯恩第三次離婚。喬知道，這次離婚大約要耗掉他將近五千萬美元，因為柯恩的前妻蘇珊要變成石橋超額報酬基金不支薪的新有限合夥人。他們沒有多少往來，但是喬喜歡蘇珊，也注意到柯恩的社交生活和小腹越變越大。

他跟柯恩極為親近，非常了解他，因此逐漸意識到柯恩變了。柯恩功成名就後，至少要有幾位小鳥依人的美麗女性進入他的個人生活，否則成功又有什麼意義。進入的說法很正確，因為他們的關係早晚都會變成肉體關係。對柯恩來說，與女人睡覺是擁有她們的象徵。

柯恩是好色之徒，但實際情形嚴重得多。事實上，他跟女性在一起，大致上比跟男性在一起還快活。他也是喜歡肉體接觸的人，他喜歡熊抱別人，喜歡把手搭在別的男性肩膀上，喜歡親吻

和碰觸女性。喬跟艾蜜莉談過柯恩的風流性格，推斷這種性情起源於十多歲住在寄宿學校裡的經歷——一個笨手笨腳的猶太胖小孩遭到歧視和霸凌。喬猜想，他念預校和大學時，從來沒有過性經驗，因此現在努力地尋求補償。他起初到一群加州高級白人所經營的成長股投資公司，擔任價值型投資專家時，表現差勁，所有這些傷口又全部重新撕開。

過去一年裡，柯恩快速、不斷地添置產業，他在紐約市買了一棟新的頂樓公寓，在南安普頓買了一棟至少要價一千萬美元、坐落在海灘上的精美房屋，還加入入會費高達一百萬美元的雷格西（Legacy）高級高爾夫球俱樂部。這些戰利品還不包括他已經擁有的迪爾谷（Deer Valley）滑雪別墅。

柯恩也花了四千萬美元，買了一架全新的灣流五型噴射客機。飛機尾翼上還刻了他的名字，他告訴喬和李柏薇絲這件事時，喬問他：「利捷航空有何不妥？」

「沒有品味，任何笨蛋都可以購買利捷航空的合約。像羅伯遜和朱肯米勒這樣的大人物，都有自己的飛機。」

「保養、飛行員一定會花掉你一大筆錢。」

「他們告訴我，一年要花二百萬美元。」

「我覺得這樣有點瘋狂。」

「對，老兄，但是沒有什麼事情比得上跟幾個女的跨過硬頂跑車，走向尾翼上印著你自己名字的私人飛機還棒，而且起飛的感覺比做愛還爽。」

喬不知道該說什麼，柯恩卻滔滔不絕地說下去。

「我要告訴你一些事情，老兄，我買這些新玩具沒有花很多

錢，南安普頓的房子和公寓有辦房貸，而且我買灣流五型時，從花旗集團得到三千萬美元的貸款。」

「柯恩，這槓桿太超過了。」李柏薇絲插嘴說。

「沒有人靠縮衣節食發財的。」柯恩告訴他們。

柯恩最新的女朋友叫凡妮莎，才二十五歲，在蘇富比工作，因此在為柯恩的新公寓購買藝術品方面，扮演了重要的角色。喬也注意到，柯恩現在比較經常提早離開辦公室，他懷疑柯恩不是去參加業務會議。

「別擔心，」柯恩開玩笑地告訴他：「我不會再結婚了，離婚現在變得越來越貴。」

喬跟艾蜜莉提這些事情時，她做了一個鬼臉，諷刺說：「我們有什麼資格，質疑熱門避險基金明星與別人未婚同居。」

「至少我們的年紀差不多，此外，我們訂過婚了。」喬的回答帶有守勢的意味。

「謝天謝地，」艾蜜莉說：「你們這些人似乎全都想找年輕貌美的女性。」

柯恩在紐約市新買的公寓讓他欣喜若狂，喬和艾蜜莉去那裡吃過幾次晚餐。這棟公寓是上下兩層的頂樓房子，位在八十三街和第五大道交叉口附近的一棟精美老建築中。柯恩把這棟公寓徹底重新裝修過，創造出一間寬七‧五公尺、長十二公尺的客廳，還有一個高四‧五公尺，由手雕木樑構成的天花板，一具威尼斯式的玻璃吊燈，和高二‧四公尺的巨型壁爐。臥室搭配很多拱形的窗戶，可以看到中央公園絕佳的景色，因此《浮華世界》雜誌描述這棟公寓是紐約最浪漫的公寓之一。公寓的多座陽台和露台

面積加總起來將近三十坪，看出去的景色令人心曠神怡。喬不安地想，重新裝修公寓、買房、加入高級的高爾夫球俱樂部和處理離婚問題，這些可都是避險基金諮詢顧問列為大忌，且為分心評核表中的禁止事項。

此外，連喬都覺得，柯恩開始變得有一點過於自負，因此他大肆揮霍，把這一切都當成開玩笑一樣，為自己添加了極多的開銷和融資。所有的房子和公寓都有固定開銷，喬知道柯恩每個月從石橋超額報酬基金的資本帳中，提領將近一百萬美元。喬內心深處覺得，自己必須努力踏實，否則就可能步上柯恩的後塵。

就在這一切發生的同時，2002年冬季和2003年初春，股市崩跌到前一年的低點。現在空頭市場已經走了三年，股價從多頭市場高點已經下跌將近40%，因此處處瀰漫恐懼和悲觀氣氛。空頭指出，全球經濟低迷、難以回復，消費者過度支出，如今再沒有更多的需求，人們感歎這一次沒有任何地方具有定價權，也沒有壓抑的潛在需求可以振奮經濟。他們擔心伊拉克的戰爭，也擔心戰爭帶來的所謂意外後果。西方世界與穆斯林世界的戰爭會變成慘劇，最初的效應之一應該是來自中東的石油供應中斷。

市場策略師和聰明人寫文章時，紛紛談到通貨緊縮的危險，還引用熊彼得、海耶克、羅賓斯和其他學者的論述，說明重新膨脹股市泡沫和流動性循環，根本是徒勞無功的事情。他們說，這次貨幣刺激不會有效。一位年老、知名的投資專家兼私募基金英雄寫了一本書，書名叫做《全面空轉》（*Running on Empty*），很多聰明人說，自己是在「白忙一場」。其他空頭認為，1990年代

的泡沫實在太大了，因此經濟衰退現在還不可能結束。他們希望看到更多創造性的破壞、更多的痛苦、更多的關門歇業、更多的共同基金遭到贖回。他們說，在恩龍公司和所有其他企業弊案爆發後，大家對執行長信心全失，這種傷害要十年才能復原。

廣大的普通股民為代表的投資者更是無意恢復股市投機，他們經歷三年的虧損和企業弊案後，還在療傷止痛。科技與網路股的價格只有1999到2000年間的幾分之一，很多在1999和2000年初光輝的日子裡買進的熱門新股，現在變成了一文不值的壁紙。

柯恩與喬的信條是：不預測市場的走向，把精神集中在選股上。然而，他們的模型和研究顯示，動能與基本面逐漸改善的低價多頭標的，遠比動能疲弱、股價高估的高價放空標的還多。在他們的電腦螢幕和研究報告中，科技、網路與電信類股仍然是最好的放空標的，他們的淨多頭部位從20%逐漸攀升到30%，然後又提高到40%。

在這種氣氛中，包括退休基金、校產基金、組合基金和富有的個人投資者在內的每一個人，都喜歡市場中立量化避險基金的概念。這種基金證明自己在空頭市場環境中還能賺錢，因此熱切的新投資人湧入石橋超額報酬基金和具有相同信念的其他基金。新客戶說，他們想找的不是槍法如神的牛仔，他們想找的是每年能持續不斷地穩賺10%到12%的優秀老式價值型投資專家。

2003年春季，紐約又濕又冷，但是情形清楚顯示，美國已經打贏這場戰爭，經濟也稍稍出現還魂跡象。到了4月，股市止跌回升，隨著這一年的時間過去，標普500指數和那斯達克指數暴漲。到了年底，標普500指數上漲28.7%，不幸的是，那斯達克指

數居然暴漲50.6%（圖12‧1）。突然間，他們放空的一些破產網路與科技垃圾股暴漲1倍，其他避險基金忙於回補空頭部位，石橋超額報酬基金的投資組合中大量放空科技股，因此遭到軋空反彈的傷害。

多年來，石橋超額報酬基金的績效第一次落後美國主要股市指數，在2003年裡，扣除所有費用後，創造了22%的成長，這種績效只略勝於避險基金研究公司的報酬基金綜合指數20.5%的漲幅。實際上，沒有人抱怨石橋超額報酬基金的績效，他們在空頭市場歲月中表現優異，石橋超額報酬基金收取固定的費用，加上

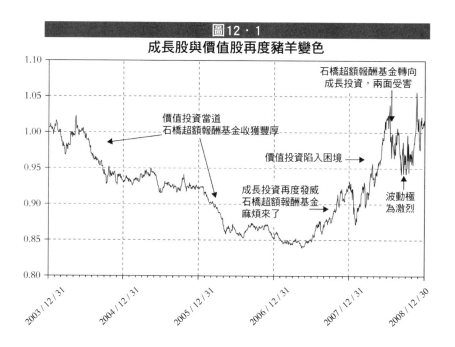

圖12‧1
成長股與價值股再度豬羊變色

價值投資當道
石橋超額報酬基金收獲豐厚

石橋超額報酬基金轉向
成長投資，兩面受害

價值投資陷入困境 →

成長投資再度發威
石橋超額報酬基金
麻煩來了

波動極
為激烈

2003/12/31　2004/12/31　2005/12/31　2006/12/31　2007/12/31　2008/12/30

收取20%的獲利，因此為石橋公司賺到了二億五千多萬美元，也再度為柯恩和喬賺到巨額的鈔票。

喬心想：「我們的績效實際上不如標普500指數，更遠低於那斯達克指數時，還能賺這麼多錢，真是奇怪。去年，有很多單向做多的基金經理人成長了40%到50%。」

「我們現在站在世界最好行業的甜蜜點上。」柯恩和善地笑著告訴他：「放輕鬆。基督的戰士奮勇前進、奮力作戰！你打算怎麼辦？要砍我們的費用嗎？」

到了年底，他們把李柏薇絲的薪酬增加三倍多，達到九百萬美元，但是他們把這個數字告訴她時，喬可以看出她並不覺得驚喜，她顯然算過他們的整體獲利。喬事後想到這件事時，覺得他們並沒有十分慷慨地善待她，因為她現在幾乎已經是他們的事業合夥人。喬想，柯恩仍然不是很重視她，他應該多為她爭取。然而，他卻退縮回來，難道是因為艾蜜莉對她心存芥蒂嗎？

他們也增僱了兩位分析師，其中一位專門為李柏薇絲工作。隨著他們的基金投資人增加，他們發現要動用越來越多的時間，接待重要客戶。石橋公司的客服人員很能幹，但是還沒有能幹到足以應付那些想要跟他們討論貝他值、價值風險比率以及模型如何運作的精明投資大戶。他們開始考慮是否應該建立自己的專職員工，納入幾位高明的客服人員，接下他們的一部分重擔。

「應付投資人很痛苦，要耗掉很多時間，卻是重要大事。」喬說：「找到一位真正能幹的客服人員，應該可以減輕我們的負擔。」

「對，」柯恩回答說：「但是沒有什麼事情比得上跟實際操盤

的投資組合經理人交流，客戶喜歡這種事情，這種事幾乎跟尊榮有關。」

「我們或許應該多派李柏薇絲上陣，在這種會議中多利用她。」

他們討論後，決定要雇用屬於自己的專職客服人員，同時促請李柏薇絲參加他們的客戶會議。

同時，喬開始為婚事、搬家以及生小孩的事情操心。前兩件事情必須得在生小孩之前辦妥，他們並不打算奉子成婚。而且喬從一開始就想好了，小孩生出來就得安安穩穩地住在自己安全的家裡，而不是住在紐約租來的公寓裡。時間是重要因素。

關於搬到格林尼治一事，喬打電話給史考特。史考特是他在格蘭特任職時的老友兼貴人，已經轉入哈龍公司，擔任自營總體交易員，從事跟喬的行業大不相同的業務，但是他們一直保持聯絡，每週至少通一次話。喬和艾蜜莉跟史考特夫婦吃過幾次晚餐。這回，喬約了史考特共進午餐，問史考特在哈龍公司的情況。

「哦，自營交易的壓力非常大。它不是工作，而是生活，因為不管你是回家、度假、上床，永遠都得帶著你的投資組合。」

「是啊，我們也一樣。這就是為什麼我們能賺這麼多錢的原因。」

「我不屬於你們那種富裕階層，老兄。事實上，我就像是屬於小聯盟的球隊，出門要坐巴士，要在鄉下的草地上比賽，而不是在洋基運動場比賽。」

「你一定會走到這一步。」

「但是我對自己能夠賺錢的信心每個月都會變化，我根本不覺

得自己當自營交易員的工作很穩固，一點也不覺得自己很高明。我在業務部門時，如果我更努力，多打一些電話給客戶，多出差，我可以相當確定自己會得到比較多的業務，得到比較高的報酬。但是身為自營交易員，工作努力和多賺錢之間沒有相關性。」

「我理解，這很辛苦。不過，你瞧，我現在就還挺自信的。」喬告訴他：「我敢說我們的模型在所有不同的市場環境中都會有效，而且只要我努力工作，我們就會創造優異的表現。哈龍公司如何？應該還好吧？」

「總而言之，哈龍公司是適於做這種交易的地方，其他自營交易員全都是年近四十的人——你知道他們這種人，他們過去全都是高中運動員，現在卻長出肥胖的脖子和下垂的小腹，在大公司的交易櫃檯上工作。他們都是好人——但是彼此的競爭非常激烈，每一位交易員都為自己打算，但是至少其中的短期壓力少一點。」

「你說的短期壓力比較少是什麼意思？」

「在格蘭特時，我們總是受到那恐怖、荒唐的虧損10%利劍威脅，讓人頭腦徹底混亂。還記得我創造了兩年的優異績效後，到了第三年過了一半的時候，成長30%，然後虧損了大概8%吧？管理我的混蛋督軍其實只是一無是處的會計師，他卻告訴我，如果我再虧損2%，他就要開除我。我可是創造了兩年優異績效，他居然這樣對待我！」他看著喬說。

「是，我知道這件事，因此你出清所有的部位，了斷了所有的風險。兩天後，市場反轉，你過去的投資組合飛躍上漲。可是因為你的部位已經賣光，你當然沒有享受這段漲勢。」

史考特點點頭說：「我完全亂了陣腳！雪上加霜的是，我那個年輕助理極為憤慨，匆匆忙忙地在投資管理部門找到另一個職位，辭職走人。」他歎了一口氣，又說：「哈龍的氣氛也比較好。在格蘭特自營交易員的四周全是一些喜歡打嗝、流汗、放屁的部位交易員。」

「你現在管理多少資金？」

「一億美元。」

「你跟公司有什麼約定？」

「我必須自行負擔出差之類的所有雜支，如果我需要助理，我也必須自行負擔薪水。他們從我的利潤中扣除這些費用，然後付給我所有利潤中的15%。根據自營交易的標準來看，這種比率相當慷慨，大部分的約定都是12％到13％，有時還會更少。」

「你經常見到湯姆・哈龍本人嗎？據說他具有非常厲害的市場直覺，是真正的交易高手。」

「他每天會花一些時間跟我們一起坐在交易廳裡，坐在他自己的終端機前。他大約管理二十億美元的資金。每週一次，他會在會議室裡跟我們十六位自營交易員，以及他手下管理日常事務的員工開會，談論意識流之類的東西，這種會議很有幫助、很有啟發性。他也會巡視交易廳，提供意見，他總是在尋找點子，你在事實方面，最好別跟他打馬虎眼，他非常嚴格，不過卻也已經變成有點怪異。」

「怎麼說呢？」

「哦，這個月初，他告訴我們，10月下旬可能出現一些怪異的激烈震盪，告訴我們第七個農曆循環中第二十七天的事情，你知

道有一首搖滾老歌，歌詞跟月亮在第七宮、木星對準火星有關。有人笑他，但是他指出市場恐慌經常發生在10月分，1857年、1907年、1929年、1987年和1997年都是例子。他聘請了一位星象家顧問，他說，身為獵人，他知道最好的打獵時機是滿月時，因為動物會興奮，會到處走動。他說，投資人也是動物，月亮升起來時，投資人通常也比較活躍。果不其然，去年10月下旬就爆發過迷你恐慌。」

「真有意思！他還做些什麼事來支持你們？」

「哦，他花了幾百萬美元，建立了一個市場歷史習慣數據庫。我可以點進去，輸入幾個關鍵字，找到市場對每一個所能想像狀況和事件的歷史性反應。歷史總是喜歡重演。」

「對，」喬說：「但是我覺得懷疑，如果投資成功主要都跟市場歷史有關，那麼所有的資金應該都由歷史學家管理。每個市場都有屬於自己特有的時代，有自己特有的表現，讓大部分交易者摸不著頭緒。」

「是嗎，可我發現這個資料庫對我很有幫助。就像我說的一樣，那裡的氣氛相當好，他會到交易廳來跟大家聊天，偶爾還會請樂隊來開個派對。然而，那也不是個好混的地方，他會突然發火，大發脾氣，改變結束基金管理的限制。幾個月前，他平白無故地叫六位自營交易員走路，但是他會給你相當公平的警告。他的辦公室門口掛了一張牌子，寫了露華濃化妝品公司創辦人查爾斯‧瑞福森（Charles Revson）的話：『我靠著王八蛋的精神建立這家公司，憑藉著王八蛋的精神管理公司，我將來始終都是王八蛋，你們永遠別想要我改變。』」

然後他們聊到格林尼治的生活。史考特告訴喬，他在格林尼治買了一棟房子，他女兒現在上北街公立學校，他曾經想方設法，要讓女兒進入私立勵進戴伊中小學，那裡的課程一直開設到九年級，卻沒有成功。他說，除非你是傳奇人物，或是捐一筆大錢給校產基金，否則要進私立學校很難，連進他們的幼稚園都很難。現在格林尼治的私立中小學也都同意多元入學方案。他不滿地說，等到傳奇人物、校產基金捐款人和多元入學方案的名額填滿後，根本很難再有空缺留給沒有關係的普通人，尤其如果家長是巨型避險基金公司的自營交易員。格林尼治既有的社會結構認為避險基金是暴發戶，會汙染那裡淳樸的氣氛。

喬同情地點點頭，心想，自己或許可以代表格林尼治想要的多元化因素。

兩星期後，艾蜜莉跟格林尼治一位不動產仲介商簽約。她遵照喬的指示，告訴仲介，要找價格一千萬到一千五百萬美元、占地五千坪的新房子，房子要有很大的主臥房，還要有四到五間的臥房、圖書室、能停放三部車的車庫、寬敞的起居室、游泳池等等。仲介說，他手頭有很多符合這些條件的房子，格林尼治正經歷投機性的營建熱潮。

三週後，他們告訴家人，說他們打算結婚，婚後計畫住在格林尼治。道斯家人的反應很難判斷。但是大喬沒有說什麼話，朵洛莉絲欣喜若狂，喬的妹妹極為興奮。

他們把婚禮日期訂在一個月後，艾蜜莉負責所有的安排。

那天是10月美好的週末，星期六早上，喬在當晚的婚禮前，

帶著大喬、吉布森和道斯，到孤樹俱樂部打高爾夫。招待客人的酒會已經在道斯家裡全面展開，來賓包括家人、道斯的一些好朋友、球隊裡的核心成員、吉布森、史考特、艾蜜莉大學時的三位室友、柯恩、柯恩的女朋友和李柏薇絲，但是喬沒有邀請石橋超額報酬基金的任何其他人。艾蜜莉很客氣，但對李柏薇絲卻相當冷淡，她媽媽看來好像消化不良的樣子，除此之外，全場的氣氛都非常歡愉。道斯對大喬、吉布森和朵洛莉絲特別熱情、特別親切。隔兩天後的星期一，道斯家人按照一份人數眾多的通信名單，發出了他們的婚禮啟事。

婚禮後不到一個月，艾蜜莉宣布懷孕。但是找房子和買房子的事情都沒有這麼快、也沒有這麼簡單，艾蜜莉大約看了二十處房子，最後把選擇縮小為三處。喬利用週末時間，把每間房子看了兩次，在某一個星期天晚上，做了決定。格林尼治的不動產市場很熱絡，喬跟仲介敲定了一千二百萬美元的價格，也取得八百萬美元的房貸。

「噢，老兄，你真是爽快！」他們的仲介由衷讚嘆地說，同時也暗想，早知道應該讓這位快樂的避險基金大亨看更大、甚至更貴的房子。「我希望我所有的客戶都像你一樣，這麼有決斷能力。」

「哦，這個嘛，在我們這一行裡每天都必須做買賣的決定，因此我想我已經習慣了。」喬答道。事後回想，他說這話時一定像個得意忘形的混球。

他們對買來的全新房子其實沒有什麼主意，沒幾天，艾蜜莉就請了一位裝潢專家，喬給她二百萬美元的預算，強調速度是關

鍵。他們的小寶貝從醫院出來時必須回到自己的家，他對此想法幾乎有了強迫症的傾向。在公司，柯恩和李柏薇絲驚訝地看著他身上出現的變化。他變成了全新的格林尼治居家男人，誰能想得到呢？

Chapter 13

避險基金的輝煌時代

除非你擁有一些熱門的避險基金，否則你這位投資人就不是同道中人。

　　對投資人來說，2003到2006年是溫和的多頭市場。對避險基金而言——從績效的角度來看——是表現良好，卻還不到成就卓越的年度，但是從資產成長的角度來看，卻是大吃大喝的時代。不可否認的是，在2003到2006年的多頭市場中，整體避險基金並沒有打敗指數和傳統的單向多頭基金，但是一位避險基金的業務人員不斷提醒大家，他們在2000到2002年慘痛的空頭市場中，實際上還賺錢，但是單向做多的經理人至少虧損40%，很多經理人的虧損甚至更大。這種統計極為重要！沒有一年虧損對複合報酬率的影響十分驚人，此外，虧損的年度讓人覺得難堪，也讓人不安。單向做多的基金經理人和投資管理公司也不再像過去一樣人氣鼎盛。世界各地的投資委員會都開始在自己的投資組合中，建立一種新的主要資產類別，這種資產類別叫做另類投資，實際上

只是避險基金另一個好聽的名字。

　　表13‧1說明了這個令人快樂的故事。到2006年年底，標普500指數和道瓊工業指數，努力地朝2000年的高峰攀爬，但是那斯達克指數雖然經歷一番驚人的反彈，卻還是比泡沫期間的頭部低50%。請注意，石橋超額報酬基金在四年中的三年裡，績效不如標普500指數，但是跟那斯達克指數相比，除了2003年外，每年績效都勝過那斯達克指數。更具投機性質的那斯達克指數下跌將近80%後，在2003年飛躍上漲，超越標普500指數，然後在接下來的三年裡，代表大盤的標普500指數努力攀升之際，那斯達克指數卻落後不前。石橋超額報酬基金在這四年中的三年裡，微幅勝過避險基金指數，但是這檔基金的客戶仍然滿意到接近欣喜欲狂的地步，因為這檔基金創造出這樣的成績，波動性卻很低，平均持有39%的淨多頭部位，風險水準也很低。換句話說，這檔基金創造了相當龐大的超額報酬——也就是股票的特殊表現，這種超額報酬正是顧問公司和組合基金一心嚮往的東西。

表13‧1
石橋超額報酬基金的淨總報酬率＊

	2003	2004	2005	2006　年度
石橋超額報酬基金淨報酬率	+22.1%	+10.1%	+8.8%	+12.2%
標普500指數總報酬率	+28.7	+10.9	+4.9	+15.8
那斯達克指數總報酬率	+50.6	+9.1	+2.1	+10.3
避險基金研究公司股票型避險基金指數	+20.5	+7.7	+10.9	+11.7
避險基金研究公司基金綜合加權指數	+19.6	+9.0	+9.3	+12.9
避險基金研究公司組合基金綜合指數	+11.6	+6.9	+7.5	+10.4

＊扣除2%的固定費用和經理人收走的20%獲利

現在退休基金、校產基金、基金會和富人的投資觀念，出現劇烈變化。過去十年來，耶魯大學、哈佛大學和安默斯特大學（Amherst）一直投下巨資，投資避險基金、創投基金和私募基金。這種非同尋常的資產配置極為成功，雖然他們必須付出更高的管理費，他們的校產基金卻以極大的差距，超越所有其他大型基金的績效。大衛・史文森（David Swensen）的耶魯模式變成了流行的東西。巨額資金開始轉向避險基金，避險基金現在是前衛投資人必須投資的地方，投資避險基金變成了吹牛的題材，也變成了上流階級聚會場所裡，富人與名人閒聊的話題。除非你擁有一些熱門的避險基金，否則你這位投資人就不是同道中人。

　　到了2000年代中期，成千上百檔的新避險基金誕生，創建它們的是野心勃勃的多頭投資經理、股票業務員、交易員以及從無能女婿到退休投資銀行家在內的各種奇才異士。這些新基金的出生率和死亡率都是天文數字，有幾十位聰明的幸運兒變成了巨富，但是在無關緊要的績效和無力籌募資產的折磨下，很多新創基金破產，有時候還淒慘地倒閉。第一年的績效很重要，失敗率很高，因為新基金不是無法創造績效，就是無法達到臨界規模。

　　因為一年有上千檔新的避險基金創立，主要證券經紀商和資本介紹公司發展出一種新的行業，目的是為這些後起之秀的避險基金籌募資金，獲取一部分的管理費。雖然沒有官方統計，大家都認為（到2006年截止的三年內），全世界新創的基金超過三千檔，關門的基金有二千檔。某避險基金研究公司指出，到2008年中，一共有七千六百五十二檔避險基金，該公司承認這還是偏低的估計數字。

組合基金業也出現同樣可觀的成長，組合基金在整體投資管理天地中，變成了最大的贏家。從1999年開始，管理的資產增加10倍，2004到2006年間，管理資產的年成長率高達25%。2000年時，一共有五百檔組合基金，現在組合基金的數目卻高達二千五百家，占有避險基金總資產的將近40%，遠高於高淨值富人所占的22%的比率。五大組合基金大約控制了三分之一的業務，他們收取大約80個基點的固定費用，另外還收取獲利10%的績效獎金。

　　組合基金的成長是有原因的，因為很多投資人感覺自己沒能力評估眾多的避險基金，或是監督他們所投資基金的發展與績效。雙重收費對投資人來說，的確是一大負擔，但是如270頁表13‧1所示，組合基金的表現優異。然而，組合基金能夠創造這種績效，原因之一是利用融資，提高績效，這種做法是融資之上還加上融資，因為組合基金持有的避險基金也利用融資。但是，只要樂隊繼續演奏，誰會擔心呢？

　　大型組合基金過去由專家管理，現在仍然如此，他們把時間用在研究避險基金上，也利用大量的量化分析，分離出績效的來源，判定個別基金承擔多少風險。他們密切監視避險基金的投資組合，而且理當不受避險基金經理人的宣傳廢話影響。

　　組合基金也密切注意避險基金業者，尋找他們是否可能發展出某些社交預警指標，顯示他們得了避險基金可怕又經常可能致命的傲慢疾病。避險基金經理人可能分心的細微指標，包括高爾夫球差點下降、離婚、購買度假屋、雇用很多外國保姆、熱衷參與社交與慈善活動等等。額外的跡象包括避險基金經理人過度自

滿，說話無斷，和不聽別人的意見，這種情況也可能引發撤資。如果觸動了組合基金的敏感神經，組合基金可能以避險基金經理人餐桌禮儀不佳為由，迅速地從避險基金中撤走一億五千萬美元的資金。

隨著時間過去，柯恩的業外活動開始發出這種警訊，且有越來越嚴重的跡象。

評估避險基金的專家對於辦公室過度豪華也很敏感。一檔在2006年關門的著名熱門避險基金，他們的辦公室文化和做法就讓好幾家組合基金投資專家嗅到了情況不妙的警訊。這檔避險基金的管理合夥人主導內部會議，而且專橫地壓制一切不同意見，他們的交易室內設有乒乓桌，市場收盤後，還供應啤酒和葡萄酒。這家基金公司最後因為大舉放空天然氣，而走上末路，這是有遠見的基金避之唯恐不及的交易。

從2004年起，組合基金變成石橋超額報酬基金的主要投資人，柯恩和喬用憂喜參半的態度，看待這些基金。一方面，組合基金是來得快、又來得容易的資金，而且你是跟專家打交道，他們不會問很多愚蠢的問題。另一方面，組合基金討厭績效的波動性和所謂的資產減損（資產減損就是基金申報某一個期間內資產淨值下降）。他們會容忍偶爾出現的月資產淨值減損，但季資產減損，哪怕是很小額的減損，都可能發出警訊，成為快速贖回的契機，資產大幅減損是立刻分手的原因。

有一天，柯恩跟喬聊天時說：「我們很幸運，所有這種短期考核可能讓你極度頭昏腦漲，無論市場的弱勢多不理性，你都會被迫對弱勢做出反應，急劇降低你的風險 —— 不管市場多麼荒

唐、不合理。有時候，身為投資專家，你必須撐到最後，忍耐愚蠢的賣壓事件。」

「以我們的風格來說，我們很難相信自己怎麼可能碰到真正的減損。」喬補充說：「我們的績效可能暫時不如別人，但是我們努力把淨多頭部位降到極低水準，即使市場大跌，也不會摧毀我們。」

柯恩繼續說：「減損壓力的確是很糟糕的事情。如果避險基金試圖從事波段操作，來回調整自己的淨多頭部位，就會變得一無是處，只不過是受到動能影響，擔心巨幅減損，因而遭到雙重打擊。市場走軟的初步跡象出現時，他們就急著退出市場，袖手旁觀，如果市場沒有走軟，他們就會蒙受雙重損失。」

喬從自己辦公室中挑高的大窗戶望出去，看著極為晴朗不見一片雲彩的天空，晨光灑落整個公園。「更糟糕的是，」他輕聲地說：「事業考量開始凌駕於良好的投資決策，我們會受到維持事業生存的心理影響，被迫因應市場波動，這樣是利益衝突。」

「還可能是自取滅亡之道！哦，他們來找我們時，我們至少必須客客氣氣，跟這些組合基金業者見面，還可能告訴他們，我們為什麼可能不想要他們的資金。」

喬做了一個鬼臉。「但是說到最後，我們的確需要他們的資金，從一家大型基金公司一下子就可以得到二·五億美元。為此所必須做的顧客服務，可比從一百位不同投資人那兒得到同樣金額的投資，因而得握一握他們每雙潮濕小手要簡單多了，而且行銷團隊迫切希望我們這麼做。」

現在的凡俗之見是：避險基金——因為他們那種獎勵性的報

酬與收費結構——已經吸引了最優秀、最聰明的投資人才。不可否認的是，付給避險基金的費用高多了，卻很值得。不錯，有不少優秀的投資專家留在傳統的大型投資管理公司裡，但是一般說來，單向做多的投資風格是胸無大志笨蛋的避難所，他們很早下班，不會帶著他們的投資組合回家，一起上床睡覺。

此外，因為避險基金可以放空，也可以利用融資購買更多的資產，因此具有彈性，可以利用日益複雜的投資天地，探索從新興市場股票到商品，甚至到公開上市公司所發行私募股票之類的投資機會。問題是有些最好的避險基金拒絕接受新投資人，因為他們的經理人認為，管理資產增加後，他們無法創造同樣優異的績效。他們害怕規模變大，而且他們的擔心確實有道理。這種情形讓匯聚極為巨額資金的基金很煩惱，國家與地方的退休基金、新加坡、南韓與阿布達比之類國家的主權財富基金就是這樣。

但是還有一種強大的力量也在發揮作用，這些巨型投資機構訂有報酬率接近二位數的精算規定，又相當討厭波動性。固定收益投資，也就是債券投資行不通，因為這種投資的殖利率不夠高，無法滿足他們的精算要求。主其事的人不喜歡單向做多的股票型基金經理人，也不喜歡積極型避險基金的波動性，他們要找能夠持續一貫創造8％到11％報酬率的投資計畫，如果後來平均報酬率更高，當然更好。

因此新形態的超額報酬避險基金因為不承受太多市場風險——波動性低，又依靠優異的選股，因而變得很有吸引力。他們的顧客認為，這些基金是由精明、老練的分析師，利用強而有力的量化模型經營，他們理性的尋找超額報酬，投入龐大的賭

注，和靠著貝他值推動的交易型與總體型避險基金相比，他們的風險少多了。這兩種避險基金的波動性一定比較高，而且總體型避險基金超級巨星，偶爾會出現嚴重的年度虧損。

隨著越來越多的超額報酬基金創立，以便滿足這種不斷成長的新形態投資需求，選擇股票，以便納入基金資產的選股競爭也隨之增加。這些基金發展出來的投資公式雖然有不同的調整，但是因為基本上，所有這些基金都是以價值為導向，因此選擇的股票通常大致相同。石橋超額報酬基金的團隊發現，自己在上市公司召開的會議中，會碰到其他超額報酬基金的分析師，而且他們經常買進同樣的做多標的，放空同樣的空頭標的。

因為新創基金必須吸引投資人的注意，也需要募集資金，績效競爭也一定會變得更激烈。從2004到2007年年中，股市處在波動性低落和相當平靜的歲月裡，基金經理人開始利用更多的融資，希望得到更高的報酬率。他們假設波動性會繼續維持低落狀態，因此他們這麼做，應該不會承擔多高的風險。事實上，他們計算過，雖然他們利用的融資增加，但是他們仍然可以向投資人承諾，用價值風險比率計算的風險仍然很小。

例如，假設一檔規模一億美元的投資組合，淨多頭部位為30%（也就是65%的資金做多低價股，35%的資金放空高價股），沒有利用任何融資，在年度波動性很低的情況下，可以賺到4%的年度報酬率。在正常的情況下，你應該利用另外二億美元的融資，理論上，在扣除利息支出後，你應該可以賺到10%的年度報酬率，而單月虧損超過2.5%的機率相當低。那何不再借二億美元，把年度報酬率提高到17%至18%，還承諾你的虧損應該不會

超過4%呢？這樣做似乎相當合理，還會大幅提高你的投資報酬率。

然而，新形態的避險基金規模也必須夠大，才能接受大戶的投資，因為這種匯集巨額資金的投資法人希望對每一檔基金，大手筆投資至少幾億美元，如果不是這樣，小額投資對他們基金的總績效而言，應該不會有什麼重大的影響。石橋超額報酬基金原來的設計無法滿足這種需要，但是現在因為好運的關係，石橋超額報酬基金的結構似乎十分符合這種標準。很多資金湧入，石橋超額報酬基金繼續創造優異績效，柯恩和喬變得越來越富有，到2006年底，喬在石橋超額報酬基金資本帳中的資金，已經超過一億五千萬美元。

同時，喬和艾蜜莉已經在格林尼治安頓下來，他們深愛他們在圓山路上占地超過五千坪的全新大房子。艾蜜莉的裝潢設計師負責整體的內部裝潢——從壁紙、牆上的當代藝術、家具到巨型的維京牌冰箱都包括在內。她甚至買了一些泰國和柬埔寨的雕像，放在前廳。這是棟寬闊豪宅卻不失雅致。雖然對他們兩個來說，這棟大宅空間現在實在太大了，但如果未來家庭成員增加到五人，再加上一位保姆和一位管家，就剛剛好。到2007年，喬和艾蜜莉的生活過得十分圓滿如意，他們的第一個小孩在2004年夏天出生，是個男孩，名叫提摩太，他弟弟易安在2006年出生。

喬是溺愛又慈愛的父親。每當他抱著他的小寶貝，聞著他們身上帶爽身粉味道的嬰兒甜香，看著他們極為信賴地靠在自己胸前沉睡，這種令人著迷的感覺勝過一切，是他從未有過的感受。

但是有一、兩次他凝視著嬰兒小小的臉孔時，他會想到許久以前他和派特那個不曾來到世間的孩子，想起這件事的確令人難過。

「你喜歡做個好爸爸，對不對？」易安回家四星期後的某一天晚上，艾蜜莉這麼對他說。這句話其實是陳述，不是問題。

「對，」他說：「我從沒想像到我如此喜歡這種感覺。」

「你喜歡半夜裡尿濕尿片而發出哭聲的小寶貝。」

「這是部分代價──但是我已經迫不及待，希望他們快點長大，能夠思考，能夠接住美式足球。」

她哈哈大笑地說：「我早就應該猜到。但是親愛的喬，你能改變你的工作節奏，這讓我感到十分高興。我們兩能住在一起，生活變得這麼貼近，這讓我更高興。就連媽媽都認為你是好父親、好丈夫。」

「這樣是進步。」他回答說：「是真正的進步。」

他確實大幅改變了自己的時間表和工作習慣。每天早上，管家的先生會開著賓士轎車送他去上班。車上配備有改裝座椅、閱讀燈、電話和彭博資訊螢幕。他們每天早上準時在六點半出門，以便避過交通壅塞，他在七點十五分到七點半之間會到達辦公室。喬的助理很清楚，到了下午，除了最急迫的狀況之外，所有會議的開會時間都不能晚於四點半，好讓他從中央車站搭五點半的火車回家。由於晚上的交通狀況，開車回格林尼治實在是辛苦又難以預測的折磨。而且他發現，如果自己能夠找到舒適的座位，火車上的平和與安靜會讓他身心放鬆。他已經大幅減少在紐約參加晚宴的次數，他希望及時回家，看他的小寶貝。

起初，他們在格林尼治的社交生活受到相當的限制，但是這

種情況沒有持續很久。他是「好小子」，是避險基金天地中快速上升的年輕明星，是健壯的青年，也是出身耐人尋味的人。他也是美式足球一流聯賽的球員，再加上高爾夫球差點四，更使他聲名大噪，大家都想認識他。再配上那位美麗高貴、出身格林尼治，念過普林斯頓的妻子，這是一對很有吸引力、讓人很感興趣的年輕佳偶。這樣的佳偶，絕對對得上最種族主義的鄉村俱樂部的胃口。

早在喬搬到格林尼治之前，老練的柯恩就建議他，因為他是新來乍到的年輕小夥子，聰明的做法是拿出一些令人目瞪口呆的捐款，捐給當地慈善機構，例如捐給園藝俱樂部、本地交響樂團、格林尼治圖書館和布魯斯博物館（Bruce Museum）。喬欣然同意照辦，事實上，他聽從會計師的建議，甚至設立了自己的基金會。

喬告訴柯恩這件事時，柯恩就警告他說：「不要為你的基金會取什麼好聽的名字，就用喬·希爾老爺的名字，這樣別人就不會不知道誰是捐款人。」

幾星期後，喬開了一張七萬五千美元的支票，捐給他從沒去過、館藏大部分是格林尼治文物的布魯斯博物館時，他不由得想到，難道沒有更有意義的事可做嗎？第二天，他趁罪惡感仍然存在時，開了一張同樣金額的支票，捐給大頸鎮教師協會。很快的，他和艾蜜莉開始收到邀請他們參加慈善舞會的請帖，都是格林尼治與紐約慈善舞會社交圈發來的。

「你一定要挑一些去參加！」柯恩告訴他：「這種聚會純粹是受罪，這種團體的正式募款計畫是讓人頭腦麻痺的折磨，但是

你一定會認識很多人，這麼做的目的，是讓這個地方的高級資產階級相信你不是貪婪、嗜血的避險基金怪獸，會摧殘他們寶貴的學校和俱樂部文化。毫無疑問的是，你在這些聚會中，會看到很多避險基金的其他同行，他們也在努力地博取別人的尊敬，你可以跟他們聊股票，因此這樣的社交倒不是絕對的浪費時間。對格林尼治醫院、布倫斯威克協會（Brunswick）和勵進戴伊中小學來說，你娶艾蜜莉這件事，至少等於價值好幾百萬美元的捐款。」

柯恩說對了，喬夫婦很快就發現，他們不是唯一一對處心積慮，設法打進格林尼治的避險基金夫婦。格林尼治北邊的森林地帶，散布著避險基金業者極為精美豪奢的宅邸，在那裡，傲慢、虛榮肆意蔓延，已到了令人厭惡的地步。自用壁球場和室內游泳池只是入門等級配備。像FAC創辦人史帝夫‧布朗（Steve Brown）之流的真正大人物，會在自己的莊園裡，添加代表財大氣粗、炫耀自己極為富有的東西，例如附有自用磨冰機的溜冰場，以及室內籃球場。在鎮中心，FAC租了格林尼治大道六百號的最高幾層樓，裝設了一間隔音的音樂廳，裡面還有一套鼓和混音板、三台巨型的平板電視機、可以點菜的美食廣場和廚房，當然還有一座體育館和淋浴設備。在轉角一間有大落地窗，可鳥瞰整個長島灣美景的辦公室裡，一張價值五萬美元的棕色胡桃木辦公桌後，坐著史帝夫本尊。

艾蜜莉的父母在格林尼治的根基深厚，對他們也有幫助。週六的球賽隨著隊員的年齡增長而漸趨沉寂，但是喬仍然跟一些老隊員保持聯繫。道斯夫妻偶爾會帶喬和艾蜜莉，到綠地俱樂部吃晚飯。道斯還邀請喬，跟他一起參加綠地俱樂部會員與來賓的球

賽，他們在比賽中表現很好，但恰到好處，不會太過招搖。每個人都很友善，喬定期到孤樹俱樂部打高爾夫，而且繼續受到邀請，參加會員與來賓之間的球賽，也繼續參加經紀商所舉辦的郊遊。事實上，高盛曾經在週末，用公司的一架大型自用噴射客機，載著他和另外六位避險基金鉅子飛到奧古斯塔（Augusta），在高爾夫聖地奧古斯塔國家球場（Augusta National）打球。

喬喜愛這所有一切——高爾夫、受人關注，與其他投資專家的交流互動。在這種出遊和旅行中，互動在所難免，卻絕對不是浪費時間，不過其中也有相當多的強迫推銷。強迫推銷是某一個人吹噓自己的部位，想誘惑你投資這種部位，希望你會買這些股票，拉抬價格。確切地說，強迫推銷的部分只有在你本來已經買進時，強迫推銷的人希望再把他的部位賣給你時才發生。

回到格林尼治的家裡時，他的想法變得世俗化多了。「我們應該參加綠地俱樂部嗎？」喬問艾蜜莉：「我希望兒子從小就學打高爾夫、網球和壁球之類的所有鄉村俱樂部類型的運動。此外，我喜歡那個地方，越來越欣賞那裡的私密性。妳是那種自動可以加入的人吧？」

「我猜我大概是。」艾蜜莉告訴他：「但是，事實上，你絕對不能自動加入，如果你要成為那裡的第一位黑人會員，我們的小孩要成為第一個黑皮膚的小孩會員，我希望他們來求我們加入，別主動提起。有很多漂亮的夫妻等著加入俱樂部，他們又是其他會員最好的朋友，他們對我們一定會有一點嫉妒。」

「我不覺得有人討厭我。」喬說：「我真的希望把這件事情辦好。」

「你當然不會感覺到別人的討厭，你是一流的投資好手，又可以把高爾夫球打到二百七十公尺外，沒有人會直接表達他們的不滿。不過，這點可能是問題，有些會員推薦的人選無法加入，因為他們碰到了你，這種事一定會讓某些人生氣，在這件事情上，我們應該要有應對策略。」

　　這次談話就這樣結束了。

　　然後還有幼稚園的問題。喬下了決心，一定要兒子提摩太上最好、最棒的學校。顯然，符合這一標準的就是備受尊敬、血統純正的格林尼治勵進戴伊中小學。另一方面，艾蜜莉卻偏愛蒙特梭利學校。喬十分堅持，他不要兒子在華而不實又前衛的學校成長，還跟一堆早熟的怪胎一起畫畫。最後他贏了，他們提出申請，填好表格，申請明年進入勵進戴伊中小學的幼兒班。

　　說到要進精英學校——即使是幼稚園階段，格林尼治就像紐約市一樣難。勵進戴伊中小學有四個幼稚園的班級，每班有十三個人，這所學校非常偏愛學長父母的子女，三十個名額已經鎖定了，因此剩下二十二個名額。喬與艾蜜莉夫婦得知，申請已經有六十件，全都來自一些富裕、幸福美滿的家庭。所有提出申請的父母都受邀在1月的某一個晚上，在學校開放參觀時，參加由校長和資深幼稚園老師主持的說明會。

　　喬再度求教睿智的柯恩，想知道自己應該做些什麼事情，柯恩凝視著窗外，看著中央公園荒涼的積雪。

　　「這樣好了，」他最後說：「我想到了，你現在要打種族牌，像勵進這樣的學校對太純白、太完美非常敏感。另一方面，他們

很可能已經收了從斯坦福市（Stamford）來的黑人小孩，我敢說，這麼做效果肯定不好。我兒子上了一所很著名的小學，裡面就有一些黑人小孩。上學的第三天，他跟一位可愛的黑人小孩，玩起推擠遊戲，那小孩用極大的力量，狠狠踢他的下體，害他疼得嘔吐。這些郊區名校也需要招收少數族裔，但是他們希望招收與其他孩子「同類」的黑人小孩，「同類」應該是合適說法吧。」

「因此，你必須是出身正確，不會踢其他小孩下體的黑人小孩。」「我要怎麼發出這種信號呢？」喬問。

「校長說明結束後，一定會請大家問問題，你要快速地第一個站起來，他會看出你的膚色，你要發表一篇恭恭敬敬、措辭巧妙、語調溫和的演講。」

「像什麼樣的演講呢？要大叫媽媽啊！是嗎，老哥！」

柯恩哈哈大笑，想了一想才說：「要說的話類似：我叫喬·希爾。貴校已經是一所非常優秀的學校，但在您成就非凡的校長任期結束前，您希望在課程和實體設施兩方面，達成哪些完善的進步和改變？「成就非凡」之類的話有點肉麻，但是我跟你保證，校長們會愛死這種話，因為這樣會給他機會加油添醋。此外，他會記住你是能言善道的多元化因素，會記住你的名字，只要你兒子不搞砸面試，你就成功了。」

「什麼面試？他們怎麼能面試小孩子？」

「很容易，他們把五個候選的小孩放在房間裡，房間裡有一堆積木和玩具，兩位老師透過窗戶，觀察孩子們的行為和互動，媽媽不准參與，非常主觀。你要訓練你兒子偷偷掐另外幾位小孩，引發對方侵略性的反應，然後你兒子要後退。哦，裁判會舉起沒

有必要的暴力行為警告，就像國家美式足球聯盟一樣。」

「你在開玩笑吧。」喬說。

「是有一點啦。」柯恩告訴他：「然後還有棉花糖測驗。耶魯大學的心理學家發現，幼兒未來成就如何，最好的預測指標是把五個幼兒放在房間裡，主持人給每一個小孩一顆棉花糖，告訴大家：『如果你們想吃，你們現在就可以吃這塊糖，但是我會在十分鐘後回來，如果你們沒有把糖吃掉，我會再給你們兩塊，讓你們帶回家。』耶魯大學發現，小小年紀就能夠延後滿足的小孩，將來會爆發出驚人的社會和學術潛力。」

「好，」喬告訴柯恩：「這方面我們也要努力。」

喬在學校開放參觀時，遵照柯恩的建議行事。校長對喬華美的言辭反應相當熱烈，後來在接待會上，校長走向喬，問他在格林尼治住多久了，從事什麼行業。

「我經營一檔避險基金。」喬告訴他。

「啊，」校長輕聲說著，腦海中浮現校產基金收到大筆捐贈的景象。他們愉快地交談著。事後他回想起其他一些家長憎惡的目光。其中一位他認識的避險基金同行，帶著不友善的笑容對他說出「好戲呀，莎士比亞」的諷刺。

兩星期後，勵進中小學要求艾蜜莉帶兒子去參加觀察課程。喬沒有像柯恩建議的那樣，訓練兒子耍陰謀詭計，卻告訴他，不要吃任何糖果或棉花糖。在判定生死的那天早上，媽媽們穿著著名設計師設計的高跟鞋，在接待室裡焦急地等待。一小時又十五分後，小孩和老師走了出來。有一位小女孩顯然哭過，一位小男孩尿濕了褲子。他們的兒子似乎相當鎮定、毫髮無傷。三週後，

他們得到通知，提摩太已經獲准入學，上下一學年的幼兒班。艾蜜莉後來聽說，哭泣的小女孩和尿濕的小男孩都沒有獲准入學。

Chapter 14

天有不測風雲

我不明白股市是怎麼了，我們的模型不再有用，我卻找不出其中的原因。

2007年1月，更多的資金湧進，柯恩和喬的基金規模已經超過八十億美元。

「天啊！」柯恩說：「這個數字讓人興奮，我們現在只要繼續努力就夠了，我們找到了金礦。大人物，等你的淨資產達到十億美元時，你打算做什麼？」

喬聳聳肩說：「這個數字真是讓人難以相信。至於我打算做什麼……我想我會開始花一點錢，我覺得我們的公式真的太神了！」

「只要我們堅持自己的模式和風險紀律，我們就不會有問題。我們必須保持小額的淨多頭部位，這樣就不會受到市場下跌的侵害，我們要把注意力完全放在創造超額報酬上。」

「但萬一又出現九〇年代末期那種情形──價值型投資不受歡

迎，我們該怎麼辦？這種情形可夠讓我們難受一陣子的。」

「對，但是我們的其他螢幕——例如價格動能、基本面的正面變化、資產負債表的力量——會形成制衡。我們在成長股當道的環境中，表現可能沒有這麼好，但是我們仍然應該不會有問題。」

喬笑著對他說：「到了最後，價值型投資會獲得勝利，這是你告訴我的話，也是我們的信念，更是神聖的葛拉罕宣揚的理念。但是為什麼巴菲特要說『小心抱著公式裂痕的技客』？」

「你聽我說，別緊張，巴菲特總喜歡說些可愛的俏皮話。即使我們的表現不如大盤和避險基金基準指數一年、甚至兩年，我們的長期良好績效會為我們爭取一些時間。」柯恩說。

「這倒是，」喬說：「理論上，因為我們的淨多頭部位不大，在最糟糕的情況下，我們可能出現一年的下跌，市場卻可能下跌很多，但是我同意很難想像我們怎麼可能出現重大的虧損。最重要的是，我們不能做瘋狂的事情，我們得控制自己的自尊，不要出現任何惡劣的傲慢反應。」

他靜靜地坐了一會兒，柯恩才開口說：「你聽我說，我希望享受我的鈔票，我認為我處在自己的巴洛克時期。」

「什麼？」

「巴洛克是一種風格，是富裕豐美、精彩繽紛、至情至性的生活。人生是一場盛宴，巴洛克代表大快朵頤、大量收集美女、豪宅、藝術品，甚至美酒。」

喬聽不懂，心想：他到底在說什麼？

「哦，」柯恩說：「大家逐漸承認我是大贏家，我今天接到拉利・傅來契（Larry Fletcher）的電話，是關於一筆高價藝術品和幾

幅畫的交易。」

「傅來契是誰？從來沒有聽過這個人。」

「小子，傅來契是世界上最著名的藝術品經紀商，至少是美國最著名的藝術品經紀商。他的客戶中，有很多是富有的避險基金業者，他坐霍克八百型（Hawker Eight Hundred）噴射客機旅行，還有一架直升機，載他到機場搭機。他會參加遺產拍賣會和私人拍賣會，購買優秀的藝術品充實自己的收藏，然後再狠狠地加價，賣給像我這樣的傻瓜。但是他的眼光極為精準，他看中的藝術品只會漲、不會跌。這麼做是適度的分散財富，把財富從鈔票分散到有形、實際的東西上。」

「嗯，我還沒有進入這種天地。」喬回答說。

「哦，我已經進入了！」柯恩說：「我在一場雞尾酒會上見到傅來契，他確實很精明又很聰明，我們一拍即合，他要把一些錢投資在我們的基金中。他問我，是否能夠資助他，進行一筆獨一無二的交易——如果交易做成——會變成藝術史上最大筆的單一所有者的拍賣會，他會給我一半的利潤。」

「怎麼個做法？」喬問。

「有人有一批由六幅名畫構成的收藏，這些畫作是一位紅軍將領在二次世界大戰結束時，從柏林博物館拿走的，他的後人希望以非常私密、不張揚的方式，出售這些名畫。這些畫作是真正的巨作，有幾幅林布蘭的畫作、一幅米開朗基羅的作品、一幅畢卡索的大型立體派作品，還有一幅菲爾南·雷捷（Fernand Leger）的指標性機械裸體畫，這些都是獨一無二的東西。傅來契認為，他可以用五千萬美元買下來，然後在市場上一轉手，馬上就能以

七千五百萬到八千萬美元的價格賣出。我拿出四千五百萬美元，他拿出五百萬美元，利潤對半分。」

「我記得你告訴過我，傅來契極為富有、極為成功，不是嗎？」喬問道。

「他的確是成功而富有，卻沒有五千萬美元的現金。此外，他喜歡我，希望跟我做一點生意。」

「你最好小心一點，你對深奧的藝術了解多少？」

「凡妮莎很了解，這是個好買賣。此外，我希望成為大都會博物館的董事，他們是上流社會的團體！凡妮莎非常希望跟他們打成一片，如果我捐給他們一幅早期大師的名畫，他們會讓我當董事。這筆交易十分美好，我會賺進一千五百萬美元，捐給大都會博物館一幅價值一千五百萬美元的畫作，最後還得到巨額的稅務抵減和董事席位。所有這些，我只要拿出四千五百萬美元的過度性貸款，就可以得到。」

「誰會用這種價格買藝術品？」

「你以為會是誰？想出風頭的避險基金金童的第二任老婆、利用公司資金買畫的投資銀行執行長、擁有巨額捐贈基金的博物館，而且現在還有很多檔藝術基金。傅來契說，世界上至少有一百位批發買家，我們會在巴黎舉辦一次名畫大拍賣，然後在紐約再舉辦一次。你對我所說的藝術界用語有何感想？」

「我沒有任何想法，柯恩，就像我說的一樣，我對這一行還不了解。」

「不急，你一定會了解。當大家變得非常有錢之後，會先在房子的豪奢程度上競爭，然後在孩子家庭教師的血統上競爭，最後

會在藝術品的收藏方面競爭。你是我所認識最有競爭力的人，我知道你會做的下一件事情是買一幅愛德加・竇加（Edgar Degas）的印象派畫作。」

現在，他們就像過去很多時候一樣，敞開心胸、傾心交談。喬心想：在投資事業上，我們是真正的心靈伴侶。他知道業務部門的人擔心柯恩被成功寵壞了，他心底也有同樣揮之不去的擔憂。因此他平心靜氣地說：「柯恩，談到這個問題，我想你在生活方面已經達到了很高的水準，我在社交雜誌上看過你跟凡妮莎的合影，《浮華世界》雜誌報導過你在義大利科莫湖（Lake Como）邊剛剛買下的別墅，也報導你怎麼裝潢。這些可都是負擔，尤其是這樣高調宣傳你多麼富有，顧問公司和組合基金一定已經開始舉起傲慢的紅旗警訊了。」

「對，我知道。」柯恩無動於衷地說：「《浮華世界》的報導也提到，我捐了一大筆資金，給願望成真基金會（Make-A-Wish Foundation），也捐了一百萬美元，給肯特中學蓋足球館。」

「對，他們說，你捐錢給肯特中學，是為了幫助你女兒加入球隊。」

「不可否認的是，這也是考慮因素之一，不然，錢是要用來做什麼呢？」

「這麼說來，你為什麼不暫時保持低調一點？」

「因為我仍然很氣那些該死的成長股投資混球，價值型投資和我還在荒野中流浪時，他們認準我只是輸家。現在他們苦苦掙扎、受到傷害，我要把那些對我的侮辱，狠狠地回敬給那群傲慢的高級白人。」

「你把這種事情當成個人恩怨？」

「對，當然是這樣！他們就是針對我，原因之一或許因為我是個猶太矮冬瓜，去他們的。」

喬覺得最好還是結束這個話題。

2007年1、2月間，市場走高，然後在2月下旬到3月初之間突然大幅下跌，標普500指數下跌了7%。石橋超額報酬基金的團隊覺得不安，因為他們的投資組合績效落後最初的漲勢，然後跌幅又超過大盤指數。

「我有一種山雨欲來的感覺。」某天早上，李柏薇絲不安地低聲說道。

「三個月不能證明什麼。」柯恩說：「放心，這是把資金投下去賺錢的機會。」他們在4月1日接受了另一筆五億美元的資金，而且立刻把資金投資下去，這五億美元當中，有三分之二來自組合基金。

但是他們的績效沒有好轉，反而惡化。那年春天，股價反彈，到了7月初，標普500指數已經上漲將近10%，小型股和中型股指數的漲幅更大。市場變得更為投機，震盪變得更為激烈，石橋超額報酬基金受到打擊。總體避險基金、新興市場基金和更積極的股票投資人都報告說，他們在這一年裡，創造了大約20%的漲幅，而到7月時，石橋超額報酬基金只成長2%。他們放空的標的上漲速度跟他們做多的標的一樣快，只有他們的淨多頭部位讓他們能夠出現正報酬。

超額報酬基金族群苦苦掙扎，但是令人在意的是，有一些類

似基金雖然沒有大發利市，表現卻勝過他們。這些競爭對手同樣不能追平大盤指數，但是有幾家規模比較大的類似基金淨值成長7%到8%，讓他們覺得不安。怎麼回事？出了什麼問題？他們變成了沒有超額報酬的超額報酬基金，客戶的提問中有了一絲不滿的跡象。對客戶來說，石橋超額報酬基金引以為傲的價值型策略連續六個月失常，還可算是場意外，然而，一年的失利可就真得「深刻重新評估」一下了。

問題是柯恩、喬和李柏薇絲也有一點困惑。7月初某一個晴朗的早晨，他們坐在柯恩的辦公室裡，試圖把問題搞清楚，柯恩顯得信心滿滿。

「我敢說，這只是我們的模型暫時失去影響力的歉收期間，昂貴的投機股能夠打敗那些擁有強健的資產負債表、優異的自由現金流量和基本面改善的低價股，這是不可思議的事情。這就像是科技股泡沫時期的情況，這種情形不理性，不可能持久。」

「這只是我們問題的一部分。」喬插嘴說：「我們的競爭對手利用更高的融資比。總體來說價值型投資的報酬率急轉直下，但其他人利用融資的倍數從本金的4倍，提高到7、8倍，甚至提高到10倍。基本上不利用融資的基金報酬率差不多的情況下，他們簡直是要把我們逼死。」

「這樣很瘋狂，」李柏薇絲插話，「他們的價值風險比率數字會爆掉，會陷入嚴重困境。」

「他們可不是這樣說的，」喬插嘴說：「星展銀行組合基金的人昨天來這裡，他們告訴我，其他量化基金認為現在市場的風險已經降低，波動性也已經降低，即使他們利用比較高的融資，仍

然可以把他們的價值風險比率壓在他們規定的限度下。事實上，跟我們採取同樣方法的三角州策略基金融資比率高達10倍，還有一個瘋子的融資比率達到17倍。三角州策略基金向星展銀行保證，他們一旦開始虧損，就會降低融資比率。」

「那麼我們也必須提高融資比率！」柯恩激動地說：「我們不能坐以待斃。」

「但是現在市場的波動性正在升高，而不是降低。如果爛股繼續領先好股，我們可能真的會元氣大傷。」喬告訴他。

「還有比這更深層的原因，」李柏薇絲平靜地說：「這是環境問題，而且問題不會消失。我們的天地、我們所熱愛的超額報酬處處勃發的肥沃牧場，原本大部分由我們自己享用，現在卻已經變得過於擁擠、過度放牧了。」兩個男人不解地瞪著她。

「這是所謂的『公地悲劇』，從亞里斯多德到哈定等社會哲學家都曾經為文探討過這個問題。」李柏薇絲解釋說：「假設有一塊豐美的牧場對所有的人開放，把牛群放到這塊土地上吃草的牧人會六畜興隆，很快的，他就會有誘因，要在牛群裡增加另一頭牛，然後再一頭又一頭的增加蓄養。但是共用這塊公地的所有其他理性牧人都會看到其中的好處，也會做相同的事情，這樣就產生了悲劇。每一位牧人都爭相奪取額外多蓄養一頭牛的好處，但是最後所有的人都要承擔過度蓄養的成本，這塊牧場會變得荒蕪不堪。」

「對，」柯恩說：「我懂妳的意思，以前只有我們、高盛和AQR靠著價值型投資的公地過日子，但是現在有十到十五位新牧人來，每一個人都帶了一群牛，吃同樣的草。結果如何！公地

上的青草開始消失，突然間，每個人的牛都開始消瘦，而不是增肥。」

「上帝保佑我們不會有乾燥的夏天或旱災，」李柏薇絲說：「否則慘劇就會出現……不對，重大災禍會出現！」

「慘劇甚至可能無法避免。」柯恩若有所思又擔心地補充說：「高盛、AQR和所有多種策略避險基金鉅子都沉迷於尋找生存空間，執著於尋找肥沃的新農地。他們像掠食者一樣，讓我想起1939年希特勒覬覦波蘭、捷克和烏克蘭的事情。這是一種偏執狂的表現。」

「那我們該怎麼辦？」喬問。每次李柏薇絲和柯恩探討這種他聞所未聞的複雜哲學理論，他總覺得不自在。該死的是，他甚至連「生存空間焦慮症」都不知道。

接著他自己答道：「我們要加把勁，優化模型篩選標準讓它變得更完善。我們的演算法比他們的深奧，分析資源也更豐富，而且我們比較精明。」

「你還沒有搞清楚狀況。」李柏薇絲告訴他：「我們沒有比較精明，外面有幾百位擁有天才般的智商，又擁有數學博士學位的量化專家，他們持續不斷地尋找異常狀態和比較深奧的演算法。問題是交通流量太大了，誰也無法長久維持優勢。」

她停頓了一下又說：「我的答案，你們這兩位大男人一定不喜歡聽。那就是：我們必須停止接受新資金，而且要把一些資金還給投資人，然後我們要尋找規模比較小，其他公司還沒有進入的新牧場，例如超額報酬的小型新興市場之類的，開展我們的新事業。」

他們驚訝地看著她。「妳頭腦裡在想什麼，小妹妹？」柯恩不屑地問說：「我們無法在小型新興市場中管理幾十億美元，這種市場的流動性太差了。」

李柏薇絲做了一個鬼臉，然後平靜卻明確地說：「首先，我不是小妹妹，你們跟我意見不同時，我不曾把你們叫做小子。」他們聽了默不作聲，面面相覷，臉上的面具暫時卸了下來。「我想到的是事實，」她說：「舊的事實仍然正確，沒有一種資產類別不會被過多的資金攪壞，我們的投資空間已經被徹底攪壞了。」

「對不起，寶貝。」柯恩語帶諷刺地說完這句話，繼續說道：「哦，兩位，我不準備減少資產規模，我建議我們把融資比率提高到7倍，把我們的淨多頭部位提高到40％，然後靠著我們優異的投資技巧和分析，創造績效。坦白說，我在這裡投入太多的自尊心，在那裡投入太多的貸款。」說著他比比紐約的天際線，「說什麼縮減規模？不能成長，必死無疑！」

「你知道，如果我們這麼做，我們會突破自己的價值風險限制……寶貝？」李柏薇絲問。

請記住，價值風險比率代表承受風險的價值有多少。在石橋超額報酬基金的承銷備忘錄中（基本上就是他們跟投資人訂的合約），他們保證，除了在非常短的期間內，否則他們的價值風險比率不會超過5％。5％的價值風險比率表示，「根據最近市場波動性」所做的回測，他們的投資組合有95％的機率在一個月內，虧損不會超過5％。顯然10％的價值風險比率會讓每個月可能的虧損幅度加倍，反之亦然，不過10％的價值風險比率表示如果你做對了，獲利會增為兩倍。

「我當然了解這一點。」柯恩回答。

「這樣做非常可怕。」李柏薇絲直話直說：「我們在跟客戶簽訂的法定合約中，承諾我們不會讓價值風險比率超過5%，現在市場震盪這麼厲害，我們還是穩穩地守在這裡。如果我們違背了這個數字，律師說，客戶可以直接控告公司和我們三個，要求賠償損失，附帶一提，是要求我們賠出我們賺到的一切。」

「對，而且我才剛賺到而已，」喬嘟噥：「我喜歡我的財富，不想拱手送回。」

「把價值風險比率提高到8%或9%應該不是什麼大事，我敢說其他人的價值風險比率更高。」柯恩大聲地說。

「當你承諾不超過5%時，這樣就是大事。」李柏薇絲告訴他。

「鬼話！」柯恩面紅耳赤地回答說：「不要理會那些油嘴滑舌的律師！我們必須努力追求，去他媽的水雷，全速前進！」

「這樣是瘋狂的做法，柯恩，」李柏薇絲說：「以你投資在石橋超額報酬基金的金額來說，你靠著自有資金，就可以永遠過著幸福快樂的日子。你應該關心的是長期績效，而不是資產規模。」

柯恩看著她說：「妳聽著，小姐，妳對我的自尊心或貸款一無所知。」柯恩站了起來，輕輕地拍著喬的手臂。

「就像當年伊拉克入侵科威特，佘契爾夫人是怎麼跟舉棋不定的老布希說的：『現在不是搖擺不定的時候。』」

他們又爭論了二十分鐘，然後喬建議他們採用中庸之道：把融資比率從4倍提高為6倍，把淨多頭部位提高到40%，但是每天要檢查基金的價值風險比率和績效兩次，以便確保它們不會崩潰。

三人商量完之後，喬說：「或許我們應該跟史波肯和雷文討

論所有這些事情。畢竟他們與我們的基金也有很大的關係——如果我們搞砸了，他們也可能遭到控告。雷文擁有第一流的量化頭腦。」

「別提雷文了！」李柏薇絲回答。

「什麼意思？」

「上週以來，他早已為了其他事而分心。」她意有所指地回答。

「告訴我們，妳跟投資伙伴之間不應該有祕密。」

「你們有沒有注意到，他們三個月前，新聘了一位身材一級棒的金髮美女分析師？」

「有。」

「哦，她在最忙碌的上班時間裡，在他擺滿圖表和電腦的幽暗辦公室裡勾引他。她是個大嘴巴，認為自己是最厲害的性感尤物，我在健身房的女更衣室裡，聽到她們竊竊私語。」

「少來了！我認為雷文是耶和華的門徒、是金融界的修士，超脫一切色欲。」

「顯然不是……而且這件事不只是一個下午的風流韻事而已。」

「那個色鬼！在辦公室裡亂搞，」柯恩用接近讚歎的口氣說：「我從沒有想到他會這樣，但是我應該想到的，畢竟他的太太又老又醜。」

到7月中，市場飛漲到經濟復甦後的新高點，標普500指數突破1550點，逼近2000年的天價，歐洲和新興市場也大漲。然後到了7月最後一個星期，突然間，晴空霹靂，世界股市暴跌，因為投資人擔心美國房市的狀態，對房貸金融的憂心浮現，次級房貸

和信用出現巨額損失的消息傳出。

標準普爾指數在兩週內，從略高於1550點，跌到1410點。這種發展讓柯恩、喬和李柏薇絲大驚失色，他們對次級房貸市場幾乎毫無所知，最近才聽到所謂的騙子貸款。

石橋超額報酬基金的融資倍數、淨多頭部位比率和價值風險比率都已經提高，因此受到跌勢的傷害。市場潰散之際，他們不情願地快速降低融資倍數，把淨多頭部位降到20%，但是降低的速度不夠快，無法避免遭到嚴重的打擊。突然間，他們這一年的淨值下降了12%。無法想像的事情發生了，他們的多頭部位下跌、放空的標的上漲。就算他們的淨多頭部位已經降到非常低的水準，就算他們擁有的股票都是績優、健全的低價股，就算他們放空的標的都是高價的夢幻垃圾股，也無濟於事。

所有其他量化基金現在都出現虧損，又違反了風險限制，因而被迫降低融資倍數和投資組合規模。波動性一飛沖天，要降低融資倍數，同時維持投資組合平衡，表示要出售一定百分比的所有多頭部位，回補同樣比率的所有空頭部位。利用某種投資組合保險，向星展銀行提出保證的三角洲策略量化基金，開始出現驚人損失，被迫幾乎完全出清整個膨脹過後的投資組合。

「我們的做法全都是自取其辱。」8月5日早晨，熾熱的白色陽光灑進他們的會議室時，柯恩尖聲叫道：「在我最可怕的噩夢中，我從來都沒有想像到這種情勢。」

「對，」李柏薇絲說：「就是這樣，用更文雅的話來說，我們是栽在自己設計出來的惡魔手下。」

「我跟AQR基金的艾斯尼斯談過，他像我們一樣，是依賴模

型的價值型量化投資專家，也是非常精明的人，他說：『我們的天地裡有了一個新的風險因素，這個風險因素就是我們自己。』我記得雷文也說過同樣的話。」柯恩仍然大聲地說。

喬不為所動。「你們兩個都用有趣的言語描述我們的問題，但是我想知道的是，我們該怎麼辦。我們已經受到傷害，或許在塵埃落定之前，我們應該結束所有的部位，全部換成現金。」

「我們要堅持我們的紀律。」柯恩信心十足地表示：「這種恐慌行為是異常，真理和正義最後一定會獲勝。」

「我當然希望你是對的。」喬說：「我也只能相信你是對的，否則我們就完了。」

量化價值型投資天地正陷入一種似曾相識的大恐慌中。因為巨型基金必須回補空頭部位、賣出多頭部位，前者會拉抬空頭標的的股價，後者會打壓多頭標的的股價。這種行為進而造成了其他量化基金巨額損失的惡性循環。

彭博資訊刊出一篇報導，指出高盛、AQR與石橋超額報酬基金可能出現巨額虧損，客戶打來的電話淹沒了柯恩、喬和李柏薇絲，他們真不知道該對客戶說些什麼，因此寫了一篇希望能夠安定人心的聲明：

我們的模型不是深奧的結構，但是我們認為，它是一種周全、直觀，而又系性統選股與建立投資組合的方法。我們所說的價值差距，指的是最低價與最高價四分之一股票的價差，目前這種差異已經擴大到創記錄的水準，我們就是在其中設法獲利。最

近發生的事件是異常現象，是由沒有經驗的投機性投資人造成的，卻也創造了我們打算利用的絕佳機會。

一位著名的量化學者在《華爾街日報》發表「天有不測風雲」的觀點。他寫道：「複雜系統失敗的原因就是本身的複雜性，失敗的鐵則顯示，大部分事物最後都會失敗。複雜的系統在看來無足輕重的獨立事件發生時會失敗，並透過滾雪球效應，造成慘劇。」

柯恩看到這段話時，咆哮著說：「媽的，這是什麼意思？」

喬心想，柯恩似乎越來越敏感，他也不完全了解學者的意思，卻可以感受到自己對柯恩的不滿不斷增加。「這點表示我們、主要是你，對我們永遠熱愛的模型談得太多，有太多人模仿我們，因此我們互相妨礙，結果導致災難。」

「複雜性的疊加，不但脆弱不堪，也非常危險。」李柏薇絲低聲地說。

三個人都很難過，只是每個人難過的方式不同。這一切都令人極為震驚、極為不可思議。幾個月後他們回想起來，才意識到這件事可以說是不可能事件卻高度可能發生的經典例子。

喬和李柏薇絲也因為不斷地跟柯恩爭吵，覺得心煩意亂、悶悶不樂。他們過去全都極為徹底地相信他們的模型完美無缺、無懈可擊，因此模型徹底崩潰時，使他們備受摧殘與羞辱。喬幾乎打不起精神跟其他投資朋友談話，但是他知道他應該保持自己的觀點。

他認為，這好像回到過去可怕的日子——當時他會在半夜三

更醒來，渾身冒冷汗，對石橋超額報酬基金的生死憂心如焚。現在他不只是為這個投資組合煩惱，也開始出現可怕的疑心病，擔心石橋超額報酬基金的命運、整體金融體系的安危，和他的新財富能否逃過此劫。而且在他的心裡，還有一個更大的恐懼，就像陰險的癌症一樣滋長──他們會不會因為違反價值風險比率的承諾，而遭到控告？

他也忍不住為自己的財務狀況擔憂。他的確很富有，但還是覺得不保險。他發現失眠和拖著疲勞的身體去上班，讓他變得更為沮喪。每天他去上班時，臉孔會因為承受失眠的壓力，變得僵硬而蒼老，李柏薇絲只要看他一眼，就可以判定他睡得好不好。最後，他去看家庭醫生，拿了安眠藥安必恩（Ambien），這種紅色的小藥丸很有幫助，只是到了早上讓他有點發暈。李柏薇絲因為沒有那麼多可失去的，也沒有太重的財務負擔，因此能夠保持比較好的狀態，但是她卻替喬感到難過。

另一方面，艾蜜莉似乎對他缺乏一些同情。她覺得他們已經擁有一輩子所需要的所有財富，因此，為什麼不乾脆把石橋超額報酬基金變現，安然度過危機？

「柯恩和你的辦公室夫人怎麼想？」問完，她噘起嘴。

喬沒有理會她那句辦公室夫人的諷刺。「他們希望堅持到底。」他回答說：「我認為柯恩正在迷失，可能已經失去戰鬥精神。他看起來相當墮落，如果他跟新歡一起抽大麻，我一點也不會訝異。」

她突然改變話題，提到金融大鱷索羅斯寫的一篇令她印象深刻的文章。索羅斯認為，整個世界史上──甚至早在耶穌基督誕

生前——人類社會財富創造和財富摧毀的周期總是交替循環。財富創造的循環大約延續兩代，也就是延續六十年，隨後無可避免的是三十年的財富摧毀循環期間。索羅斯指出，人類歷史上最長的財富創造期出現在二次世界大戰結束後，從1947年開始，而且一如往常，正好延續六十年，現在、今年是財富摧毀世代開始的第一年。

「你認為索羅斯這種說法對嗎？」她問道。

「可能吧。」他慢慢地答道：「恐怕是對的，證據相當有說服力。」

「哦，」她說：「我想了很多，為什麼財富毀滅期間一定會跟著出現？第一，因為賺到所有財富的第一代變得滿足、自滿，年齡也大了。第二，因為他們的子孫在受到寵愛的環境中成長，缺乏動機、缺乏努力工作的衝動和急迫性。第三，隨著貧富差距之間的不平等倍數成長，大眾會變得仇富，產生惡性反彈，造成國家利用較高稅率進行重分配，這種做法會破壞整個社會的主動積極特性。你覺得如何？」

「妳聽我說，」他認真地答道：「我們很可能已經進入財富毀滅的循環。」

「可怕的是，」她告訴他：「這次的貧富懸殊集中在投資業中，也就是集中在你們這一行裡。投資專家、避險基金業者的收入，和在實體經濟中工作的大眾相比，報酬差異這麼大，是極為不健全的現象。」

「對，」他若有所思地說：「我們可能處在暴風眼中，這讓人不安。另一件讓我害怕的事情是，我不明白股市是怎麼了，我們

的模型不再有用，我卻找不出其中的原因。」

「如果你不知道原因，為什麼要跟股市對抗，折磨你自己——和我們呢？」她問道：「為什麼不離開石橋超額報酬基金？把一切都賣掉，去度個假，釐清你的腦子，管理你自己的資金。為什麼我們要過這種生活？」他的沮喪已經讓她覺得不耐煩，她希望他更關懷她和兩個兒子。她用懇求的語氣說：「我們應該擔心怎麼維護我們的財富和撫養我們的小孩，而不是在你深陷其中的這種瘋狂遊戲中競爭。」

「但是我熱愛這種遊戲。」他告訴她：「我熱愛獲勝，希望證明我們能夠捲土重來。」

「你瘋了！」她有點傷心地說：「你為了你的自尊心和你熱愛的遊戲，要賭上我們所有的財富，這種行為簡直愚不可及！」她生氣地站起來說：「喬，你變了！你不再像過去的你，我們之間到底怎麼了？」

她的眼睛冒火，喬可以看出她真的生氣了。「幾年了，你一本小說都沒讀，更別提歷史書！你只熱愛辦公室、股票和高爾夫，你瘋了，你到底出了什麼問題？」他只是凝視著她，搖搖頭。

「我要去睡了。」說著，她大步走上樓。

她上樓後，喬坐著沒動，他了解她的怒火。對於自己跟小孩在一起時總是心不在焉，對此他很內疚。但他就是沒法忘記紐約的大屠殺，和公司遭受的重創。至於小說，不讀也罷。現在，只有一件事最要緊：證明他們是對的！

接下來的週六，他們為兒子提摩太舉辦三歲生日派對。他們

參加過幾次炫耀式的兒童生日派對，這種派對與其說是為小孩慶生，不如說是各家激烈的經濟實力比拼場合。喬自己也說不清為什麼，決心用同樣的規模，辦理兒子的生日派對。他不要輸給別人，他即使不比兒子班上其他同學的父母還富有，至少也同樣富有。

艾蜜莉卻有點不屑，但是喬堅持要請一位派對規劃專家和外燴師傅。提摩太的小朋友和他們的父母親，收到印刷精美的柯連恩公司（Crane）名牌請帖，邀請他們週六下午光臨。派對當天，有泊車的男僕替客人服務，大門口有踩高蹺的小丑。他們為每個小朋友準備了禮物，還準備了特別的遊戲屋、三座秋千、一個精美的叢林健身房，還安排了一場精彩的動物表演。然後，孩子們享用專為他們準備的食物，大人們則享用美酒和現場製作的精美點心。

那一週，石橋超額報酬基金的績效受到嚴苛的考驗，喬顯得心煩意亂，又心不在焉。宴會的大部分時間裡，他都遠遠站在一邊，跟裴洛和經營另一檔人型量化基金的克里夫‧雷恩（Cliff Ryan）談話，沒有跟小孩一起參加遊戲，也沒有跟別的大人混在一起。事後艾蜜莉氣炸了。

「為了你寶貴的自尊心，」她吼道：「你堅持要辦這種過大排場的生日派對。我邀請我的朋友和他們的小孩參加，然後你躲起來，談了兩小時的生意。這樣真的很過分、又失禮！」

喬真心誠意地道歉。他向艾蜜莉解釋說，他覺得很沮喪，幾乎無法面對人群，只有和同病相憐的人交流，才能讓他好過一點。但是，她突然打斷他的話。

「這樣真可笑，格林尼治是避險基金的天地，這裡的人都不是傻瓜，他們知道市場上的狀況是怎麼回事。你縮在角落，不參加你兒子的派對，就是告訴大家你有問題了，真是愚蠢之至！你讓自己窘態畢露。」

這一席話讓喬感覺更差。

「還有，我要順便告訴你，」艾蜜莉補充說：「裴洛的那個女人是蠢蛋，他們居然想加入格林尼治壁球俱樂部。我認識俱樂部的幾位女性。裴洛一家顯然幾乎每個週末都舉辦派對，他們的豪宅像拉斯維加斯賭場一樣，永不休眠，加上各種噪音與音樂，他們的客人離開時，為了表示敬意，還一直按喇叭。這裡是平靜、悠閒的老社區，現在每個人都氣瘋了。」

「真不幸。」喬喃喃說著：「裴洛夫妻只是喜歡社交的人。」

「可能吧，但是她真的很蠢，你可以幫你的朋友一個大忙，告訴他不要再舉辦派對，同時把妻子休掉。」

「她又怎麼了？」他問。「我喜歡裴洛夫妻，妳的看法只是個人偏見。」

「哦，他們進不了格林尼治壁球俱樂部啦。她拿到一張名單，是格林尼治壁球俱樂部會員審核委員會的委員名單，然後她不但叫她的私人助理打電話給她們，自稱是裴洛夫人的助理，還邀請她們指定三個不同的日子，一起晚餐。加入格林尼治壁球俱樂部幾乎就像加入一個家庭一樣，入會費像加入新高爾夫俱樂部一樣，極為昂貴，但是等待名單卻非常長，批准程序非常挑剔——而且非常祕密。」

她不屑地搖搖頭說：「這些太太在入會程序中扮演重要的角

色。格林尼治壁球俱樂部的太太們沒有私人助理，因為她們不夠富有，即使她們夠富有，請得起私人助理，也不會這麼麻木不仁到利用助理打個人社交電話的地步。她們認為她是在公然炫富，她們打算排斥這位傲慢的臭女人。」

至於柯恩，他對這場危機的反應跟別人不同。他每晚不是去參加各種名目的晚宴派對，要不就是泡在引人注目的慈善晚會中。隔天，他經常比喬和李柏薇絲晚兩小時上班，他的臉孔浮腫，雙眼布滿血絲看來有種發狂的感覺。他繼續過著豪華奢侈的生活，繼續揮霍，他的社交活動與風流韻事甚至變得更瘋狂。彷彿他必須昭告世界：他不受這場危機影響、一切順利、有關石橋超額報酬基金的傳言都是假的。

喬心想，跟柯恩一起廝混的新潮人士和社會名流可能喜歡這樣子，但是跟他們的績效和柯恩荒唐行為有關的小道消息，早已滿天飛。避險基金的世界是敵意橫流的地方，擠滿了積極進取、嫉妒心重的人，他們會不惜代價追求勝利。如果追求勝利表示需要散布跟對手有關的負面消息，他們也無所謂。現在石橋超額報酬基金的競爭對手悄悄地對投資大戶和顧問公司說小話，說柯恩的行為像有支螺絲鬆了，但或許是他的模型麻煩大了。

至於李柏薇絲，她一直默不作聲，每天晚上獨自一個人回家，在孤獨中療傷止痛。從某方面來說，她是三個人當中覺得最困擾的人，因為她認為，他們已經陷入投資版的公地悲劇，至於喬和柯恩在為時已晚之前，永遠不會認清他們的投資模型已經徹底失敗了。

她也擔心喬，他把成功看得太重。柯恩的問題是他的自尊心、名聲和財務負擔，但對她來說，柯恩的問題都不比上喬那樣讓她擔心。現在，她不得不對自己承認，她確實愛上喬了，一半是愛上他的堅強與奮發，一半是愛上他寬闊的肩膀、結實的身體，還有那張黝黑嚴肅的臉孔。

　　最後一波震盪壓低整體大盤後，2007年8月12日，紐約股市開盤後，迷你恐慌突然結束，價格止跌走穩。但是投資人已經蒙受重大損失，價值型超額報酬投資法過去顛撲不破的整體形象，已經受到嚴重傷害，石橋超額報酬基金受到的損害尤其嚴重。到當時為止，石橋超額報酬基金的年度淨值下跌17%，他們的兩檔最大對手減幅超過20%，高盛資產七十五億美元的全球超額報酬基金減幅達到27%，全球股票型機會基金（利用6.5倍的融資）光是在8月的第二週裡，損失就高達30%。然而，這些事實不能帶給他們什麼安慰，模型驅動的價值型投資碰到重大挫敗。

　　高盛採取積極止血的行動，宣布注資三十億美元到全球股票型基金中，其中二十億美元是公司的資金，另外十億美元來自經過精選、公認精明的投資大戶，如漢克・葛林柏格（Hank Greenberg）、史帶公司（C.V.Starr）與培利資本公司（Perry Capital）。新資金得到極大的優惠，以至於其中讓人嗅出恐慌的味道：新資金不必繳交管理費，而且基金公司必須在創造10%的報酬率後，才能從利潤中，得到10%的績效獎金。

　　石橋超額報酬基金跟投資人訂的合約規定：投資人可以在每一個日曆季的季底贖回，同時必須在三十天前以書面通知。石橋超額報酬基金在每個月的十五日和月底，會向所有投資人報告績

效。8月3日，石橋超額報酬基金報告今年以來基金淨值下降8%；接著在8月16日又申報，8月的前十五天內，淨值又減損9%。雖然高盛的基金虧損更嚴重，石橋超額報酬基金的消息卻也令人震撼。理當波動性低落的多空價值型基金怎麼可能在十五天內，虧掉這麼多的錢？這種情形好比遭到浴血屠殺！他們心愛的傑作、他們珍視的寶貝、他們的事業石橋超額報酬基金受到嚴重傷害，奄奄一息。

這場屠殺的時機表示，石橋超額報酬基金的投資人如果希望贖回剩下的資金，必須在8月31日前，發出贖回通知，不然就要再等三個月，到年底才能贖回。這場金融風暴來得如此突然，如此殘酷和意外，以至於投資人根本沒有時間了解所受到的傷害，更沒有時間了解這場風暴的起因。然而，還是有五位投資大戶要求部分贖回（就像其中一位告訴喬的一樣，「只是為了保險起見」），大約贖回20%，總額三億二千萬美元的資金。因為石橋超額報酬基金的投資組合仍然動用6倍的融資，要籌錢應付贖回，必須結束將近二十億美元的部位，也就是賣出做多的部位、回補空頭部位。這些交易當然進一步打壓了石橋超額報酬基金的績效。

同時，其他大型價值型量化基金也碰到類似的贖回，也在全面出脫所持有的部位。結果，他們持有的那些擁有強健資產負債表、基本良好的低價股全部下跌。同時，他們放空的那些公司虧損、毫無希望的垃圾股卻飛躍上漲。一切都是不可思議的瘋狂、絕望和痛苦。

主要股市經過劇烈卻短暫的仲夏跌勢後，在夏末起飛，形成最後一次激漲，事後證明，這是主要股市的迴光返照。石橋超額

報酬基金並未著墨的新興市場漲勢尤為凶猛，而投入其中的避險基金得到驚人的報酬率，更加重了其他基金的績效壓力。美國和國際主要指數大都在10月創下經濟復甦後的新高紀錄，不過那斯達克指數仍然遠低於2000年的天價記錄。接著到了2007年11月，股價突然再度下跌，然後在12月裡盤旋遊走。

第四季裡，量化基金繼續苦苦掙扎，但是其他大部分人都在賺錢。新的一年開始後，有一檔不利用融資且完全避險的基金，利用一種複雜、純粹的價值型投資策略，賺到2％至10％的報酬率。從2005到2006年以來，股市波動性相對較低，大部分基金都利用5到7倍的融資，操作低到20％的淨多頭部位，扣除借貸成本後，產生10％到15％的報酬率。比較冒險的公司在適當的情況下，會借貸10倍的融資，操作30％到40％的淨多頭部位，可以創造20％以上的報酬率。

現在的問題是價值型投資已經行不通，事實上，不利用融資的基金會出現負2％到負3％的年度報酬率，但是利用7倍到8倍融資，操作相當高比率淨多頭部位的基金，虧損會達到20％至30％以上。因為很多基金急於出售淨多頭部位，回補空頭部位，大家都急於消除融資，只是使情況更為惡化。雷曼兄弟一位研究分析師估計，從6月底到9月底，投資在量化計畫的資金從二千一百億美元，降為一千五百四十億美元。

蕭氏公司（D.E. Shaw）操作的一檔基金——據說利用高達17倍金額驚人的融資——在8月裡，虧損了18％，到了10月分，卻賺了11％的報酬率。然而這種波動性嚇壞了很多投資人，投資人紛紛要求贖回。

11月的某一天上午，李柏薇絲對喬說：「這種全面減少融資、降低波動性和贖回的過程正在製造惡性循環，很可能演變成致命的漩渦。」柯恩當天不在場，他們兩個再度注意到柯恩持續不斷地遲到和缺勤，卻沒有多事批評。

　　「我知道，」喬回答說：「我記得幾個星期前，妳曾經談到環境的變化。哦，變化正在進行，市場上再也沒有我們的價值型模型能夠派上用場的地方。事實上，現在市場傾向具有動能特性的成長股。」

　　「對，我聽說有些人已經改成價值中立的模型，以很高的本益比，買進高價的垃圾公司，只要這種股票是屬於防守型成長和高成長的股票。」李柏薇絲說。

　　「妳知道，柯恩絕對不會贊成這麼做。」喬說。「他到死都是離不開公式的死硬派價值型投資分子。」

　　「哦，」李柏薇絲說：「風水輪流轉，有時候價值型投資當紅，有時候成長型投資出頭，有時候績優股當道，有時候垃圾股勝出。」

　　「過去我們的模型太沒有彈性，我現在逐漸了解這一點了。」

　　「問題是長期而言，價值型投資在大部分的時間裡，會勝過成長型投資。」李柏薇絲說：「但是並非隨時都能勝過成長型投資，我們知道市場可能出現好幾年，甚至更長的旱季，我覺得我們現在處在旱季裡。我記得從1996到2000年，成長型投資打敗價值型投資，我們要請分析師研究這件事，我們必須調整。」

　　「要改變柯恩的想法可不容易。而且如果我們改變做法，我們必須告訴客戶，他們認為他們投資的是量化價值型基金，不是量

化機會基金。」

「只要能賺錢，他們會接受的。」李柏薇絲說。

2007年11月的下半，贖回通知湧入，作業部門每天都會發給他們一封電子郵件，摘要說明當天的贖回統計。他們傍晚時分會坐在辦公室裡，害怕打開電子郵件，卻又忍不住想知道當天又有哪些他們賣力服務的親愛顧客，拋棄了他們。到11月30日贖回截止期限，他們收到的年底贖回通知金額加總起來，達到二十億美元，再加上9月30日贖回的三億二千萬美元，形成了毀滅性的致命打擊。為了應付這些贖回，他們必須在已經進行中的減少融資交易之外，賣出更多的多頭投資標的，回補更多的放空標的。這些因素混在一起，再加上市況困難，導致他們第四季的績效慘不忍睹。

他們三人坐下來討論這件事。「這是規模空前的風暴。」李柏薇絲把臉抬得高高地，表情十分平靜地總結說：「我們在成長導向的市場，同時所有其他價值型量化投資基金瘋狂降低融資比率時，我們卻提高融資倍數，因而受困。」

「我們的客戶真是忠誠之至啊。」柯恩語帶諷刺。

「喂，記得你兩年前告訴過我——在我們收取2加20%金額的情況下，我們早就應該知道客戶不會忠心耿耿，他們為什麼應該忠心？如果你想要別人的忠心，就改收取0.4%的費用，你會找到像狗一樣忠心耿耿的客戶。」喬搖著頭說：「這是避險基金的現實，是避險基金醜陋的現實。」

「媽的，你真是聰明的哲學家。」柯恩的語氣裡帶著不滿的意

味。

　整個2007年裡，石橋超額報酬基金的淨值減少31%，加上2%的固定費用，投資人全年的淨虧損為33%。到了年底，他們的資產受到贖回和虧損的雙重打擊，從八十多億美元，減為大約三十六億美元。

　這是量化基金淒慘的一年，高盛資產管理公司的全球超額報酬基金虧損38%，全球股票機會基金虧損超過30%。AQR公司的絕對報酬基金和高橋資本管理公司（Highbridge Capital Management）的統計機會基金都虧損15%左右。有些規模比較小的量化基金因為績效差勁、虧損嚴重，又碰到大量贖回，因此被迫關門。

　雪上加霜的是，有一些量化基金從價值型投資改為成長型投資，而且從事波段操作成功，表現要強得多。黑山基金（Black Mesa Fund）成長13%，AQR全球風險溢酬基金成長10%，蕭氏基金成長7%。讓量化基金難過的是，這一年裡，避險基金天地中，量化基金以外的同行表現相當優異，只有第四季略為失色。避險基金研究公司的避險基金加權綜合指數上漲9.9%，很多新興市場與亞洲基金上漲20%到30%。

　事後證明，對整體市場來說，這一年是很奇怪的年度。標普500指數上漲5.5%，但是在紐約證券交易所掛牌的所有股票中，下跌的股票幾乎是上漲股票的兩倍之多。這一年裡疑點重重，空氣中有一絲不安的氣氛。

　柯恩、喬和李柏薇絲仍然沒能清楚認識到的殘酷事實是：價值型投資美好的日子已經結束。這個精彩的價值型投資多頭市場

在2000年，他們創立基金時開始，此後他們的模型在這段期間運作極為順利成功，鮮少中斷。但是，市場在2007年再度反轉。現在的市場可能是感受到全球經濟搖搖欲墜，於是轉向了成長型投資，價值型投資和石橋超額報酬基金因此受苦受難，實際情形就是這麼簡單。

他們跟史波肯與雷文約定的報酬是：喬、柯恩、李柏薇絲、分析師和客服部門，得到利潤的70%、固定費用的25%，石橋公司負責營運、交易與行銷。他們敲定這樣的安排時，柯恩和喬覺得這約定非常划算。

然而，在這樣的悲慘年度，情形就大不相同了。他們從來沒有想到會碰到淨值大幅減損，還遭到巨量贖回。因為他們的淨值沒有成長，0的20%還是0，這一年裡，他們靠著平均資產，收到2%的固定費用，金額為一億一千萬美元，他們分到25%，全部金額只略高於二千七百萬美元。

他們現在要負責發薪水給一位研究主任、六位分析師、三位研究助理和四位祕書。那三位專職為他們服務的交易員由公司負責發薪水。當初他們編製預算時，估計發給手下員工的薪水和獎金合計為二千八百萬美元，其中還假設獎金會提高10%。此外，還有李柏薇絲薪水和獎金的問題。

避險基金的績效獎勵金是淨利的20%，如果一檔基金在某一年裡虧損，必須先把虧損賺回來，才能再度領取績效獎金。對石橋超額報酬基金來說，這是個簡單的計算，結果卻很驚人：基金必須成長50%後，才能再度領取績效獎金。這是高水位制度的詛咒。

柯恩和喬對此心知肚明。1月初的某個下午,他們坐下來討論錢的問題,討論氣氛像窗外下著冷雨的天空一樣陰沉、一樣蕭瑟,兩個人都愁眉苦臉、悶悶不樂。到目前為止,2008年開年以來的情況也不太樂觀。

　　「雖然我們碰到慘澹的一年,但是我們還是必須發給員工全額的待遇。」喬說。

　　「為什麼?」柯恩問:「他們應該像我們一樣同甘共苦。」

　　「原因在於,避險基金這一行去年整體狀況不錯,各家基金給的薪酬都不少。我們的人盡力做好分析師和量化專家的職守,是我們把投資組合搞砸了。我們必須根據預算,發給他們薪酬,否則他們就會跳槽,客戶會非常不滿我們的人事變動。此外,他們知道我們遠低於過去的高水位,因此其他景況好的基金向他們招手時,他們會很樂於接受。」

　　「狗屁!」柯恩說:「我想你也希望多付一點錢給李柏薇絲吧。」

　　「對,沒錯,去年我們虧待了她。事後回想,我們很貪心,大客戶都知道她是這裡的重要角色,要是她走了,對我們一定是另一個重大的打擊。」

　　「我們真蠢,才會落入這種狀況,我們根本不應該賦予她能夠跟我們分庭抗禮的權利。」

　　「少來了,柯恩,這樣說太荒唐!她沒有跟我們分庭抗禮,我們必須付給她一千五百萬美元。」

　　「希爾先生,這樣表示你說的是,光是發錢給分析師和她,我們就必須拿出一千六百萬美元。也就是我們兩個要從我們自己心

愛的資本帳戶中，各拿出八百萬美元，而我現在的錢不斷流失，一個月要流失一百萬美元。老兄，這真他媽的難受！」

「對，的確如此，但是我們曾經扶搖直上過，現在我們要還一些回去，以便維持我們的事業、讓我們最愛的石橋超額報酬基金繼續生存。否則我們可能完全失去我們的事業。而且今年我們必須像瘋子一樣努力，創造一些優異的數字，不然我們就完了。」

「很不幸，你是對的。」柯恩幽幽地說。「我們必須發錢給員工，必須創造優異績效，否則就會完蛋。去年我們破壞了我們所有的商譽，在我們把虧損賺回來之前，我們得不到任何績效獎金。」

「太好了！謝謝你，柯恩，這麼做就對了。」

「對，不過我卻是負擔最重的那個人。」

喬覺得自己應該說些話。「你可以減少花費，生活簡單點。」

「你說得很容易，兄弟。女人不喜歡減少花費，你知道我現在有兩位前妻和一位女朋友，在我開始支付贍養費前，我根本不知道一個月過得有多快。」

「我了解，但是好日子已經結束了——這也許是好事。要讓基金回到從前的規模一定很難，我們在客戶心目中的信用已經遭到破壞，從來沒有人認為我們居然會虧損30%。」

「我也沒想到，」柯恩輕聲地說：「從沒想到。」

Chapter 15

凶年2008——在劫難逃？

華爾街從原本繁華而不可一世的地方，變成哀鴻遍野的凶惡之
地……夜幕降臨，恐懼、痛苦和孤獨對華爾街的公民一視同仁。

神欲使之滅亡，必先使之瘋狂。

——希臘古諺

　　新年開始時，大部分投資人和預言家都很樂觀，不過也有唱
衰的預言家同聲悲傷地合唱，警告房貸市場末日即將來臨。1月的
情勢嚴峻，大盤以跌勢收場，標普500指數下跌了6%。財經新聞
一片悲觀，頻繁公布的美國經濟資料顯示，溫和的經濟衰退迫在
眉睫，企業開始裁員，房價繼續下跌。

　　2008年1月下旬，喬參加了雷曼兄弟舉辦的投資晚宴，地點
就在二一俱樂部那間精美、古老的拱頂地下酒窖。喬不太想參
加，但是這種晚宴就像部落會議一樣，他知道自己應該參加，以
便試試避險基金主戰派的水溫。但是參加這樣的晚宴，你必須隨

時擺出和維持戰戰兢兢的態度，因為雖然晚宴的每一位來賓表面上都顯得親切而友善，但是這種晚宴的客人是世界上競爭最激烈的對手，互動之間總是潛藏機鋒。避險基金投資是血流成河的廝殺，彼此之間的聚會絕非那種可以放輕鬆的老友聚會。更何況，每個人都知道石橋超額報酬基金的處境艱難，應該都會觀察他，想要窺探他們的傷口到底有多深。

晚宴上有十二位衣著光鮮、伶牙俐齒、自以為是又咄咄逼人的避險基金同業。雷曼兄弟的業務員手腕高明，把這群人拉來進行一般性的討論。喬總是覺得自己在這種場合中，沒有某些人那麼能言善道、信心十足。這種晚宴中，總是會有許多人喜歡「貼金」（也就是誇大所持有股票的基本面，美化所持有股票的故事），有一些謊言，偶爾還會有一些打擊你的事情，因此你永遠不太清楚應該相信什麼。

那天晚上，房間裡的氣氛緊繃得有點不尋常，隨著夜越來越深和美酒一杯杯下肚，晚宴變得相當嘈雜。喬對於吹噓自己打算要賣掉的東西，一向都覺得彆扭，輪到他發言時，他剛開始介紹一檔股票，一向精明的彼得‧布蘭迪斯（Peter Brandise）插嘴打斷他說：「喬，你應該覺得差恥，這麼給你那隻豬塗口紅。」

「它不是豬，這裡也沒有口紅。」他對布蘭迪斯吼著說：「這檔股票的本益比只有5倍，股價淨值比為三分之二，還有很多自由現金流量。」

「你還搞不懂，」布蘭迪斯不懷好意地笑著回答說：「我們已經轉而投資成長股市場，成長型投資會繼續痛擊價值型投資。」

「那是去年的事了。」喬回答說：「和成長股相比，價值股現

在處在歷史性低點。」

「不對！」布蘭迪斯大聲說：「不對！波動性正在增加，波動性指數上升時，成長股總是會勝過價值股。你們最好調整你們的模式，否則你、柯恩和石橋會再度在成長股的煙霧中窒息。」

桌旁的投資專家現在都把目光鎖定在他身上，有的面露同情，有的擺明了想看好戲。「去你的。」說完，喬一語不發，看著另一位投資專家談論新興市場。

「去年他成長38%。」坐在喬旁邊的人低聲對他說：「38％！」

聽著別人吹噓他們2007年的績效，使喬覺得啞口無言、陷入防禦態勢。他很生氣，甚至更堅定地下定決心，新的一年裡，多少要拿出一些好成績給他們瞧瞧。

第二天上午，喬把昨天晚上大家在燭光搖曳的酒窖裡探討的主題轉述給柯恩與李柏薇絲——大家都認為元月的市場弱勢是異常情況。幾個月來，股票已經碰到類似空頭市場般的下跌，和債券與通貨膨脹相比，股價已經很便宜，而且，市場情緒已極度悲觀。市場環境和2007年完全不同，股票的價值沒有升到天際，市場也沒有受到瘋狂情緒主導，流動性危機的恐懼似乎已經減弱，銀行已經設法推動一回合成功的資本重組。此外，聯邦準備理事會也不再縮手縮腳，開始大幅降低利率。

大家的共識似乎是，今年美國經濟的實質成長可能達到1%或2%，企業盈餘應該可以提高10%。把這種看法跟溫和的通貨膨脹與利率展望放在一起，顯示標普500指數至少會上漲10%，就像其中一位專家說的一樣，現在正應該「大力吸進、增加持股」。

那天上午，他們決定調整自己的模型，以適應有利成長股兼

動能股的新市場環境。到2月中，石橋超額報酬基金的投資組合中，成長導向股票的比率升到基金創立以來的最高水準，基金的績效也有所改進。他們持有的多頭部位中，將近30%是低價的科技股。接著市場突然再度暴跌，投資者對經濟衰退的擔憂加劇，單向做多的基本面基金經理人開始出脫科技股之類波動性激烈、受到景氣循環影響的成長股，轉進價值股。所有科技股，無論是高價還是低價都遭受重挫，無一倖免。

石橋超額報酬基金再度繳出淒慘的績效。他們正好在完全錯誤的時間點上，放棄價值型投資，遭到雙重打擊。結果第一季結束時，基金的淨值下降8%，新一波的贖回風潮開始了。喬可以察覺到，他們的客戶對他們和他們的模型已經徹底喪失信心，連曾經賺到大錢的長期客戶也一樣。現在，恐懼和沮喪兩種痛苦在他心裡百般糾結。

事實上，他，喬‧希爾——永遠信心滿滿的四分衛、善於克敵致勝的防守後衛、揮桿如神的高爾夫好手——正在失去信心。他再度失眠，每晚要吃的安眠藥從一片增加為兩片，每片各五毫克。他發現，自己害怕的不僅是參加跟投資有關的聚會，也害怕參加社交聚會。他感覺自己在那些場合中，大家都會盯著他，想從他的言行舉止中尋找他承受壓力的蛛絲馬跡，以便當成閒聊的話題。一年或一年半前，他和艾蜜莉參加晚宴時，他還神采飛揚、春風得意，因為他知道大家認為他是好小子、是成功的「大贏家」。現在大家閒聊時，談的是石橋超額報酬基金績效差勁，碰到大規模的贖回。他知道其中有些幸災樂禍的意味——「英雄何以竟然摔倒！」言下之意並不難懂：他，喬‧希爾不過是曇花

一現，如今打回原形，輸家一個。連去他心愛的孤樹俱樂部打球，也變成了煎熬，但是至少他的球友們日子也不好過，大家可以在一起療傷止痛。

　　隨著春天降臨，天亮得越來越早，喬發現自己遠比艾蜜莉和兩個小孩先醒來，有時甚至五點半就出門去公司。家人不喜歡他這種樣子，艾蜜莉告訴他，他變成一個「難相處、又愛發牢騷的怪老頭」。她的確是這樣說，連他的性欲也開始減退了。

　　接聽大客戶那些憤怒的電話，自然也令他的情緒長期處在低點。白萊德組合基金的夏比洛，就是在佛羅里達州跟他打過打高爾夫的那一位，已經在2007年底撤回了一半的資金。現在他打電話來，質問為什麼他們的表現仍然這麼差，喬試圖說明他們怎麼調整模型，夏比洛連聽都不想聽。

　　「我們聘請你們代操，不是要你們在事後針對剛剛發生的情況，調整你們的狗屎模型。你們告訴我們，你們的價值導向策略永遠都會有效，不論景氣好壞，都能夠創造一些超額報酬。超額報酬可能會有變化，但是你們承諾你們永遠不會大幅虧損。」

　　「我們從來沒有承諾過什麼事情，只承諾我們會積極努力。」

　　「哦，我聽膩了你們的藉口和調整模型的廢話，我們自己碰到大規模贖回。下次開放時，我要全部贖回，不要試圖阻止我，否則我會告你們。」

　　喬治亞州教師退休基金的傅爾曼說話比較溫和些，但是措辭毫不含糊，他用的字眼是「沒有負起受託人責任」。

　　「我的幕僚問，如果你們遵循你們的價值風險比率原則，你們

怎麼可能虧損這麼多錢。喬，我喜歡你們這些人，但是我們要檢討這件事，考慮是否應該採取法律行動。」

喬心底一涼，這件事一直是他擔心的事情，是最可怕的噩夢。傅爾曼又說：「對不起，喬，但是委託人氣瘋了。這件事已經成為全州的重大政治問題。我們談的可是教師退休基金，現在州政府可能必須加稅來彌補教師退休基金。我已經因為失職而丟了獎金。」

後來他把這些話轉述給李柏薇絲時，整個人處於崩潰狀態。「哦，讓我最難過的是我們虧掉的錢，是一般人辛苦工作多年、努力儲蓄的錢，他們還指望依靠這些錢退休養老、養家餬口。太可怕了，我們幾乎就像犯罪一樣。」

李柏薇絲伸手碰碰他的手臂說：「你說的對，是很可怕，但還不致於犯罪，你沒有把這些錢偷走。你已經盡了最大的努力，只是判斷錯誤而已。」

「錯誤又傲慢。」他傷心地說：「錯了，還剛愎自用。」

那個漫長、炎熱的夏季裡，喬唯一的安慰是他的土地，還有跟兒子在一起的時間。他覺得有股神祕的力量吸引他，在自己的土地上工作。他發現自己週末打高爾夫的次數減少了，有空時就沿著莊園周圍的一排樹木邊界，修築一堵長而精緻的石牆。這是費時費力的工作，他必須先從土裡挖出石頭，再用手推車搬運，然後費力地抬起石頭，放在定位上。每次經過幾小時的工作後，他的雙手變得很粗糙，四肢痠痛。石牆是石匠藝術的傑作，每一塊石頭都必須緊緊地放好在定位上。他告訴自己，這樣做不只是

體力勞動而已，這堵牆是一件藝術作品。他發現，大量的體力勞動，和看著石牆一天天堅實地延長所帶來的滿足感，對安定情緒很有幫助。他在投資戰場上的生死之爭中可能落敗了，但是在跟石頭奮戰時，他還是可以贏得勝利。

同樣重要的是，他工作的時候，兩個兒子總是跟在身邊，推著他們自己小小的手推車，把石頭運來給他，讓他加在牆上。提摩太的嘴巴總是說個不停，兩個兒子都為他們參與修築這堵牆而感到無比驕傲。喬發現，他跟兒子同心協力蓋石牆時，白天的壓力完全消失。夏季一天天過去，他從辦公室回家，父子三人會趁天色還亮出門蓋石牆，直到艾蜜莉叫他們吃晚餐為止。他非常喜歡這樣的日子！

但是慘劇帶來的痛苦和傷害總是存在。9月下旬，某一個熱氣騰騰、金光閃耀的午後，他跟道斯在孤樹俱樂部的陽台上共進午餐。這幾年來，他們兩個的關係變得更為親密，喬說出自己的困境。他的岳父道斯同情地聽著，安慰他說：「都會過去的。」然後道斯改變話題，熱心地告訴他，他認為喬可以加把勁申請綠地俱樂部的會員資格，因為艾倫‧雷德（Alan Reid）願意推薦他。

「我跟山姆‧康利（Sam Comly）談過，他是會員委員會主席，他也很支持。喬，這個俱樂部非常好，大家年齡漸增後，會時常去那裡運動，也可以去那裡露營，打壁球、網球和高爾夫。而且那裡有非常好的家庭聚會，那裡跟這個地方不同，這裡只是男人的高爾夫俱樂部而已。」

「這真是好消息，因為我們非常希望成為會員，但是現在可能不是最好的時機。」喬告訴他：「你知道我的公司正在苦苦掙扎。」

「唉，每一個人都在苦苦掙扎。」道斯說。

「不像我們這樣。」

道斯沒有理會他的話。「葛林斯班正在努力推動經濟動能，這種事情通常要花一點時間，但是就現在的情況來說，現在可能是申請入會的好時機。這場金融危機已經開始對格林尼治形成真正的打擊，甚至嚴重打擊綠地俱樂部。董事會希望一些會員提出暫停資格的申請，甚至希望有些人退出。」

「你是在開玩笑吧，有這麼慘嗎？」

「是這麼慘，甚至更慘，很多家庭已經把子女從私立學校轉出來，甚至取消了鋼琴和擊劍課程。」

「好，那我們就去試試申請綠地俱樂部的會員資格。」喬說：「我認為我仍然負擔得起俱樂部的費用。」他們喝著冰茶，隨意閒聊。

「大難將至，」道斯說：「包括格蘭特在內，所有銀行和投資銀行都在大規模裁員，他們把這種情形叫做精減人力，而且他們很殘酷，不准管理階層提前透露消息給員工。不論男女員工，早上去上班時以為一切如常，卻無預警地接到人力資源部的約談。談話內容都是事先寫好的劇本，然後在這樣的約談中當事者才得知自己遭到開除！」

道斯停頓了一下，搖搖頭說：「然後員工得知自己可以根據在公司的資歷，領取遣散費，每一年年資可以領取一個月薪水，而且不准他回辦公室，他的個人物品公司會寄送給他。他必須交出識別證，當場由一位保全警衛陪伴他走出門，走到街上。不能求助、不能說再見、什麼都不行。」

喬大吃一驚地說：「這就是被稱為大家庭的格蘭特嗎？我認為這家好公司像家長一樣，會照顧自己的員工？」

「這家好公司像所有其他好公司一樣，正在拚命為自己的生存奮鬥。公司在法律上必須嚴格遵守這些程序，這樣叫人走路不是基於法定原因，換句話說，不是基於績效差勁，以至於公司必須從營運利潤中，負擔這些費用。這種做法是裁員，是真正的裁減人力，因此在會計上，可以當成非經常性、非營運支出，當成列在淨利欄下方的費用。換句話說，只要這種可怕的過程遵循這種冷血的程序，就不會造成純益減少。好幾位在公司任職二十年，幾乎以公司為家的總經理就以這種羞辱的方式，遭到遣散。」

「這樣做對員工士氣一定有可怕的影響。」

「影響極其惡劣，會摧毀企業文化，但是更糟糕的是，會摧毀大家的生活。年輕人遭到裁員，或許可以失業一陣子等實體經濟好轉了，在實體行業找工作。四、五十歲的人碰到精簡人力時，非常可能再也無法恢復工作，證券業裡沒有工作可以找，實體經濟中，有什麼待遇優厚的工作，適於當了二十年投資銀行家、分析師或股票業務員的人呢？」

「哦，他們領取高薪多年，或許有一些豐厚的儲蓄，可以靠儲蓄過活。」

「恐怕不是這樣，這些公司一般的總經理都領取綜合性薪資，金額大約二、三百萬美元，但是都分成60%的現金、40%的限制性股票。稅負、小孩念私立學校的學費、頂級的度假和豪奢的生活方式，把現金都吃光了。此外，大部分人都在漢普頓和艾斯本，買豪宅和度假屋，有些人甚至利用自己的限制性股票當成擔

保品，向銀行借錢，得到更多的現金，供個人花用。扣掉巨額的房貸支出、稅負和其他花費後，這些人沒什麼錢可儲蓄，而且他們還輕率地指望靠公司的股票養老。他們認為金融股只會漲不會跌，因為過去一向如此。」道斯絕望地搖搖頭。

「結果你看見了，金融股已經徹底毀滅了！雷曼兄弟的股票已經一文不值，貝爾斯登也差不多了，其他公司的股價全都下跌70％到90％。格蘭特的股票從90美元跌到14美元，有一天甚至還跌到7美元。這些人買的大房子現在的市價比房貸還少。」

「接下來會怎樣？」

「大家都處在震驚與否認的狀態中，一時不願接受現實，還以為能找到新的工作。現在他們心不甘、情不願地縮衣節食。綠地俱樂部很多儲物櫃租約已經取消，大家背著自己的球袋，而不是請桿弟代勞，但是最後他們必須巨幅降低生活方式，甚至可能得離開這個小鎮。」

「對，艾蜜莉告訴我，格林尼治新推出一種平價染髮，顏色就叫『熊市棕』。有些人還挺開心告訴她，到目前為止，格林尼治的房價指數只下跌了15％，也不曉得這人是否知道1929到1931年間，格林尼治的不動產價格下跌了93％？」

「一年前，這些人是宇宙之王，現在他們沒工作、沒錢，也沒自尊。媒體談到投資銀行家時，一定都先加上貪得無厭的形容詞，甚至連總統也一樣。」

道斯說完後陷入沉默，兩個人都若有所思地看著外面，看著夏日熾熱炎陽下緩緩起伏的綠色球道。有一個自動灑水龍頭開著，他們看到遠處有四個人加上兩位桿弟，費力地爬上第十八洞

果嶺。這景象看來極為正常，就像以往的所有夏天一樣，但實際上並非如此，到處可以看到沒落破敗的跡象。他們都聽說有人希望退出孤樹俱樂部，但若沒有人買下你的會員資格，想退也退不成。一年前，孤樹俱樂部的會員資格還那麼搶手，如今卻沒有買主，只有賣方。

「令人傷心的是，」道斯說：「那些升到高位、走投無路的人都是正派的聰明人，讀的都是名校和一流的商學所，都是效率高超的投資銀行家、分析師或業務經理，他們都不是笨蛋。他們擁有可以為公司招來業務的人脈，他們和他們的父母、妻子兒女都認為他們是贏家，但是他們現在時運不濟。他們的業務建立在新型的金融商品、結構性產品、證券化貸款的基礎上，而且跟他們有關係的客戶也已經遭到裁員，這種慘澹景象使他們的技巧和人脈變得毫無用武之地。」

喬不知道該說什麼，卻可以感覺到道斯的傷痛。「你的投資管理部現在怎麼樣？」

「日子越來越難過，我再怎麼保護，也只能保護到這一步。跟你共事過的五位分析師裡，我必須裁掉其中的兩位。你也知道，他們可能很長的一段時間都找不到工作，現在沒有哪間公司還在招人。還好他們很年輕，最後一定會在實體經濟中找到工作。投資管理這一行是有史以來超額待遇最高的行業，因此他們以後永遠不能像我們一樣賺到那麼多的錢。但是，他們能活下去。」

「對，」喬說：「就這點來說，避險基金現在也在請分析師走路。」

「但是這只是開始而已，」道斯繼續說：「過去五年來一直

無法打敗基準指數的投資專家有什麼價值？積極管理型基金經理中，有70%的績效不如他們的基準指數，當客戶可以買指數型基金，並只繳納0.1%的管理費時，誰會買他們的基金，或是把錢交給他們管理？過去我們的零售業務吹噓這些基金，把這些基金塞進大家的喉嚨裡，但是現在再也不能這樣做了。還記得你在格蘭特時，我們操作的那檔基金嗎？」

「當然記得。」

「這檔基金的淨值下跌了80%，基金經理人接到極多騷擾電話，以至於他必須更改電話號碼；怒火沖天的郵件更糟糕，以至於這個人必須去看精神科醫師。」

「失敗的投資組合經理人和分析師結果如何？遭到開除嗎？」

「對啊，沒辦法。有人已經跟我好些年了，但是就像我說的一樣，他們沒有為公司帶來任何價值，卻坐領高薪。但不只格蘭特這樣而已，整個金融業都一樣。商業史上，還從來沒有一個行業的人，貢獻這麼少卻領這麼多的錢。」

「這是百年不遇的空頭市場，我們都在劫難逃。」喬若有所思地說：「這是我們所有人全都沒有見過的殺手級空頭市場。」

　　讓喬再次體認新現實狀況的是傑克（Jake）。傑克年近五十，已經在這一行中打滾許久，是個受人敬重的投資家。他頭腦精明、善於自由思考與深入分析，投資時很敢豪賭。2008年初時，他挾呼風喚雨之姿，以費城的市郊為根據地，管理一檔規模十五億美元的避險基金。傑克恃才傲物、目中無人，不過，他這樣有充分的資格，誰讓他近年的記錄一直十分傲人。他輕蔑地鄙視華

爾街分析師與業務員，他的做法是研讀產業雜誌，和企業家交談，也利用其他非傳統的資訊來源。

　　2003年秋季時，傑克的基金規模很小，大約只有二億美元，在布林莫爾（Bryn Mawr）操作的他開始認定，世界會出現一波製造業與基礎設施建設繁榮熱潮，大宗商品價格會扶搖直上。因此他吃進長久以來昏昏欲睡、半死不活的銅礦、鋁礦、鐵礦砂與鋼鐵股，還有少量的老舊、傳統製造業股票，他稱這些股票為「美國煙囪股」。喬曾在很多次會議上碰到他，對他極為驚人的毅力、信念，和投資組合的集中程度印象深刻。

　　根據大家的說法，隨後的幾年裡，傑克大展宏圖，他的預測極為正確、無懈可擊，商品價格飛躍上漲，他持有的那些美國煙囪股漲勢甚至更快。如下頁圖15‧1，這張圖顯示美國鐵礦砂與煤礦業者克里夫蘭克里夫公司（Cleveland Cliffs）的績效。2003年秋季時，這檔股票的股價為3美元，跟過去二十年來的股價相比，大致相同。接著因為鐵礦砂價格上漲，這檔股票開始攀升，傑克在2005年夏季，克里夫蘭克里夫公司股價漲到18美元時，開始買進。隨著爭取資源，尤其是爭取鐵礦砂資源的競爭狂潮擴大，這檔股票的價格不斷上漲，傑克繼續購買克里夫蘭克里夫公司，也購買美國鋼鐵公司（U.S. Steel）、巴西淡水河谷公司（Vale do Rio Doce）與澳洲礦業巨擘斷山公司（BHP）等題材類似的股票，所有這些股票的價格過去都低迷不振、昏睡多年，他把這些股票叫做「李伯大夢股」（Rip Van Winkle stock）[1]。

1. 典故來自《李伯大夢》（Rip Van Winkle），故事的主角李伯，因一段山中奇遇，竟然在山上長睡二十年，一睡醒來，世界早已大幅變化。後來李伯成為「跟不上時代之人」的形容詞。

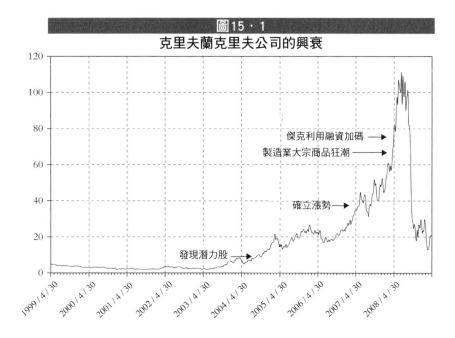

圖15‧1
克里夫蘭克里夫公司的興衰

傑克利用融資加碼 →
製造業大宗商品狂潮 →
確立漲勢 →
發現潛力股 →

到2006與2007年，這股潮流變成全面發展的狂潮，傑克的基金開始出現極為驚人的成長績效，某些年度裡，甚至成長50%、60%。2007年，他聲名大噪，自信也隨之大增，資金大筆湧入。傑克是布林莫爾一家高級鄉村俱樂部的會員，這個地方雖是家庭俱樂部，卻有很多精明的會員，而且健身中心全天候播放國家廣播公司商業台的廣播。有關他是避險基金天才的話題傳開後，突然間，他所屬俱樂部的其他會員和他們的妻子，都爭相要投資他的基金，他們還把他納入最有權力的入會委員會。傑克當年畢業的那所大學，也請他加入委員會，出任校產基金投資委員會的主席。傑克走路有風，心中的傲慢開始抬頭。他在投資專家的晚餐

聚會中，變得更為直言無隱，而且經常接近令人討厭的地步。要是有人主張資源股正陷入荒唐的泡沫中，他都置若罔聞。

2008年春季，他的基金規模成長到四十億美元。他所屬鄉村俱樂部有三分之一的會員，現在都投資他的基金。每次他帶著牙縫很大的兒子，到俱樂部上網球課時，總會有喜愛幻想、滿心憧憬發財的會員聚攏過來，問他看好什麼股票、基金的表現如何。傑克這麼聰明的人，卻做了一件非常愚蠢的事——利用融資加碼。你可以從圖15‧1中看出來，克里夫蘭克里夫公司與資源股在2008年仲夏漲到天價，2008年8月29日時，克里夫蘭克里夫公司的股價為101美元，一個月後，慘跌到29美元！兩個月後，再跌到17美元。同時，美國鋼鐵公司的股價從184美元，慘跌到23美元。對利用融資的交易來說，這種情形等於死亡與毀滅。喬聽說，傑克的基金在這一年裡，淨值慘跌82%。不用說，投資人都氣瘋了。

傑克承受無休無止又無法忍受的辱罵。他的客戶當中，有很多人如果不是他的朋友，至少也是他認識的人，不滿的投資人甚至連他太太也不放過。他在厭惡之餘，結束了基金的操作，有人說他把剩下來的二千萬美元資金，投入免稅債券，然後搬到佛蒙特州。喬想到傑克的事，覺得他犯了兩項錯誤，一是在傲慢心理作祟下，大幅利用融資加碼投資，以圖滿足投資人的期望；二是他太渴望獲得社交同伴的崇拜。金融恐慌把這兩項錯誤變成了致命傷。但是，喬又想，如果他現在開開心心地住在佛蒙特州，生活也算富裕，那這兩點到底算不算是致命傷呢？

2008年下半，華爾街從原本繁華而不可一世的地方，變成哀鴻遍野的凶惡之地，就像1945年時遭到大轟炸的德國城市德勒斯登一樣。夜幕降臨，恐懼、痛苦和孤獨對華爾街的公民一視同仁，不論他們是窩在公園大道的複合式公寓裡，還是住在擁有長長車道的格林尼治大豪宅裡。市場日復一日的暴跌，然後突然間，又憑空出現強力反彈，每個反彈似乎都具備重要反轉的所有技術特性。一天內5％的上下震盪並不稀奇，有些日子甚至出現10％的震盪幅度。每個人都神經緊張，整天盯著螢幕看。活躍的動能導向專業操盤手會在反彈時受到吸引，通常購買標準普爾股價指數期貨、指數股票型基金（ETF）或其他波動性指數。這些交易者幾乎總是訂下比購買價格低2％到5％的停損單，以便限制自己的虧損。

三天後、有時候甚至是在隔天，市場會再度崩潰，這些交易者會遭到停損出場，出現另一筆虧損。經過幾次虧損5％的打擊後，連最傲慢、最有自信的熱錢玩家都開始學到教訓，知道舊有的規則已經廢除，這是他們前所未見的超大空頭市場風暴，他們買進是逆勢而為，一定會被沖到海上淹死。

避險基金經常組成空軍部隊，空襲多檔股票，尤其是放空投資銀行股，做法是賣出短天期的深度價外賣權，也不先借券，就放空很多檔股票（所謂的無擔保放空），然後買進、拉抬震盪激烈、交易清淡的信用違約交換合約。2006年前，美國股市禁止平盤以下放空，但是這條規則已經取消，空頭賣方不必等到券商借到股票，就可以放空、可以不斷加碼放空，用賣壓打壓股票價格。

這種致命的三重打擊，挑戰投資銀行融通資金的能力，因為

信用違約交換合約的價格漲得越高，投資銀行為自己融資過高的資產負債表融通資金的成本越高昂。貝爾斯登、雷曼兄弟都遭到這樣的空襲，接著美林也淪落到同樣的處境。雷曼兄弟倒閉時，放空雷曼卻無法交割的股票高達三千二百萬股。

接著，花旗集團、摩根士丹利與高盛成為下一批受害者，變成空頭打壓的標的，幾乎可以確定的是，格蘭特也在這份名單上。近在2006年12月26日，花旗集團的股價還漲到56美元的新高記錄，這一年裡，花旗集團的每股盈餘為4.22美元，發放1.96美元的股息。花旗集團的股東覺得安心，因為他們知道花旗的執行委員會主席是德高望重的前財政部長羅伯·魯賓（Robert Rubin），再加上那位來自巴爾的摩的偉大共同基金經理掌舵，花旗集團是世界上最優秀的金融事業與品牌。才華橫溢的魯賓曾經在亞洲債務危機中拯救全世界，他應該不會讓花旗集團做出十分愚蠢的傻事吧？

如下頁圖15‧2所示，僅僅是二十八個月後，花旗集團的股價就慘跌到1.5美元的低檔。2007年11月，花旗集團股票下跌到35、36美元時，阿布達比投資局投資了七十五億美元，購買花旗集團的股票，暫時支撐了花旗的股價。一年後，這筆投資幾乎變成一文不值。因此，慘遭殲滅的不只是為了領取豐厚股息而持有這檔股票的孤兒寡婦，連認為花旗極為便宜、極為安全的價值型投資經理人，或是認為花旗是一個無價的全球品牌的成長股投資人，同樣慘遭殲滅。沒有人想得到理論上這麼傑出的金融機構，竟能出現這麼可怕的狂跌。

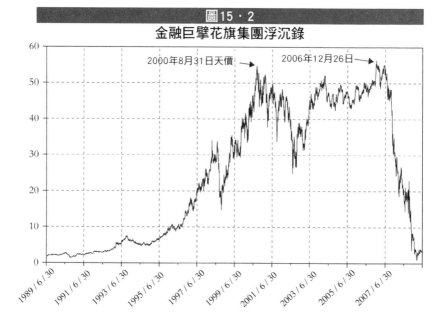

圖 15 · 2
金融巨擘花旗集團浮沉錄

2000年8月31日天價

2006年12月26日

　　在摩根士丹利股價遭到空軍有組織的聯合空襲時，該公司勇氣十足的董事長麥晉桁（John Mack）和其他了解情勢的人大聲疾呼，向證管會表示對這種手法的不滿。避險基金空頭憤怒之餘，撤銷他們設在摩根士丹利的主要證券交易帳戶，作為懲罰。證券交易帳戶業務是摩根士丹利獲利最高、成長最快的業務，因此客戶流失的確造成傷害，隨著謠言流傳，加速了摩根士丹利股價的下跌。

　　而且，其他避險基金擔心摩根士丹利可能倒閉，也把主要證券交易帳戶移走，若干單向做多的機構投資人、共同基金和投資銀行客戶擔心摩根士丹利破產，暫時停止跟該公司來往。摩根士

丹利在這一輪猛攻下，生命線流失，變得搖搖欲墜、情勢危急，接近崩潰，雖然該公司已經減少融資、清理本身的資產負債表，似乎也無濟於事。避險基金經理人道貌岸然地為自己辯護，認為平盤之下放空、沒有先借券就放空，是他們不可剝奪的權利。這種時候很像二十世紀初期空襲、謠言與恐慌到處彌漫的時候，有一位市場通訊作者寫了一首跟空頭有關的詩，內容如下：

> 他們長著小手，
> 他們長著小眼，
> 他們到處走動，
> 訴說天大的謊言……
> 哦，快點滾開……
> 一群小矮（賣空）人。

最後證管會下達暫時禁令，禁止金融機構放空，但是傷害已經造成，大家對大投資銀行的信心已經遭到破壞。金融恐怖主義已經造成金融機構員工士氣渙散，穿著名牌古馳便鞋的高級經理人和員工都心驚膽戰。

現在恐慌全面展開，標普500指數在9月下跌了9%，10月下跌17%，11月又下跌了7%。到11月31日為止，標準普爾指數這一年裡已經下跌38%，創造了有史以來最陡峭的下跌角度，只有大崩盤本身差堪比擬。然而，標準普爾股價指數的跌幅仍然還低於世界上所有其他主要指數，所謂的金磚四國（巴西、俄羅斯、印度、中國）——備受推崇的新興市場超級巨星——股價慘

跌70%到80%。不只是股價下跌而已，所有資產的價格都崩盤，住宅、商業不動產、私募基金、林地、垃圾債券，只要你說得出名字，沒有一種資產能夠倖免。這種情形的確是大規模的資產毀滅，速度快得超乎現代人的想像，全世界都深受震撼。

同時，石橋超額報酬基金繼續營運，但是嚴重失血，而且在這場1930年代以來最嚴重的金融與經濟風暴中，傷口有爆裂開來的可能，狀況岌岌可危。大家的脾氣都很暴躁，彼此之間的關係也在惡化。柯恩從來都不喜歡在事後批評別人，但是在前一天晚睡之後的某一個早上，他刻薄而惡劣地指責喬和李柏薇絲，責備他們在錯誤的時間進軍成長股。他還是像過去一樣，堅持價值是唯一真正的真理，他們必須遵守自己的核心信念。是的，過去的確有不少短期間內成長股績效傑出的記錄，但是歷史記錄很清楚，價值型投資十足領先，是最好的投資方法。喬提醒他，他似乎忘了上次價值型投資在荒野中流浪時，他完全看不到出路，這話一出，他忿忿衝出辦公室。喬和李柏薇絲面面相覷。

「他像小提琴弦一樣緊繃，受到傷害。」喬喃喃說道。

「這可不是一種能做出良好決策的心態。」李柏薇絲補充說：「空頭市場正在折磨我們每一個人。」

「這樣就像你在足球賽中遭到徹底擊敗一樣，有些人的反應會很糟糕，開始咒罵。」喬說：「問題是你忘不了這種情形，就像他們說的一樣，性格會表現出來。」

「這隻熊把我們全身扒光，揭露出我們的所有弱點。」

同時，股市波動更加劇烈，他們的績效繼續受到打擊。經過近乎叫囂的討論後，他們改為建立比較傾向成長股導向的投資組

合。可是第二個月，市場突然變成強烈的價值股導向，他們再度受到雙重損失。

「我們什麼事情都做不好。」喬嚴肅地對李柏薇絲說。

「我們亂了步調，一步錯，步步錯。柯恩又這麼固執，搞得我們的頭都昏了。」

「對，固執還失聯。」他們都注意到，柯恩出現在辦公室的時間比以前更少。此外，就算他人在辦公室，也要花相當多的時間處理那些沽名釣譽的慈善活動事務。最近，他還養成午餐喝一、兩杯酒的習慣。

「為大都會歌劇院募很多錢，對我們的績效數字沒有幫助，也不會阻止客戶的贖回要求。」李柏薇絲語氣無奈。

「我知道，」喬說：「我擔心我們一些精明的長期客戶也注意到了，如果我們表現優異，就沒有問題──不必表現非常突出，只要還過得去就夠了。但是我們的表現很差，現在這點就變成明確的警訊，在最糟糕的情況下，這件事情會讓客戶覺得，如果沒有柯恩的參與，妳和我都無法創造績效。」

李柏薇絲沒有說話，只是望著窗外，看著公園，看著淒冷無情的藍天，看著黑色樹枝尾端的殘葉。

幾分鐘後，她喃喃說著：「你知道一位組合基金業者對我說什麼嗎？他說，你們三位技客是否想過，你們的模型很簡單，但世界並不簡單？或許這就是這些模型行不通的原因。而且巴菲特可能就是因為這個原因，才說要小心帶著模型的技客。」

喬只是搖搖頭，絕望的感覺更加強烈，就好像他被人關在玻璃籠子裡。他曾經覺得，周圍那些圍繞著中央公園，漂亮、雄偉

的摩天大樓，似乎是財富和穩定的殿堂，現在看來卻像監視他的哨兵，幾乎就像批判他們的客戶一樣，注視著他們垂死時的苦苦掙扎。石橋公司辦公室富麗堂皇的設備更是莫大的諷刺，一切看起來那麼造作、那麼空虛，彷彿隨時都會煙消雲散一樣。他不知道什麼東西才是真實的。他想起跟兒子玩耍、跟他們一起蓋石牆、跟他們清新的小臉談話的時刻，他覺得那些才是真實的，只有在那些時刻，他才能暫時從市場中解脫。但是此刻，李柏薇絲的聲音又在他耳邊響起。

「而且柯恩還在晚餐前，喝好幾杯馬丁尼，還猛灌他那些名貴的勃根第葡萄酒，因此人變得越來越肥。昨天他還跟我承認，他在前一天夜裡的派對上，做了一件傻事，他說，不知道自己怎麼搞的。」

「真糟糕！」喬回到現實，問道：「妳怎麼說？」

「我什麼都沒有說，但是我心裡想的是：我非常清楚你怎麼搞的，不就是兩杯馬丁尼和一瓶勃根第葡萄酒。」喬自顧自地哈哈大笑。

「讓我害怕的是，」她繼續說，「我敢說，派對上甚至有更危險的東西，我聽說有人抽大麻，甚至有人吸毒。」

「你覺得柯恩可能吸古柯鹼嗎？」喬難以置信地問道。

「我不知道，他受傷嚴重，這個都市裡有很多人也都受了傷，每一個人都設法減輕自己的痛苦。」

「天啊！」喬低聲說：「這次真是殺手級空頭市場，不只是摧毀財富而已，把人也摧毀了。」

他們談話時，雷文走了過來，他停了一下，然後走進屋裡。

他跟他們不同，似乎顯得輕鬆、自在。喬心想，或許他的婚外情對他有好處。

「你們怎麼想？」雷文問。

他們把對模型運作狀況的焦慮告訴他，也把淹沒他們的亂象告訴他。

雷文說：「事情發展的速度令人害怕，因為這一切是我們從來沒有經歷過的。而最讓我害怕的是，歷史告訴過我們，極為複雜、極有適應性的系統──例如帝國、全球經濟和金融市場──可能在很長的一段期間內運轉自如，但是無可避免的是，系統會因為相當微小的震撼，以快得不可思議的速度，突然崩潰、瓦解。想想羅馬帝國、大明王朝、奧圖曼帝國和波旁王朝。一次世界大戰的亂局改變了全世界，起因卻是一位不知名的大公遭到暗殺，連二次大戰後大英帝國的瓦解、蘇聯的崩潰，都是這樣。事後回想，每一種崩潰都完全出乎大家的意料之外，非常突然，起因往往是當時被認為無足輕重的小事，最後卻變成危及整個系統的致命一擊。複雜的系統都是這樣，長久延續後會變得極為脆弱。」

他停頓了一下，盯著他們說：「我們的世界，這個複雜的系統可能已經慘烈地崩潰了，起因是幾百萬愚蠢的人在次級房貸上過度自不量力，加上幾百位銀行家巧妙的謊言。人類的智慧本身是一種複雜的系統，你猜怎麼著？你們寶貴的模型是試圖解讀另一種複雜系統，解讀金融市場的複雜系統，現在兩種複雜系統同時都崩潰了。」

喬和李柏薇絲只是瞪著他看，他們知道他剛才說的話十分深

奧，但是對他們來說，一切都太深奧、太可怕了。

「真主保佑！」雷文轉身走出他們的辦公室。

現在的股市正被全球金融與經濟崩潰的海嘯吞噬。市場波動劇烈的程度，達到無法想像的地步，價值股的跌幅比成長股大，這種扭曲傷害了價值導向的投資模型和他們的績效。全世界的股票、商品、石油和期貨市場每天震盪的幅度，達到5％至10％，個股每天的價格變化甚至更劇烈。在瘋狂的去槓桿化（減除債務）的波潮推波助瀾下，眾多基金急於回補空頭部位、出售多頭部位，價格波動陷入徹底不理性的狀況中。

喬考慮所有因素後，知道真正的問題在於他們精心打造的價值模型徹底失靈、徹底崩垮、徹底坍毀。就像他難過地告訴李柏薇絲的話一樣，「基本上，我們極為寶貝的那個模型，原來和外面那些追求價值的模型沒有兩樣。因此，我們全都買進和放空相同的股票，結果一碰到大麻煩時，我們全都一起遭殃。我們的公式中沒能預警大家會集中同一個標的，這一點害死我們了。事實上，可怕的真相是我們可能已經完了！」

「對！」李柏薇絲對他說：「還記得我一年前告訴你和柯恩的話嗎？費茲傑羅寫過，測驗一個人是否有一流智慧，就看他有沒有能力同時在心裡堅持兩種嚴重背離的觀念，卻仍然保持行動能力。我們沒有這種能力，我們只堅持一種觀念，同時在目前這種環境下管理資金，這種情形是可怕的失能，無法預料的事情是殘害我們的殺手。」

他看著她，想要了解她說的話，對他來說，她的話有時候太

深奧了。

「我們沒有預見到會爆發這次信用危機。」他說：「昨天晚上，我給兒子讀了一本跟海洋有關的書籍，書上說，海豚是最聰明的海洋動物，總是保持警戒，睡覺時也會睜著一隻眼睛，還能邊游邊睡。而我們卻閉著兩隻眼睛游泳。」

恐慌與恐懼無所不在，隨之而來的是，擁有財富的人極為渴望收回自己的資金。國庫券的殖利率實際上已經變成負值，大家關心的早已不是資金的回報，而是保本。很多避險基金訂出撤資的限制——提高所謂的門檻，門檻表示投資人無法照當初的約定，收回自己的資金。基金公司提出，現在的情況可以適用不可抗力條款，屬於投資者的那些原本理當具有十足流動性的資金，現在要在避險基金覺得願意，並且能夠找到現金時，才能退回。可想而知，陷入困境的投資人憤怒非常。

規定限制門檻的避險基金提出各種無力的藉口，例如流動性不佳、贖回通知的數量太大。投資人驚覺城堡（Citadel）與都鐸（Tudor）之類極為著名的基金公司，都訂出限制門檻的醜陋事實後，變得極為緊張。這種情形導致投資人質疑一旦自己想要把錢拿回來時，是否真的可以從任何避險基金中撤資。一家組合基金經理人告訴喬，他告訴一位著名的避險基金經理人，說他希望把錢拿回來時，那位經理人無禮地回答說：「你聽著，老兄，你搞錯了，這不是你的錢，是我們的錢，你像我們的股東一樣，你把錢交給我們了。我們會在我們認為對大家都適合的時候，把你的投資還給你，現在不是時候，去散個步吧。」

接著到了2008年的12月初，馬多夫（Madoff）弊案爆發。投資圈深受震撼、深感羞愧，因為連著名的組合基金，備受尊敬、理當明智的多家瑞士銀行和精明的投資人，居然都落入這場巨大的龐氏騙局。因此大家的信心蒸發，已經成型的流動性恐慌變成了驚濤駭浪。

石橋超額報酬基金之類沒有訂出限制門檻，或是決定不訂出限制條款的基金，受到贖回巨浪的全力衝擊。石橋超額報酬基金在11月裡，收到預訂12月31日贖回的通知金額，達到九億五千萬美元，使這一整年的撤資金額達到十五億美元。因為石橋超額報酬基金不能打亂投資組合中的多空比例，因此必須賣掉一大部分的每一種多頭部位，再買回對應比率的每一種空頭部位，以便籌募現金。這種做法進一步壓垮了他們的績效。2007年1月1日時，石橋超額報酬基金的規模是八十億美元；2008年初，降到三十六億美元，而現在規模居然不到十億美元！殘酷的事實擺在眼前，經過連續兩年的巨額虧損後，客戶對他們已經徹底喪失信心，金融恐慌也把客戶嚇得驚慌失措，在這種情況下，要叫客戶如何堅持下去、還繳交2%的固定管理費呢？

石橋超額報酬基金僅存的組合基金客戶當中，有兩家基金過去利用融資，擴大自己的投資組合，因此自己的資產淨值下降幅度也高得驚人。他們也碰到大量的贖回，尤其是碰到個別投資人的大量贖回要求。這些個別投資人當中，有些人接受銀行的勸說，利用他們所持有的石橋超額報酬基金作為擔保品，向銀行借錢，以便加強他們的投資績效，多賺點。理論上，就石橋超額報酬基金之類的多空雙向基金而言，這種做法是相當安全的融資，

因為直到兩年前，石橋超額報酬基金的報酬率還很穩定，幾乎就像債券一樣。現在銀行要收回融資，個別投資人別無選擇，只能要求贖回。基本上，標的避險基金利用融資、組合基金利用融資、組合基金的個別投資人利用融資，這種情形等於融資之上還有融資、融資之外還有融資。

空頭市場摧毀了投資人的所有金融信念。對於追求純粹超額報酬，理當免於空頭市場波動影響的多空雙向避險基金來說，空頭市場精神分裂式的動盪，造成的傷害特別嚴重。以凶險的2008年來說，計入2%固定費用在內的石橋超額報酬基金，資產淨值減少了31.5%。同期標普500指數下跌了37%，一檔以美元計價的世界股票指數下跌44%，摩根士丹利資本國際公司（MSCI）新興市場指數暴跌53%（見下頁圖15‧3）。很多避險基金虧損達50%以上，但是一些總體固定收益基金實際上還賺錢，美國國庫公債更創下了高達20%的總報酬率。

石橋超額報酬基金的資產因為虧損和贖回的緣故，遭到摧毀的速度太快，讓他們措手不及，以至於他們降低成本結構的幅度根本遠遠不足。雖然他們遣散了三位分析師和所有研究助理，但為時已晚，李柏薇絲當年的薪酬也減少三分之二。即使如此，他們這一年的營運虧損還是達到一千萬美元，表示柯恩和喬各自要拿出五百萬美元來彌補。兩年前他們的聲勢如日中天時，喬在他們的基金帳戶中有一億七千萬美元的資產，2007年他繳納2006年獲利的稅負後，加上兩年的虧損，以及他自己撤出部分資金彌補生活開銷，他的資產降到只剩一千五百萬美元，還要再開一張五百萬美元的支票出去。

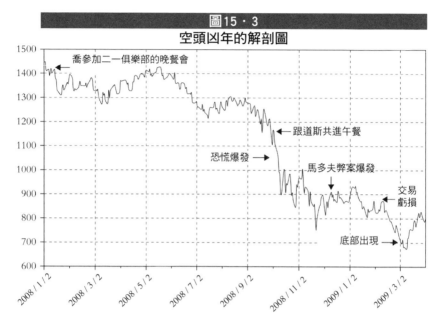

圖15 · 3
空頭凶年的解剖圖

喬參加二一俱樂部的晚餐會

跟道斯共進午餐

恐慌爆發

馬多夫弊案爆發

交易虧損

底部出現

至於柯恩，照他的說法，他是「深受其害」的人。一開始時，他把手裡全部的積蓄二千萬美元投入石橋超額報酬基金。後來，雖然他過著豪奢的生活，但他在基金帳戶中的財產一度接近三億七千五百萬美元。可惜2008年底，因為幾次離婚、稅負、虧損、公寓、海灘別墅、飛機、藝術名畫和巨額的生活開支，使他的財產萎縮到二千萬美元。他因為飛機的緣故，欠花旗銀行三千萬美元，還要還一千七百萬美元的房貸。除此之外，他在景氣好時，曾經向五家不同的慈善機構，承諾每年年底總共要捐出七百萬美元的捐款，當時這些捐款可以扣抵稅負，現在卻變成了尷尬的問題。

跟傅來契合作的古典大師名畫交易，是壓垮他的最後一根稻

草。他在2007年下半，跟傅來契合作，建立藝術交易合夥關係，最後他們花了五千七百萬美元，買了五幅古典大師的名畫，其中柯恩拿出了五千萬美元。他知道，石橋超額報酬基金經歷了2007年差勁的一年後，如果他從基金中提出巨額資金，一定會很難看，因此他向花旗集團借了三千五百萬美元，只從石橋超額報酬基金提領了一千五百萬美元。

這筆藝術品交易是在巴黎完成的，簽約後，柯恩、傅來契和凡妮莎非常高興，俄羅斯賣方堅持要賣七千萬美元，他們準備最多付六千五百萬美元，最後以五千七百萬美元買到這批畫。這筆交易似乎很划算。那天晚上，他們在邰宜風餐廳（Taillevent）慶祝，開了幾瓶要價六百美元的十五年波爾多紅酒。

這批畫的展示和出售可不能馬虎，花費自然可觀。傅來契在紐約六十三街，租了一棟精美、古老的市區透天別墅，在巴黎向聖羅蘭公司（Saint Laurent），租了巴比倫路邊的宏偉沙龍。在紐約這棟透天別墅中，畫廊設在漆得閃閃發亮的橢圓形門廳的盡頭，這些名畫由雅致的燈光照著，掛在一排十九世紀後半裝飾藝術時期設計師製作的家具上，名畫下方還擺了一些十七世紀肌肉健美的希臘神祇、動物的小雕像，以及其他藝術品。整體效果就像《經濟學人》週刊說的一樣，是「結合魅力、知性與豪奢」的展出。一位相當著名的藝術史專家在精美的型錄上，為每一件作品寫了好多篇文章。

不幸的是「藝術時光」已經在金融大火中蒸發殆盡。2008年9月下旬，雷曼兄弟宣布破產之後，高價藝術品市場（像所有珍貴收藏品的價格一樣）全面徹底崩潰，就像一排又一排不同的資產

骨牌同聲相應，一起倒下一樣。

雷曼兄弟董事長狄克・傅爾德（Dick Fuld）一直是認真而精明的藝術收藏家，但是到了10月，他的收藏已經拿出來拍賣，卻完全沒有人出價競標。至於傅來契，認真的藝術愛好者湧入他的藝廊，喝著他提供的微酸夏布利白酒，同時竊竊私語，欣喜欲狂地看著這些傑作，卻沒有半個人願意用接近他所提議的售價買畫。

「我像經營藝術博物館一樣，被存貨壓得喘不過氣來。」傅來契對柯恩抱怨說：「市場凍結住了，其中兩幅畫有人出價要買，會為我們挹注一千萬美元的收入，但是另外幾幅畫完全乏人問津，我們的藝術事業完蛋了！」

柯恩急瘋了，捐贈大都會博物館以換取董事席次的想法，已經變得毫無吸引力，因為他今年沒有任何收入，可以開出捐贈支票。此外，凡妮莎變得悶悶不樂，跟她在一起，再也沒有多少樂趣了。

「我們能不能請蘇富比或佳士得拍賣這些畫作？」他問傅來契。「我的女朋友在那裡工作過。」

「不可能，」傅來契告訴他，「兩家公司在秋季拍賣中，都出現嚴重的虧損，又積壓了一堆存貨。此外，他們要收取高得離譜的佣金。」

「你告訴過我，這批畫很容易賣出，所有的買方到底怎麼了？為什麼像蓋帝博物館（The Getty Center）之類擁有大筆捐贈資金的博物館沒有興趣呢？」

「因為他們的資金像所有的人一樣流失，他們依靠捐贈基金的報酬公式給付，支持他們的營運預算。今年捐贈基金的金額會減

少30%以上，因此他們的給付會大幅減少。雪上加霜的是，他們的基金持有很多私募基金和不動產機會基金。這兩種資產類別都已經沉到海底，他們的基金已經提出增資要求，很多基金會都在大砍預算、員工和支出。」

「唉，你聽我說，不管是什麼情形，我們都必須把這兩幅畫賣掉，我需要現金。」

「哦，我不需要現金，」傅來契冷冷地告訴他：「你的融資不是我的問題。放輕鬆點，兄弟，這一行是高度循環性的行業，我想你知道這一點，藝術市場會復甦。更何況，目前我們甚至賣不到接近這些名畫價值的價錢。」

「誰會在可怕的金融恐慌和蕭條期間，付出一千五百萬美元買一幅畫呢？」

「世界上至少還有一百位所謂的批發商，或許我過於自信，但是長期而言，他們會無法抗拒品質、起源和名聲加在一起的誘惑。帶幾幅畫回你的公寓，掛起來、好好欣賞。唯一的麻煩是這些畫的保險很貴。」

「對，太好了！」柯恩抱怨說：「正是我需要的東西——更多的固定開銷。」

同時在石橋公司辦公室的走廊裡，大家竊竊私語，談到公司旗下的大部分基金表現都很差勁。有一檔總體固定收益基金這一年的淨值提高了15%，但是石橋超額報酬基金和所有其他大型基金的淨值，都下跌25%到30%不等。管理資產蒸發，今年公司無疑會出現巨額虧損，因為主要的引擎幾乎都沒有轉動，原本強大的石橋號戰艦好比困在暴風眼中。

史波肯走進他們的辦公室，關上門，他像平常一樣衣著光鮮，看來似乎無所掛慮的樣子。他沒有任何開場白，就直接對他們說：「先生、女士們，我們正在下沉，這是完美風暴，我們進水的速度太快，幫浦來不及把水抽出去。」

「這些話是什麼意思？」柯恩問他。

史波肯站了起來，優雅地走向門口。「表示石橋公司現在是鐵達尼號，已經發出正式通知，要每一位男性各自逃生，女人和小孩最後。」

那天晚上，喬把這個資訊告訴艾蜜莉，她輕鬆地回答說：「不錯！來得快、也去得快。」

「這樣不好，」他告訴她，「我們得練習過簡樸生活，我不知道石橋超額報酬基金或公司會出什麼事情，我可能會失業。」

「不可能這樣，即使真的是這樣，你仍然還有很多錢。」艾蜜莉安慰他說。

他搖搖頭，他所有的錢都放在石橋超額報酬基金中。

「再也沒有什麼錢了，我要是能夠從石橋公司拿出一千萬美元，就算幸運了。而且我對造成媽媽、吉布森和我父母的虧損，覺得很難過，他們加入得太晚，在豐收的年度過後才加入，簡直是一場慘劇。」

艾蜜莉媽媽的贖回通知跟他特別有關係，也讓他特別痛苦。某一個星期天晚上，他跟小孩在道斯家裡吃過晚餐後，這位女強人把喬叫到書房，劈頭就說：「我要盡快從你的基金中撤資，你們的表現太差了。」

「妳說的對。」喬說：「我非常抱歉。」

「抱歉沒有用，喬，我虧了好幾百萬美元，你遊說我投資時告訴我，說我不可能有任何虧損。」

「我從來沒有要求妳投資我們的基金，而且我的確從來沒有告訴過妳，說妳不可能虧損。」

「我記得不是這樣，」她端詳著精心修剪的指甲說：「此外，在你們把我的錢虧掉的這段時間裡，我一直繳交費用給你們。我明明清楚記得你告訴過我，只有在你們賺錢時，我才必須繳納管理費。」

「恕我直言，我從來沒有告訴過妳這種話。我相信我說的是，只有在妳賺錢的時候，才需要付出績效獎金。」

「哦，我記得可不是這樣。現在的狀況令人非常失望，真是一場慘劇！」她轉身衝回小孩正在玩耍的起居室。

喬心想，她說對了，真是一場慘劇，說是災難或許更適合。柯恩、李柏薇絲和喬現在必須接受一個可怕又殘酷的事實是：石橋超額報酬基金目前管理的資產總值大約只有十億美元，其中一億二千萬美元是石橋公司的，公司不繳交管理費，喬、柯恩和李柏薇絲的資金總共大約有四千萬美元，他們三個也不用繳交管理費。他們計算過，他們離石橋超額報酬基金的高水位太遠了，因此，只有在他們現在的資產淨值倍增後，他們才能再度賺到績效獎金。

此外，經過連續兩年的巨額虧損後，任何一位頭腦正常的投資人，都不會再往他們的基金中投入新資金。現有的一些投資人可能會把錢留在基金裡，因為他們知道自己可以搭著免費的順風車，回升到先前的高水位。但是無論如何，他們都必須繳納2%的

固定費用。

　　事實上，如果石橋超額報酬基金要繼續經營，他們必須請大部分的員工走路，自己打理模型和所有其他事情。這樣做也沒有什麼道理，因為若是弄得如此狼狽，剩下的那些還在繼續支付管理費的資金，非常可能在未來六個月內完全撤走。以下一次的贖回日期而言，他們已經收到要撤資一億二千萬美元的通知。石橋超額報酬基金已經瀕臨停業，每個人都知道這一點，避險基金雜誌《絕對報酬》和《華爾街日報》已經刊出報導，談到這件事，石橋公司本身隨時會結束營業的揣測也甚囂塵上。

　　幾天後，柯恩對喬透露：「如果世界會步入另一個大蕭條時期，標準普爾股價指數會跌到 5、600 點，石橋公司就會倒閉，就像空頭所說的一樣，我虧得一乾二淨，我會沉下去，在我沉下去的地方甚至無跡可尋。一切都完了！哦，我已經快破產了。」

　　喬只是看著他的合夥人、他的朋友。柯恩看來糟糕透了，過去的熱情洋溢完全消失，他不再表現誇張的手勢，不再熱情、友善地拍喬的手臂，他的臉上長了好多斑，而且現在他不是把手放在口袋裡，就是放在桌下，不知雙手是否在不自主地抖動？喬心想，傅來契當然不急著出售名畫，因為他沒有拿出半毛錢，但是喬能說什麼呢？事實上，他懷疑柯恩已經徹底破產。

　　同時，柯恩又吼道：「這些固定開銷！你知道我要替多少人工作嗎？包括駕駛員在內，我要為八位全職的人工作。那架該死的飛機正在啃食我的房子和資產，這該死的東西找不到買主，甚至找不到有人要租用。花旗希望我為貸款提出更多的擔保品，此

外，我還要繳納兩筆房貸。」

喬把柯恩的痛苦告訴李柏薇絲時，她的反應是：「我的天！他非常聰明，然而在功成名就發了大財後，好像失心瘋一樣，談到要像巴洛克時代一樣過日子，他已經完全變了一個人！」

「錢對我產生不同的影響。」喬自我反省般地說：「我沒有發瘋，不過在投資方面變得很自大，認為我們掌握了永遠有效的模型、正確的演算法。我一直都不知道我們的模型、我們複雜系統中的智慧和我們的績效，只是瞬間就會消失的事情，而且還可能反撲，把我們生吞活剝。」

「對，我們都太得意、太自滿。我們應該好好修改模型，最重要的是，我們應該傾聽市場的聲音。」李柏薇絲。

「我們不是沒修改過模型，」他告訴她：「但我們總是依據市場過去的走勢調整，而不是根據市場未來的走向調整。」

「對我們來說，現在最麻煩的是，」喬有點猶豫地說：「柯恩的財務困境搞得他心煩意亂，他現在什麼事情都不能思考了。」

「我認為他很沮喪，處在某種形式的崩潰邊緣。」李柏薇絲說。「他應該去看醫生，尋求協助。」

「妳說的對。我得想想法子，再給他點建議。如果是妳，妳會怎麼做？跟他直說，還是用委婉的方式處理？」

「當然是委婉點兒。態度要很溫和，畢竟他是我們的柯恩。這場派對是他帶我們進場的。」

柯恩當然不是唯一一個承受壓力、焦慮和羞辱折磨的避險基金業者。他們聽說業內一些著名的業者，也患上了所謂的「投資神經衰弱症」，倒了下來。他們碰到嚴重的事業與個人危機時，

就這樣崩潰了。過去經常跟你談話的一些人，突然間就從圈子裡消失，音訊全無。然後，過了幾週，你會聽說他們不是一直縮在家裡，就是去了佛羅里達州或其他什麼地方，躲了起來。

有一個悲慘的案例，某位傢伙操作的基金虧損嚴重，收到大規模贖回，他在某一天下午，沒跟任何人說一聲就默默離開辦公室。他回到家，進入自己的臥房，把所有的窗簾都拉起來，室內變得一片漆黑，他戴上矽膠耳塞，拉上毯子蒙住頭，就這麼躺著。他太太回家時，他告訴她，他很疲累，不想起來吃飯，也不接電話──不管是客戶還是合夥人或是任何人打來的電話，他一概不接。那星期剩下的幾天，他都躺在床上，靠著啃吐司和喝點湯過日子，不理他太太，連小孩進來看他，他也沒心情搭理。

就這麼過了五天，他太太發火了，衝進臥室，拉開所有窗簾和毯子，差點兒就把他從床上推下，但是這個人仍然不願回辦公室。事實上，他的避險基金為了應付贖回，實際上已經遭到清算。場面極為混亂──律師、會計師和所有難看的事情湊在一起。喬後來聽說他們要賣房子，計畫搬回俄亥俄州，因為他太太娘家在那裡經營保險經紀業務。

還有另一個喬身邊的例子，喬的老朋友，一直在做自營交易員的史考特，他打電話來，兩人談了很久。

「我已經遭到哈龍裁員。」史考特告訴他。

「聽到這個消息我非常難過。」

「哈龍正在巨幅削減自營交易，過去大概有三十位自營交易員，現在要減到九至十位，我們都虧了很多錢，有些人虧了50%到60%。」

「我以為你們會設停損？」喬問。

「當市場每天波動達到10%的時後，停損也救不了你。」史考特答道。「我們全都利用融資，結果是災難一場。令人驚訝的是，哈龍本人今年以來大約賺了15%，這個傢伙是傳奇交易員！就像變魔術一樣，我不知道他是怎麼做的，他是天生的賭徒，如果五個人打賭，賭哪一顆大的雨滴會先落在玻璃窗上，他應該每一次都會賭贏。這是一種感覺，是直覺。」

「那麼你打算怎麼辦？」

「我不幹了。」他告訴喬：「我根本做不下去。我一再蒙受雙重損失，真夠洩氣的，我只想離開這一切。」

「休息一陣子吧。」喬建議他：「你有家庭，這種艱困的日子不會永遠延續下去。」

「我完全沒了方向，珍妮告訴我，我跟她和孩子在一起時，就像行屍走肉，她威脅要回密西根州的娘家。」

「你不能讓她這麼做，你在景氣好的時候，沒有存一些錢嗎？」

「沒有，我的錢全沒了，所有的錢都隨風而逝，你信嗎？但是的確是這樣，我用自己的錢交易，而且還利用融資大幅加碼，因此我幾乎虧掉了一切。你知道，兩年前，我表現非常優異時，在萊依（Rye）買了一棟房子，不是很貴的房子，只要二百萬美元，但是我借了一百八十萬美元的房貸，因為我希望保留本錢，進行交易。現在償還房貸吃光了我的老本，因此我就想把房子賣掉，可是房屋仲介說，如果我能賣到一百四十萬美元，就算走運了。媽的，連還房貸都不夠。」

喬同情地點點頭，他懷疑自己的房貸是否也已經溺水，因為格林尼治的不動產正在暴跌。

喬不知道該說些什麼，史考特一直是極為堅強、極有自信，又魅力四射的人，聽到他的絕望告白，讓喬感到難過。他為什麼要融資加碼交易呢？喬當然知道答案，他的交易一直都很順利，成功像毒品或酒精一樣，讓你產生幻覺，認為一切都不可能結束，認為自己刀槍不入。如果你真的無懈可擊，得到神祇的加持，為什麼不融資加碼，讓獲利倍增或增加3倍呢？你應該打鐵趁熱、抓緊時機嘛！

年底時，史波肯要求喬、柯恩和李柏薇絲到他的會議室去。

這一次柯恩倒是很準時，他們聚集在這間他們極為熟悉的房間、在這個爆發極多重大衝突的地方。史波肯走了進來，態度出奇的親切，讓人訝異，但是他卻壓抑不住會流露出一絲輕蔑。

「對我們大家來說，這一陣子都很難過，」他一開口就直話直說：「我們已經完了，所有的對手都在傳我們的壞話。去他媽的！總之，我們打算在4月30日關閉公司，結束包括石橋超額報酬基金在內的所有基金。下週我們會發函通知客戶，他們會在5月第三個星期前後，拿回自己的錢，或是拿回還剩下的錢。我們的確有兩檔基金已經陷入極度沒有流動性的境地，因此他們什麼時候能夠把錢拿回去，只有天知道。我們恐怕會面臨很多訴訟。」

「你們是第一批知道這件事的人，因為你們的基金是公司最著名的基金，或者我應該說，是公司最聲名狼藉的基金。雷文和我會蒙受重大損失，因為我們必須吞下去年的苦果，還要支付這間

辦公室剩下一半租期的租金，而且你們也知道，因為世界已經土崩瓦解，目前紐約這裡沒有半點辦公空間的需求。我們也得支付內勤辦公室和支援幕僚的遣散費。投資部門的員工已經領到2008年的待遇，因此他們會在下個月底，領到最後一份薪水。」

他停頓了一下又說：「這趟旅程、這場派對，真是十分美好，卻又波折橫生。不過，一切都結束了。真是令人痛苦不堪。雷文和我能帶走的財富比兩年前少很多，當然我們不會餓死。我要搬到棕櫚灘去。我想你們三位雖然蒙受過去兩年的虧損，應該還留下夠多的錢，可以勉強度日。雷文很抱歉今天不能到場，因為他有私事要處理。」

「我們是否可以在辦公室多待幾個月，想想我們的下一步？」喬問。「我們會付一點租金，還要用幾台彭博資訊的機器。」

「可以啊，」史波肯回答：「每個小小的收入都會幫助我們，吞下這筆龐大的租金。不過告訴你們，我們會把辦公室裡的設備拆光，只留一位警衛，這裡再也不會有活力十足、精神愉快的氣氛了。」

大家不再說話，四人就那麼坐著。一會兒之後，柯恩起身，走出會議室。喬和李柏薇絲跟史波肯握手，史波肯看來仍是一派輕鬆。

「柯恩到底有什麼問題？」柯恩離開後，史波肯問，然後便自問自答道：「我想我知道，酒吧裡的傳言說，他已經破產了，希望你們兩位至少還有錢周轉。」

喬和李柏薇絲都沒有說話。

「我們可以創立一檔新基金，從頭開始。」那天下午，在喬的辦公室，喬對李柏薇絲說。

「我們包括什麼人？」她問。

「妳、我跟柯恩，或許再加兩位量化分析師和一位交易員。」

「不了，謝謝。柯恩是中了毒的廢人，我不喜歡說這麼殘酷無情的話，但是投資圈和藝術界都知道，他已經衝出跑道了。而我們的模型已經信用掃地，這是我們自己搞砸的。」

「那妳打算怎麼辦？」他問她。

「我不知道，我們可以把這場慘劇怪罪到柯恩頭上，很多人很可能會相信這一點。這種話還有另一種好處，就是其中至少有一部分是事實。然後我們可以用自己的資金，創立自己的基金，再爭取多募集一些資金，開始獨立經營。你有什麼想法嗎？」

「沒有，其實沒有什麼想法，」他說：「而且外面沒有新資金願意投資新創的避險基金，尤其不願意投資在兩位剛剛駕著波音商用噴射機，以超音速從一萬五千公尺高空撞到地上的駕駛員身上。」

「以前，曾經有一陣子，你有很好的投資聲譽。」

喬若有所思地看著她說：「不過那是很久以前，又非常遙遠的事情了。這件事情我想了很多，當時我們並沒有意識到，柯恩和我純粹是因為機緣巧合的關係，在對我們的價值型投資策略絕對完美的時刻，創立了石橋超額報酬基金。當時成長股的泡沫已經吹到最高峰，價值股空頭市場已經觸底。我們不是投資天才，將來也永遠不可能是投資天才，我們只是十分好運，占盡天時地利，還編了一堆好聽的廢話。我再也沒有信心，再也不敢說自己

是優秀的投資家。」

「但是除了投資之外，你還懂什麼？」

「一無所知！但是李柏薇絲，妳的名聲損失比柯恩和我少多了，因此或許妳可以在共同基金公司，或是在資金管理行業中的什麼地方，找到工作。」

「這不是找工作的好時機。」她沮喪地回答。「此外，我相信投資業的黃金時代已經結束，未來十年是資產配置、指數型基金和固定收益投資的時代。但是，喬，你聽我說，我不會有問題，我仍然存了一千萬美元，因此，實際上，我根本沒有變成窮光蛋。」

喬看著窗外，過了將近一分鐘才說：「我們必須重新找到方向，問題是我們的年紀不小了，在我們唯一了解的行業中名聲又不好，而我也沒本事做任何其他工作。」

「你說對了，派對已經結束——不是一時的結束，而是要結束很多年。」

「喲，媽媽呀！」他試著減輕她的愁苦，告訴她：「但是我會繼續到這裡來，用我自己的帳戶交易，設法賺一些錢。我當然不希望留在格林尼治，整天除了打高爾夫，聽別人說他們不幸的故事之外，沒有別的事情可以做，只能舔自己的傷口。」

「那我也會過來，我可以問一下你還剩多少錢嗎？」

「扣掉開銷、稅負和還債，結算後，大概還留下一千五百萬美元，其中一千萬美元在石橋超額報酬基金中，五百萬美元在外面。去年我從基金中領走一千萬美元，認為這樣做很精明，後來虧掉了其中的一半。」

「我也這樣做了，」她告訴他時，臉上掛著嘲諷的笑容，「老鼠拋棄正在下沉的輪船。」

　　他看著她，想到他們之間的討論多麼坦誠、多麼有建設性。可艾蜜莉對他的失意和消沉，就只有怨氣與不滿。而且他也得承認，因為他跟李柏薇絲之間的這種關係，也是艾蜜莉漸漸對他產生不信任的原因。他和艾蜜莉原本就像隔著一塊玻璃互望，現在玻璃不但裂開，還變得模糊和扭曲。

Chapter 16

貪婪與傲慢的代價

這些神奇歲月的金童喪失了大部分的財富,再也無法維持已經上癮的豪奢生活形態。

對完全沒有賭性的人來說,專業投資遊戲極為枯燥、極為可怕;有賭性的人卻必須為自己的天賦,付出代價。

——凱因斯

喬跟史波肯開會兩星期後,接到裴洛的電話。「下星期三,我要在孤樹俱樂部為一群遍體鱗傷的同業,舉辦晚餐聚會。我邀請的每個人都受傷了,媽的,我認識的每個人都傷得不輕,急需要一些安慰。我認為我們可以坐下來,喝點好酒,傾訴我們破碎的靈魂。也許難以啟齒,但絕對有療癒效果。你覺得如何?」

「贊成,我舉雙手贊成。」喬非常喜歡這個主意。

「我應該邀請柯恩嗎?」

「你可以試一試,這件事對他應該有好處,但是我猜他不會

去。他變成了驕傲的傢伙，而且正處於不肯面對現實的狀態中。」

「對，我聽說他的狀況很不好。前幾天我看到他，他午餐時喝了一杯馬丁尼，然後又喝了兩杯紅酒，你們之間還好嗎？」裴洛問。

「我覺得還好，你為什麼這樣問？」

「因為我聽過這個業界中，各式各樣荒誕的故事，如合夥多年的避險基金同行吵個不休，甚至公開指責，或是原本是朋友和同志的人分手後還持續惡言相向。」

「我不會覺得訝異，成功時總是比較容易情意綿綿。」

「你知道經營麥迪遜公司（Madison）的薩爾‧林諾維茲（Sal Linowitz）和傑夫‧柯松（Jeff Corzon）嗎？上星期他們跟投資人開年度會議，林諾維茲檢討他們的部位時，明確指出大部分虧損的投資標的都是柯松買的。可想而知柯松很生氣，在五十個人面前跟林諾維茲吵起來，罵他是自大、頑固的混球。這種情形的確很難看，他們的基金完了，不只是財富的流失而已！」

「我知道，柯恩說過，每次巨大的金融危機，到最後都會變得非常凶惡，無論是對人、對社會和國家都一樣。你知道我們未來將如何嗎？」

「我們的未來就是黑暗時代[1]，而且黑暗時代延續了三百年！不過也許比較好的比喻是伊卡魯斯，我們像他一樣，飛得太高，太接近太陽，現在也像他一樣正下墜中，『正張著失靈的雙翼，頭下腳上，驚恐萬分地自空中下墜』。我們的翅膀也像他那用蠟和羽毛做成的雙翼一樣，不可靠。」裴洛說。

---

1. 黑暗時代（Dark Ages）指從羅馬帝國的滅亡到文藝復興前的一段時期。

喬聽了啞口無言，不知所措。

這場晚宴的確具有療癒效果，談論的消息卻非常可怕。大家對馬多夫的龐氏騙局細節興味盎然，喝雞尾酒時，大家站在場中談論馬多夫，說他的家人一定也參與其事，說那些有權有勢的高官顯要應該消息更靈通，怎麼也在他的基金中賠了大錢。很多人閒聊哪些基金又遭到贖回，和誰又撐不住而受傷、潰敗的閒話。有一位不幸的經理人利用倫敦雷曼作為主要經紀商，雷曼倒閉時，英國主管機關凍結他的帳戶，告訴他可能要一年半後才會解凍。每個人都同意這是最終極的侮辱。這場晚宴聚會像匿名戒酒會一樣，有酒癮的人坦白承認自己的焦慮和罪過。

這些避險基金業者全都是黃金時代的幸運兒，得到從1970年代灰燼中起死回生的壯盛多頭市場加持，現在歌聲舞影結束，派對散場。過去音樂也停止演奏過幾次——一次是在1987年短暫停止、一次在1990年代，然後是在2000年之後那段，但是他們全都知道，這次不同以往。這次奏樂的人已經四散，逃逸到九霄雲外，他們的樂器也已經碎成片片。晚宴中跳舞的人受到拖累和凌辱，他們感覺恐怕要經過好多年、甚至好幾十年後，那些曾經讓他們無比興奮、深深感動的誘人樂曲才會再度響起。

這個世界製造了太多的投資銀行家、自營交易員、結構性商品專家，是的，還有太多的避險基金經理人。如今所有的泡沫都破滅了，這是革命、獵巫和創造性破壞的時代。

情勢令人極為鬱悶、沮喪，喬每天都聽到恐怖的消息，他開始感到自己和周圍的每個人都註定毀滅。如果有人披了金碧輝煌

的盔甲，戴了雄壯威武的頭盔，刀槍不入，只是在性格上有個小小的弱點，有如阿基里斯的腳踝，那麼，力量極為強大的空頭市場一定會抓住這個弱點不放，不但如此，還會放大、曝露弱點，窮追猛打，摧毀這個不幸的人。

到處都有避險基金倒閉，而且不僅是因為績效差勁，也因為他們的資產極度萎縮，到了無法支持固定成本的地步。此外，這些避險基金極度低於高水位，未來將有很長一段時間都不可能賺到績效獎金。其中的算術很簡單，如果你的淨值減少30%，你必須成長50%，才能再賺到績效獎金。

喬認識的山姆‧史賓塞（Sam Spencer）是總體避險基金專家，也是孤樹俱樂部的會員。史賓塞能言善道、魅力十足，他上過名校，繼承了一大筆財產。他很貪嘴，體重超標，但是他的致命缺點不是肥胖，而是不注意風險管理。他曾經因為不在意融資的關係，在1998年的俄羅斯債務危機中，搞倒了一檔總體基金，為此他丟了工作。你一定會認為他從中學到了教訓，但是他東山再起，重新回到業界。2006年時，他創立了一檔總體避險基金，從一位富有的投資人手中拿到六千萬美元，這位投資人還繳納全額的管理費，但是其中有一個條件，就是史賓塞絕對不能虧損超過20%，否則的話——這位投資人一再警告他，事實上還形諸文字——他會自動抽走全部資金。

史賓塞的基金一開始就操作順利，規模成長到一億三千萬美元，史賓塞增雇分析師，固定成本也提高了。到了10月，他的基金淨值成長了10%。接著，讓人無法想像的是，市場風雲變色，

股市開市慘跌。史賓塞像很多人一樣，不相信市況會繼續惡化，完全沒有為自己的投資避險，也不注意風險管理。他讓分析師自己做投資決策，整個投資組合沒有中央管控，純粹是一種隨遇而安、動能導向的多頭市場式的投資組合管理。

2008年1月底，史賓塞的基金淨值已經從最高峰下跌22%，這時，他的有錢貴人又驚又怒，恐怕他也覺得自己遭到背叛。他希望退出，簽約時的虧損條款提供了他解脫之道，他執行了撤資權，拿走自己的資金。其他投資人看到這筆大規模的撤資，就像老鼠離開下沉的船舶一樣，爭先恐後的逃離。到2008年仲夏，史賓塞的基金規模降為一千萬美元，兩個月後，他結束基金的營運，再度失業。

史賓塞在豪奢生活形態方面，總是有一點瘋狂，輕率地增加了很多個人的固定開銷。除了一位汲汲營營打入上流社會、花錢如流水的漂亮太太之外，他還有三個念私立學校的小孩，其中一個念的還是迪爾菲爾德私立學校。此外，他剛剛買了一棟占地廣大的豪宅，還花了巨額的裝潢費用，好幾個房間裝滿了訂購來的古董家具。他在景氣很好的時候，答應出任兩個慈善舞會的理事長，也出任兒子所念私立學校財務委員會的主席，這一切都表示要捐出大筆捐贈。

然而，真正讓他背上大筆貸款的，還是那間他連看都沒看就買下的菲爾德飯店（Fields Hotel）樓上的公寓。他在景氣繁榮的2007年初，斥資一千五百萬美元買下中央公園西路轉角上，這家富麗堂皇的老飯店十七樓的一戶公寓。公寓擁有兩房、兩廳、外加一間圖書室。因為整棟建築徹底改建，史賓塞憑著建築計畫和

立體展示圖，就決定購買。

史賓塞會買下這戶公寓，根據的理論是：在這光榮地標上的公寓應該是紀念性財產，也是絕佳的投資。這棟建築物裡只有一百八十二戶，建築的地點、景觀、環境之佳，無與倫比。他認定，房子一旦完工，俄羅斯人、阿拉伯人，還有其他避險基金業者一定會急於搶購。

現在建築已經完工，從外面看來，這棟宏偉的老建築還是跟過去一樣漂亮，但裡面卻空蕩蕩的令人失望，從財務角度來看更是糟糕。這棟建築的銷售經紀人當然不會透露實際上賣出了多少戶，但謠傳只有一半的戶數賣掉。史賓塞最後看到自己的房子時簡直嚇壞了，因為上方的屋頂遮住了景觀，還有一支巨型鋼柱赫然立在客廳正中央。不可否認的，藍圖的這個地點上的確畫了一個圓圈，但是史賓塞沒有注意到，也沒有人告訴他圓圈代表大柱子。公共空間的裝潢十分俗氣，屋內的設備也很平凡，工程的品質也只能說是差強人意。

史賓塞氣瘋了，卻無可奈何，大家認定他是大咖。他告訴不動產銷售經紀人，說他要賣房。她不理會他的盛怒，只指出一個他已知的事實——紐約房市已進入寒冬。「我想我可以替你賣到六百萬。」她輕聲說道。

他十分震驚，但是接著他的會計師想到了一個主意，說他應該把這房子的所有權分為三等分，贈送給他承諾的慈善機構，以履行他的承諾。

會計師說：「他們只要經過一段適當的期間後，三份所有權可以併在一起，以六百萬美元的價格賣出，每家慈善機構各得二

百萬美元，但是你可以根據一千五百萬美元的成本，申報慈善扣抵。這樣做有點風險，不過大家經常這樣做，只是通常金額沒有這麼大。話說回來，這事最糟糕的狀況就是你運氣不好，國稅局來稽查你的稅務報表，弄清楚了這筆交易的內幕，他們可能不准你申報扣抵，那你就必須補上一千五百萬與六百萬之間的差額稅款。」

「就這麼辦！」史賓塞告訴會計師：「這樣，我也可以打發那幾家慈善機構。」

喬從當事者史賓塞口中，只聽到這故事的片段，其他部分都是更衣室裡的閒談，但是他相當相信這故事的真實性。他在孤樹俱樂部會碰到史賓塞，他們總是會坐在橡木飾板的酒吧裡，像平常一樣閒聊高爾夫話題。史賓塞身材本來就有些福態，最近更是胖了許多，現在他顯然已經超重。

「我的背疼死我了。」史賓塞告訴喬。「我的體重增加很多，我從車裡出來時，扭傷了背部，他們開給我肌肉鬆弛劑和重劑量的止痛藥。現在有一些混蛋客戶想要告我，那真是我最不想見到的事。」

喬說他覺得很遺憾，他可以看出史賓塞雖然保持堅毅的樣子，卻有點顫危危。史賓塞接著說他打算退休，用「自己的錢做投資」。喬心想，五十歲就退休？用自己大概只有四、五百萬美元的帳戶交易？還要付三個小孩的私立學校學費？聽起來像是種自我毀滅的行為！

兩星期後，喬聽說史賓塞已經退出孤樹俱樂部，正在賣房子，也已經讓小孩從私立學校退學。然而他在達里恩（Darien）的

房子有個大問題，就是他當初買房子時付了六百萬美元，這筆錢是當時向銀行申貸了全額的房貸，而現在，唯一的出價是四百五十萬美元，這筆差距讓他無法簡單地脫手。

另一個受害者是高明的裴洛本人。其實他的基金表現不是那麼差，但是經過2007年普普通通的一年後，2008年內卻減損了25%，雖然各種指數的跌幅更大，但是他的投資人從生氣變成徹底的反叛。他在第三和第四季收到大批贖回通知，到2009年初，他的基金規模已經從二十五億美元，萎縮為八億美元。裴洛是選股專家兼資訊怪才，他不是交易專家，因此他耗費巨資，成立了一支由十位分析師組成的研究團隊。

根據1.5%的固定管理費率，管理八億美元資產，等於一年可以收到一千二百萬美元。不過把他公司內勤幕僚人員、辦公場所、法務人員、法規執行人員、十位分析師和另三位合夥人加在一起，他總共要養四十個人，會出現二百萬美元的營運赤字。此外，他的分析師也知道自己的基金離高水位很遠，他們的腳步很輕快，紛紛投奔沒有溺水的新東家。

喬要他堅持下去。「去他媽的你那些寶貝分析師！他們只不過是空有名聲、坐享高薪的報告專家而已。如果你能夠熬過這次海嘯，拿出一些優異的績效數字，你肯定可以東山再起。」

可是，裴洛仍然得為過去的生活方式買單，他的財產受到毀滅性的衝擊，而他的固定開銷負擔很大，這一切讓他驚慌失措。

「我在格林尼治蓋的那棟蠢莊園，確實是太超過了，當時我到底是哪根筋不對？光是池邊小屋一年的暖氣費就要花一萬四千

美元，因此我把火爐關掉，結果水管就凍裂了。我買了太多部汽車，雇了太多佣人、管家、助理，還有各式各樣的玩具。南西雖然很生氣，但是我還是要請他們走路了！」

他繼續告訴喬，他已經暫停興建南安普頓的海灘別墅計畫，取消了購買最新型頂級私人飛機的訂單（頭期款因此遭到沒收）。至於他承諾的慈善捐贈，他乾脆就食言而肥了。其中一所學校因為他簽了承諾書，因此很生氣，威脅要告他。喬建議他不要過度反應、不要拆掉太多的橋，要留一條後路，但是裴洛不肯聽。

「我必須縮小戰場。現在是人不為己、天誅地滅的時候。」喬其實非當同意他的說法。現在這個時候，大家的目標只求生存。但是，命運又給了裴洛一次重大的打擊。某天，他帶著兩個兒子去紐約市聽音樂會。他們走在百老匯上時，有一個男孩狠狠撞了裴洛一下，另一個小孩從後面一推，趁機抓住他的左手，剝下他的勞力士金錶，搶了就走。裴洛扔下驚慌傻眼的兒子，拔腿便追，誰想到，才跑了四大步，就突然痛苦地倒在人行道上哀嚎，抓住自己的左腿——他的腳筋斷了。

接著喬看到最悲慘的案例，就是倫敦避險基金經理人蘭道夫（Randolph）的沉淪（蘭道夫深具貴族風範，因此最喜愛的筆名叫做蘭道夫爵士）。喬初識蘭道夫是五年前，在南安普頓國家球場的一次投資者高爾夫球聚活動上。蘭道夫具有極為強烈的個人魅力，喬還記得他的貴族口音、優雅的舉止，和英式古雅的說話方式多麼讓他著迷。他們在一場高爾夫球賽中配成一隊，喬那天打得特別好，兩人贏得了機票錢。比賽結束時，蘭道夫爵士擁

抱著他說：「打得好！打得真好！而且你優異的投資眼光讓我獲益良多，我想跟你保持聯絡，我要經常和你聊聊！」

喬受寵若驚，這位睿智、優雅的歐洲貴族希望跟他聊聊！

當時蘭道夫爵士才四十出頭，風度翩翩，有一雙神祕、炯炯有神的褐色眼睛。他有著無可挑剔的公子哥兒品味——量身訂做的精緻服裝、吊帶褲、鮮豔的愛瑪仕領帶。他出入頂級私人俱樂部，抽上等雪茄，秋季會去蘇格蘭獵鳥。從一開始，喬就可以感覺到他的雄心壯志，也相信他的能力。

蘭道夫爵士的父親是法國人，據說出身古老家族，曾經在法國外籍兵團中立下功勞。他父親在第一次婚姻中，娶了一位比自己年長幾歲的義大利女伯爵，女伯爵去世後，又和女伯爵前次婚姻中的女兒結婚。他是經紀人，認識蘇黎世、倫敦和巴黎的每一個人，最後負責經營雷曼兄弟的蘇黎世分公司。

蘭道夫自小就從父親身上，學到了金融業的訣竅，關鍵是要結交富有人士、培養機智與才幹。富人比較容易信任擁有完美風度的顧問。老頭子把兒子送去念瑞士著名的羅實中學（Le Rosey），這所中學不是以教學嚴格聞名，而是以「國王中學」的美稱聞名於世。因為這所中學的校友包括前伊朗國王、雷尼爾王子三世（Rainier III）和回教的阿加汗（Aga Khan）。羅實中學自有一套教學風格，到了滑雪季節時，還會把學校遷到瑞士的格斯塔德（Gstaad）。

然而，年輕的蘭道夫可不是乳臭未乾、一心想飛黃騰達的人，他志向遠大，不是傻瓜。他知道避險基金才是金錢匯聚的地方，因此他在私人銀行百達公司（Pictet and Cie）歷練一段期間

後，在1995年創立了自己的基金。他極為善於搜集資訊（偶爾會搜集內線消息），廣結善緣，也是警覺性很高、喜歡依據動能和趨勢進行交易的人，因此，他的基金欣欣向榮，他也變得相當富有。他留了長髮，戴著珠串項鍊和金手鐲，他的衣著無可挑剔，巧妙地蓋住他日漸粗大的腰圍。

蘭道夫跟瑞士超級名模葛楚德・蓋玲格（Gertrude Gallingo）同居多年，一直沒有結婚。曾有一次，蘭道夫跟喬說：「朋友，我可不想娶老婆。」不管什麼人，他都愛叫人家「朋友」，他曾經透露說：「我怎麼樣也記不住別人的名字，只好把每個人都叫做朋友，這樣做省事方便，不用再為說不出名字而結結巴巴，還不會得罪人。」

2003年，影星麗莎明妮莉（Liza Minnelli）為丈夫的五十歲生日舉辦壽宴，蘭道夫在這場明星雲集的宴會上，認識了漂亮的女繼承人菲莉希蒂・畢歐琳（Felicity Pioline），蓋玲格年老色衰，變成了過去式。不過，小孩們跟了蓋玲格，蘭道夫每個月付贍養費，偶爾在週末扮演慈愛父親的角色。

蘭道夫爵士總是揮金如土，隨後的幾年裡，他和畢歐琳穿梭倫敦和紐約之間，過著上流社會的生活。他在瑞士策馬特（Zermatt）買了一棟滑雪別墅，又在法國蔚藍海岸上的聖特羅佩（St. Tropez），買了一棟擁有絕佳海景、面積兩百坪的公寓。他利用這些豪華的別墅，作為金屋藏嬌的地方（他藏了很多嬌嬌女），也用來作為招待潛在客戶的地方。隨著時間過去，他越來越少談論股票，越來越愛談高爾夫、他所參加的俱樂部，還有他從挪威訂製的遊艇。

2004年到2005年間,他在俄羅斯的投資大有斬獲,為了宣揚他的世界性投資技巧,他在聖特羅佩的公寓裡大打俄羅斯牌。牆上掛滿了沙皇冬宮名畫的精美複製品。有一間房間展示他所收藏的復活節彩蛋和珍寶盒,另一個房間的玻璃櫃裡,展示著無比珍貴的羅曼諾夫(Romanov)家族的私人信件。蘭道夫還暗示說,有好多位俄羅斯寡頭富豪非常希望跟他買回這些東西。公寓裡還有兩間羅曼諾夫王朝風格的臥室,配上據說是沙皇尼古拉斯用過的華麗床架。主臥室比海灘高出一層樓,寬大的陽台上擺了兩尊羅丹的雕像。

蘭道夫爵士的致命傷是:他向客戶報告自己所持有投資組合部位的價值時,一直很不嚴謹,甚至可說是到了不誠實的地步。他的基金在安地列斯群島註冊,大家都知道,當地主管機關對於會計上的細節通常都視而不見。這點表示,他評定自己所持有比較沒有流動性持股的價值時,幾乎可以隨心所欲。他的績效良好時,幾乎可以隨心所喜,把其中一些部位的價格評為低於市價;操作成績不佳時,他會抬高這些資產的價格,以便減緩利空消息的衝擊。只有在安地列斯群島之類奇怪的地方,你才可以發揮這種操縱績效的伎倆。

喬問過他和當地主管官員有關的問題,蘭道夫一臉不屑地答說:「那個傢伙照我的命令行事,朋友,他別無選擇。你沒有看見他那間辦公室,就像個露天公廁。」

其實,蘭道夫爵士事前並非沒有得到警告,並非不知道在情勢極度不利時編造價值的危險。他在1990年代末期的亞洲金融危機中,曾經面臨極度危險的情勢,他持有一些沒有流動性的投

機垃圾股，但是他把這些垃圾從投資組合中分拆出去，放進一個側袋私募基金中。「側袋」（side pocket）就是，在毫無預警之時，一檔股票大跌又失去流動性無法變現，變成你脖子上的千鈞重擔時，你把這些東西單獨打包丟進另一個新基金中，就是所謂的「側袋」。然後你通知客戶，你創設的一檔新基金，已經投資一些「潛力極大、價格低估，最後會變成驚人贏家的私募基金」。同時，你像平常一樣，向他們收取管理費，而且客氣地通知他們，在你進一步通知前，他們不能從這檔新基金中撤資。理所當然，這種側袋的做法一定會讓投資人非常擔憂和生氣。

不過，他居然憑著甜言蜜語和迂迴前進，熬過了那次危機，只受到小小的傷害，他的避險基金事業又獲利豐厚、財源滾滾。他和畢歐琳的身影又開始出現在各種場合——慈善舞會、溫布頓網球賽、海角大飯店（Hotel du Cap）的研討會。他聲勢如日中天時，說過要在漢普頓的琴恩巷（Gin Lane）買一棟房子。他總是急功近利，會無恥地提到很多名人的名字，說他跟非常富有、非常有名的人交往，包括跟西班牙國王往來，根據他的說法，國王也投資他的基金。

然而，這次殺手級的空頭市場確實大不相同。像蘭道夫爵士這樣以動能為導向的經理人，雖然行動非常快速，這一年裡，卻一再兩面挨刮：他根據所有其他熱門經理人喜愛的題材交易，在大家爭相變現時，遭到踐踏。到了年底，他的淨值下跌超過55%，贖回通知蜂擁而來。他手上持有驚人部位的俄羅斯天然氣工業公司（Gazprom），以及泰國一家小銀行的巨額持股，都被套住了。這家小銀行據說原本會由盤谷銀行以極大的溢價併購，不

幸的是，到了最後一分鐘，交易取消。他知道在目前恐慌的環境中，他只能以慘到不行的折價，出脫這些部位，這樣做應該會使他資產淨值再減少15個百分點。

大約在這個時候，蘭道夫突然在紐約現身，喬跟他在聖伯多祿餐廳（San Pietros）共進午餐。喬從1月起，就沒有再見過他，對他覺得好奇，也為他擔心。他聽說蘭道夫的基金淨值大幅下降，碰到大規模的贖回，更糟糕的是，有人說蘭道夫誤導，甚至欺騙投資人。喬深感震驚，卻不十分驚訝，他記得蘭道夫在高爾夫球賭賽中，幾乎總是忘了拿出他賭輸的錢。

喬見到蘭道夫時，蘭道夫的樣子著實讓他嚇了一跳。蘭道夫過去古銅色的英俊臉孔變得憔悴消瘦，曾經英挺的肩背現在又駝又塌，過去熱情洋溢、瀟灑自若的神色已經消失，右眼似乎開始有些抽搐現象。

「別來無恙，喬老大，你還是精神抖擻、意氣風發。」蘭道夫跟他打招呼，但是過去洋溢的熱情大都已經消失不見。

「唉，我也是受到重創，目前也是半死不活的。」喬跟他說：「你還好嗎？」

「不好，我不好，我的朋友。」蘭道夫告訴他。「我諸事不順，我的健康很差，這一年過得很糟。我經常會抽搐和暈眩，失眠嚴重到會死人，還有嚴重的腹瀉。實際上，前一陣子我還在床上連躺了五天！我的投資組合全都套牢了，又面臨大規模的贖回，此外，畢歐琳已經離開我了。」

喬低聲安慰他。實際上，喬對畢歐琳的事情並不意外。她看起來嬌生慣養又自命不凡，總是口無遮攔，喬一直沒有辦法拉近

跟她的關係。他就是看不慣一個女人頂著貴族頭銜，一口文雅的英國上流社會腔調，卻總是滿嘴髒話。

「我們已經分手一陣子了，」蘭道夫告訴他：「但是她對金錢的事情真的很不滿，她現在告訴大家，她警告過我，說衰退即將來臨，我卻不尊重她的判斷。她的指控中倒有一些事實。」他搖搖頭。

「她把繼承來的財富大都投資在我的基金裡——順便要說的是，這筆財富根本沒有像大家說的這麼多。我承認我的操作很糟糕，我愚蠢卻大方地把一部分基金，交給我請來的年輕投資冠軍負責管理，他們竟然虧得一乾二淨。這些小伙子毫無判斷能力，買進瘋狂的未上市股票，放空績優股。現在她要告我，要我支付贍養費。」

喬很想問他：「你為什麼不監督他們？」但他沒說出口，只是問道：「你為什麼不賣掉具有流動性的東西，應付贖回要求？」

「因為我是這檔基金最大的投資人，我是又吃大餐，又當大廚。」他做個鬼臉說：「我的全部身家都在這檔癌症纏身、奄奄一息的基金中，如果我尊重贖回規定，朋友，我最後豈不是成為墊背的。到時，這檔基金規模剩下的一半，大部分資產都是價格高估、賣不掉的狗屎，會全歸我買單。」

喬心想，惡有惡報。這麼個風度翩翩、溫文儒雅的傢伙，說穿了，是個騙子，已經完了！可能很快就會像我們一樣，何況他還要負擔金額驚人的固定開銷。

「因此，你打算怎麼辦？」喬問他。

「我正在設法賣掉所有還有流動性的東西，我已經無限期停止

贖回，在我把自己的資金拿出來之前，我無意取消限制。我已經把所有的垃圾，都放在側袋基金中，因為我還得要有一些收入，我打算繼續針對這個側袋基金，向客戶收取2%的固定費用。他們當然會很火大，想要告我。幸運的是，在安地列斯群島提告他們贏不了，就像我告訴你的一樣，法院都聽我的。但是我將失去所有的客戶，我還是玩完了。」

他搖搖頭，顯然無法控制的抽搐又出現了。

「你怎麼處理替你工作的員工？」喬問，但心裡害怕聽到的答案。

「我會讓所有的員工走路，過去幾個月裡，我甚至發不出他們的薪水，更何況是遣散費。我就這樣結束基金，換掉辦公室的門鎖。他們非常不滿，我不能怪他們，但是他們應該知道我這樣是落荒而逃。他們已經請了律師，查封我的銀行帳戶和在倫敦的房子。當他們發現這棟房子的房貸已經溺水時，應該不會驚訝才對。」

「但是你在財務上還好吧，對不對？我說的是你自己的財務。」

「只能勉強說還好，我在瑞士有一些現金，但是這些現金快速流失，我正在努力節約，但是這樣做並不容易。前幾天我算過，我有四棟房子，請了七位全職的管家！你不能就這樣放棄房子的維護。而且我參加的俱樂部多得可笑，這些俱樂部都是吸血鬼！我申請退出倫敦郊外的老橡樹俱樂部，誰會想到，在別人買下你的權利之前，會費還得照繳，一年兩萬四千鎊。我前面有十五個人排隊等著退出，卻沒有半個買主。」

他歎了一口氣，看著喬過了好一陣子，喬可以感覺到他的眼

珠壓在他臉上的重量。「你知道嗎，朋友，原來我的結腸裡長了一個腫瘤，我已經去紐約醫院進行治療。」

「天啊！」喬說：「老天真是跟你過不去。」

「何止過不去而已，簡直是要我的命。老天在懲罰我！還記得蓋玲格跟我剛分手，畢歐琳還沒有搬來跟我同居時的情形嗎？我跟巴黎那位伯爵夫人有一腿，哦，我們分手時，她告訴我她懷孕了，希望把小孩生下來，我努力說服她去墮胎，但是她決心把小孩生下來。」

他傷心地看著喬，歎了一口氣說：「那是五年前的事情了，朋友。她很富有，根本沒有錢的問題，她的第一任丈夫被迫分了一大堆法國興業銀行的認股權給她。但那是以前的事情了，後來興業銀行的股價下跌了85%。現在，我在巴黎有一個從來沒有見過面的五歲兒子。她有時會把相片寄給我，是個可愛的小傢伙，看來跟我小時候一模一樣。三天前，我收到她律師的一封信，要求我每個月支付小孩的生活費，還要補上過去幾年的，這些錢不是小錢。我現在每個月都要付蓋玲格的贍養費，昔日的超級模特兒現在變得又老又醜，連一毛錢都賺不到了。」

「唉，蘭道夫，」喬為了讓他振作起來，插口說：「現在是空頭市場，每個人都受傷了。」但在內心深處，喬深感震驚，蘭道夫竟然連自己的親生骨肉見都沒見過，對自己的兒子一點都不在乎。

「再糟也不會比我慘，」他的眼神顯得沒有精神又很空洞。「你知道嗎？朋友，我要把結腸腫瘤切了，然後，一走了之，帶著一些錢消失——可能永遠消失。沒有貪心的前女友、沒有氣憤想找

我理論的客戶，沒有律師，沒有他媽的股市。」

「這是什麼意思？你要到哪裡去？」

「不要問，你不知道比較好，朋友。就讓我離開，我會在一夜之間，在朦朧的街燈陰影中跑上街頭，一直跑到一處黑暗又沒有人認識我、沒有人纏著我跟我要東西、沒有人管我讓我可以清靜的地方。」

喬非常擔心。「我們都有壓力，但是你的壓力特別重，或許你應該去看心理醫生，尋求協助。」

「去他的！好萊塢製片大亨山姆・高德溫（Sam Goldwyn）說過：『誰去看心理醫生，誰腦子有病！』我的問題不是我的腦袋，是維持生活的固定開銷、是我辦公室的固定成本、是我財產的問題。」他的惱怒讓喬覺得好過一些，他們如兄弟般地擁抱，但是喬不知道自己是否能夠再見到他。

華爾街大小公司大規模裁員之際，受到傷害的當然不只是地位崇高、力量驚人的避險基金經理人，一般人，包括分析師、助理、副總裁、祕書和內勤辦公室的員工也都受苦受難。失去一切的人絕望之餘，在紐約、芝加哥和倫敦的就業博覽會上，站著排隊好幾小時，只為了得到五分鐘面試的機會。所謂的失業聚會雖然得到很多部落格的宣揚，說是「如果你覺得難過，我們替你找工作」，因而吸引了大批失業者，非常多的人到場，希望能夠跟求才專家接頭，最後卻只是跟其他失落的靈魂同病相憐。

到處都可以看到大屠殺。

現在，每天吃完晚餐，等孩子上床後，喬和艾蜜莉會坐在書房裡，喬瀏覽自己的黑莓機，艾蜜莉讀她那些永遠讀不完的智庫書籍。為了找點話說，他會跟她談起外面又發生了什麼悲劇。他希望告訴她、希望跟他分享自己所感受到的痛苦。起初他認為，她應該會感興趣，因為她認識蘭道夫、史考特和裴洛夫婦，何況她也認識柯恩很多年了，但是她連聽都不聽。

　　「你們那些八卦不用跟我說。」她面帶慍色告訴他。

　　「艾蜜莉，這些不是八卦，是悲劇。」

　　「你說的對，這是一群脾氣暴躁的失敗者終於得到報應的悲鳴。」

　　他只能搖搖頭，聽著她繼續大聲說：「我從來都不喜歡那位畢歐琳，或是柯恩那些俗豔的女友，他展開了世界級的自我之旅，現在得到了報應。至於裴洛太太，幾天前我才見到她，她是另一個被人寵壞的小鬼，只會談格林尼治大道上的名店怎麼都關門了，還說她先生開除了管家和兩位女佣，悲劇即將降臨在廚子和另一位女佣身上。我應該為他們難過嗎？這是他們的錯，幹嘛要住那麼大的房子，表現所有虛偽的自負，我希望他虧得一乾二淨，她必須重新開始洗碗盤和刷馬桶。」

　　「妳太刻薄了。」他溫和地回答說：「想想看別人怎麼說我們，格林尼治所有善良的居民一定都在療傷止痛，追悔他們那種高級白人的行為。」

　　「他們當然是這樣，這正是我一直保持低調的原因。現在可好了，他們對我們得到報應一定覺得很高興，他們的世界秩序逐漸恢復了。」

他畏畏縮縮地說：「的確是這樣，他們很可能還幸災樂禍，但是他們一定也在療傷止痛，如果他們沒有利用融資，他們的財產應該減少了一半。」他嘲諷地說：「他們必須把佛羅里達州的房子賣掉，如果他們利用融資、申辦房貸或其他貸款，他們的財產可能減少了70％到80％。大家都一樣。」

「這要怪他們自己。」她仍然很生氣地說：「是他們太容易受騙，輕信馬多夫、史考特和你朋友蘭道夫所說的美妙謊言。不過，比起貪婪、驕傲和詐欺，輕易受騙還不算罪。」

「我想我也一樣。」

「不，喬，你只是天真而已。我們還算幸運，格林尼治的人這會兒關注和議論的，都是馬多夫弊案和失業的事。但是誰知道呢，我只是他們鎖在閣樓上的笨蛋而已。」

喬知道，不管她是否曾經認為他是天才投資專家，現在她所有的幻想都已經破滅。好幾年來，她一直說，他們之間的知性交流不斷惡化，因為他對市場和自己的投資組合過度沉迷。她認為，如果他在這種不正常的瘋狂行業中很成功，而且真的很行，那麼這些執著都可以忍受，但是只能勉強忍受而已。而現在，她看到他曾經真誠膜拜的神壇已經崩塌，他膜拜的只是一位失敗的神祇而已。

不幸的是，他發現，她現在惱火的已經不僅僅是他的工作而已，在其他方面，她對他越來越苛刻、越來越挑剔。她看他哪兒都不順眼，從他的穿著到擠牙膏的方式都會挑剔。照她的說法，她認為他的穿著太「避險基金休閒風格」，她也挑剔他從中間擠牙膏，而不是從底下開始擠。這些事都招示了他們關係的變化。

最初她迷戀上他，是因為和格林尼治與普林斯頓大學乳臭未乾的男孩相比，他顯得如此不同、如此堅強，這樣的情形讓她深感好奇、也十分珍惜。如今，什麼都不對了，原因可能是他們有了兩個兒子，但是現在她希望他變得更傳統，我們可以說，她希望他變得更從眾隨俗。

她對他不再著迷。在每個人對事事都覺得幻滅的世界裡，他的沉淪讓她深感痛苦。她曾經很有想像力、很愛運動，但是現在他們的愛情生活變得零星而草率。他突然間覺得，好像她和世界已經把他的胸膛剖開，在不知不覺中，慢慢地把他極為珍視的東西，例如他的靈魂和愛的能力掏出來，當成沒有價值的東西扔掉。

艾蜜莉現在變得極為吹毛求疵，讓喬想起她的母親。不知這是他的想像，還是她年紀增加後，也開始變得像她母親一樣了呢？有時候，他甚至不知道自己是否還愛她。

想到這裡，喬知道，他在很多方面，反而跟李柏薇絲比較親近。過去艾蜜莉是他的心靈伴侶，可惜已時過境遷。當時他少不更事，是社會新鮮人，從他們第一次相遇到如今，很多事都已經變了，他們已經不知不覺地疏離了彼此。投資、石橋超額報酬基金、避險基金天地、高爾夫，甚至李柏薇絲都曾經介入這個過程。因此，幾年來，他跟艾蜜莉的關係——驅除他青年時期孤獨心靈的寶貴情誼——已經惡化。近來，他們之間簡直無話可說。

另一方面，李柏薇絲是他新的心靈伴侶，他感覺到，不，他知道她愛他，願意跟他有更親密的肉體關係，他也願意。每個工作日他都期望能夠見到她，他們週末分手時，經常都會有一種令人麻木的痛苦、有一種空虛的感覺。他無法想像不能跟她討論市

場、世界大事和未來的日子。他們有太多共通的地方，她的頭腦極為清楚、明朗，他們對許多的事物有著相同的看法。

但是他跟李柏薇絲的關係，無疑是他跟艾蜜莉爭執的另一個原因。艾蜜莉對於他跟李柏薇絲每天長時間的相處，一直都很不高興，而現在，她會說：「那兩個在空辦公室裡搞曖昧。」這話，聽了實在刺耳。不過是一星期前，她才生氣地對喬說：「我就是不喜歡你們兩個整天黏在一起。」喬咬著嘴唇，一言不發。

雖然有這些爭執，喬知道，還有孩子把他和艾蜜莉繫在一起，維持他們的關係。他跟兒子一起做的事情越來越多，石牆已經完成了，現在孩子老是纏著他一起玩捉迷藏。他們正在成長，將一天天長大成人，他很珍愛這兩個寶貝，不能想像跟他們分開的景象。他和艾蜜莉能否靠著孩子的牽絆，維持、修補他們之間的關係？他努力過，不是嗎？但是想到沒有李柏薇絲的日子，就讓他煎熬不已。

喬事後反省自己和身邊親友所遭遇的困境，斷定這一切全都是超級空頭市場惡意的一環。要是世界運轉如常，這些斷路器應該全都不會啟動。這次的信用危機和金融海嘯已經變成了威脅生命的危機。他想到他認識的那些原本功成名就、備受尊敬的避險基金經理人和投資銀行家，每個人都曾信心十足、口袋滿滿，不，是相當富有的天之驕子。而現在，他們的個人生活破滅，變成孤獨、頹廢、顧影自憐的人。新聞報導閒言閒語，不是避險基金因贖回或內訌而關門的消息，就是投資銀行家和交易員遭到裁員的消息。媒體幸災樂禍地說，這些神奇歲月的金童喪失了大部

分的財富，再也無法維持已經上癮的豪奢生活形態。難道他們不能靠內心的意志和家人的扶持，度過難關嗎？真實狀況卻是，不少人早就離了婚，兒女也不在身邊。難道他們的生活基礎一直都是這麼淺薄、這麼脆弱嗎？

喬斷定，融資和傲慢是致命的因素。融資生自人們的貪婪，如今可怕地放大了他們的財務損失，而傲慢迫使他們炫耀豪奢的生活。兩種因素結合起來，會害他們在財務和情感上破產，把矛盾提升到檯面上，撕裂生活的結構。此外，如果他們像他一樣，在格林尼治有個老婆，在辦公室有個心靈伴侶，這樣情況會更糟。突然間，他覺得自己非常渴望簡單的生活。

Chapter 17

窮途末路

股市已經從一匹他能了解和駕馭的賽馬，變成了一頭狂野、凶狠、完全無法預測的野獸，而這頭野獸決心把他拋下來踐踏摧毀。

如果人們能夠以史為鑑，那我們將得到多少的教訓！但是激情與黨派之見蒙蔽了我們的雙眼；經驗啟示的智慧猶如船尾燈，照亮的，只有身後的波浪。

—— 塞繆爾・柯爾律治（Samuel Coleridge）

2008年底，石橋超額報酬基金面臨最後一波大贖回，幾乎清空了他們僅存的所有資本，這檔基金也相當於清算完畢了。他們所有的部位都軋平，現金投資在完全沒有殖利率的國庫券中。石橋公司遣散僅存的所有員工，發給每位員工一次性給付 ——月薪乘以年資，金額少的可憐。沒有親切的道別和擁抱，每個人都處在驚慌與憤怒之中。

一切完成後，石橋超額報酬基金基本上等於已經消失。喬起

初覺得壓在胸口上、生命中央的千鈞重擔好像突然間完全消失。隨後的幾週，他有一種想哭的衝動，伴隨久違的解脫感襲來的是近乎絕望的失落和恐懼襲上心頭，讓他有種遭到截肢的痛苦。假日裡，在陰鬱的冬陽下，他跟兒子們興建原木城堡，排解憂悶痛苦。格林尼治一片蕭條不振，大家心情低落，聖誕節也讓人覺得沉悶，喬和艾蜜莉應付差事般地參加了一些派對，完全沒有愉悅的感覺。

新年度的最初幾個工作日裡，李柏薇絲和喬在石橋公司的舊辦公室中孤零零地度過，這樣的日子顯得相當怪異，連活力十足的大紐約都讓人覺得沮喪、鬱悶，失去了精力和活力。交通流量明顯減少，都市的環境噪音至少低了好幾個分貝，中城辦公大樓外面停的黑頭轎車大為減少，第五大道上的商店似乎十分荒涼，餐廳裡空空蕩蕩。喬已經遣散司機，現在搭火車通勤上班。

由於公司已經關門，辦公人員也已經遣散，曾經富麗堂皇、活力十足的辦公室，現在變得空空蕩蕩，沒有半樣家具，顯得破敗而隱祕。除了孤單的保全警衛之外，似乎再也沒有人會定期地進出公司，公司裡的餐廳當然已經關門，健身房裡所有的精美設備也已變賣，因此他們甚至沒有地方可以運動健身。史波肯和雷文套房裡的豪華設備早已不見蹤影，喬和李柏薇絲辦公室裡那些訂製的鄧巴牌（Dunbar）桌椅和沙發也早被送去拍賣。他們只能從餐廳找來幾張廢棄的桌椅，好放彭博資訊的終端機，感覺真是悽慘。

然而，到了12月底和1月的頭幾天，市場反彈了，他們鬱悶的情緒突然為之一振。太陽照亮了中央公園的積雪，四周一棟棟

的超高建築再度閃閃發亮。喬和李柏薇絲都投票給歐巴馬，包括他們在內，每個人都迷上了新總統的魅力、優雅的體態和能言善道的口才。

一般認為，新總統在1月下旬就職後，新政府通常應該會有一百天的蜜月期。由高明顧問組成的總統夢幻團隊，應該會制定強而有力的刺激計畫，應該會提出一些巧妙的方案，減少銀行的不良資產。喬和李柏薇絲坐在空蕩蕩的辦公室裡，看著紐約冬天的天際線時，都認為這些行動至少會引發一次足以操作的市場反彈。

喬一心一意想重建自己的財產。「我必須讓財產回到三千萬美元，」他告訴李柏薇絲：「然後加上妳的一千五百萬美元，我們至少有足夠的錢創立一檔新基金，現在可能是大好良機。市場極度超賣，避險基金嚴重投資不足，每個人都知道所有的利空消息，我要在900點時，大買標普指數期貨。」

「你知道嗎，你這麼做是交易，不是投資。」李柏薇絲的聲音中帶著警告。「這麼做真的不是我們的專長。」

「我知道這一點，但是我們過去的專長、我們的模型不能光靠著我們兩個就可以恢復運作。此外，模型已經失敗、完蛋了，我對它已經失去信心。我現在感覺自己可以賺到一些錢。」

「哦，我認為你對反彈的看法正確無誤，股價已經暴跌，早晚要反彈，我也會這麼做，但是為了預防我們看錯，我要在855點設定停損，虧損5%。」

「就這麼辦，目前我的確不能承受龐大的虧損。」

那天他們兩個都在900點左右，買進標普指數期貨。一星期

後，標普500指數漲到935點，漲幅不大，卻也有點可觀，他們盡情享受這種令人陶醉的氣氛，沒有什麼事情比再度賺錢還好。他們又都加碼買進。

但是他們的喜悅沒有維持多久，反彈背離大家的期望，在幾天後就停頓下來。一切似乎都不對勁，經濟狀況一天比一天差，內閣提名因為愚蠢、輕率的錯誤而撤回，經濟刺激計畫遭到國會政治化。等到這個計畫最終宣布時，財政部端出一個規模十分龐大，卻讓人民大失所望的金融拯救方案。新任財政部長蓋特納（Timothy Geithner）因為猶豫不決、缺乏魄力，而被懷疑派的投資人稱呼為「小蓋特納」。新總統的蜜月期似乎還沒有開始，就已經結束了。

1月的第二週裡，標普500指數再度暴跌，三天後，他們的停損單生效，他們合計虧損了二百萬美元。喬痛苦地想著：為什麼會這樣？為什麼市場走勢總是跟他的操作方向背道而馳？那天傍晚，他走在擁擠的街道上，向中央車站走去時，感到一種深沉的厭惡與絕望正在摧毀他的心靈。

那天夜裡，喬不安穩地睡了幾小時後醒來，就像受到某種神祕的力量牽引一樣，他離開還在沉睡的艾蜜莉，悄悄地走出臥房，躡手躡腳地走進書房，沒有開燈。窗簾全都拉上，黑暗像發現了活物的巨獸，撲過來，緊緊擒住他。他在一片漆黑中，只覺腦袋裡上下擺動，太陽穴打著鼓，熱血不斷衝激。他呆若木雞地站在那裡，凝視著一團漆黑──或許他凝視著是自己頭腦中那個廣闊無垠的空洞，或心中那個一片混亂和黑暗的巨大裂縫？他大口喘氣，頭腦中的敲擊聲變得更有力，還繼續加速，最後串成一

種無所不在、越來越響的轟隆聲，然後他的膝蓋緩緩地跪在地板上。

他不知道自己在那裡跪了多久，頭腦中的敲擊聲逐漸平息，他的眼睛再度開始聚焦，他才從那一團漆黑中走出來。他發現自己渾身都是冷汗，整個人陷在徹底昏亂的狀態中，不知道自己出了什麼事情，感覺就像自己經歷了一次中風，或是一次靈魂出竅一樣。他努力爬上樓梯，卻仍然不願意喚醒艾蜜莉，自己逕自走到客房，躺在裡面的床上。床頭櫃的抽屜裡有一個眼罩，隔天早上艾蜜莉就是在這間客房裡找到喬，他醒來時看到滿屋陽光，和站在他前面的艾蜜莉。

「你怎麼了？」她問道。

他躺在那裡努力思索，不知為何，他無法告訴她，自己發生了什麼事。她不會了解的，他自己也不了解，一切都太奇怪了。他壓低聲音說：「我半夜醒來，好像做了一個非常可怕的噩夢一樣。」

「對，」她回答時狠狠地看著他說：「是噩夢，我們的世界已經變成噩夢，必須放棄一些東西！」

「我知道。」他平靜地說：「我知道。」她離開後，他在那裡又躺了幾分鐘，強迫自己思考這種黑暗的痛苦和半夜這場災難的意義。

經過可怕的2008年後，2009年元月變成股市歷史上最淒慘的1月分，標普500指數下跌了8.4%。2月的情況更慘，指數進一步下跌了10.7%。歐巴馬新政府應該會提出有力的經濟新計畫的希望沒有實現，到了2月下旬，歐巴馬提出一項民粹主義式的社會計

畫，主要重點似乎放在財富重分配上。這項計畫建議提高資本利得、股息和一般所得的稅率，保守派的反應十分憤怒，溫和派卻覺得相當沮喪，認為現在不是加稅的好時機。大家議論紛紛，談到世界不是會陷入類似1930年代的另一次大蕭條，就是像1990到2003年的日本一樣，陷入長期停滯與通貨緊縮。這兩種景象都很淒慘，暗示將來會出現令人十分難過的空頭市場，財富會遭到大規模摧毀，現代金融資本主義會走上末路。喬參加一場在紐約舉辦的研討會，與會的兩百位投資專家中，超過一半的人認為，標普500指數最後會在遠低於目前800點的水準，也就是會下跌到在500點上下100點的地方。

這時，很多投資大師都極為看空，並譏嘲那些跟自己意見不同的人，連股神巴菲特都遭到他們訕笑。到了2月，世界股市崩盤之際，技術專家和策略師提出警告，指出指數是否能止跌，同時不跌破前波低點至為關鍵。他們認為，大盤如能築底出現「雙底」形態，則市場極可能反彈，反之，若跌破去年11月的低點，則標普500指數會進一步下跌到500至600點之間。

2月初的某一天上午，喬和李柏薇絲看著國家廣播公司商業台播出的巴菲特專訪。巴菲特態度溫和、語氣堅定地主張，股價已經非常便宜，此時投資人情緒極為低迷，市場嚴重賣超，現在正是買進的絕佳時機。「人們恐懼我買進。」他十分肯定地說。

他們對巴菲特的說法印象深刻。之前，巴菲特預言了技客投資的危險性，這次他可能還是對的。「11月的低點應該會挺得住。」喬說。

「哦，我們毫無疑問的都嚇壞了。」李柏薇絲說。

他們再度買進指數期貨，同時在買進價格下方5%的價位，設定停損單。市場盤旋走低，向前一波的低點前進，嚴峻的考驗逼近時，每一個人的焦慮都飛速上升。2月23日，市場似乎挺了下來，從去年11月的底部反彈，他們大受鼓勵，再度加碼買進。

　　接著，隔天可憐的小反彈無疾而終，他們心驚膽跳地看著標普指數測試去年11月754點的低點。3月初，標普指數逼近2008年11月754點的時候，全世界的恐懼和絕望都升到最高點，接著最後的馬其諾防線終於失守。喬只覺得胃部翻滾、頭痛欲裂。兩人的部位都遭到停損出場，出現另一次的慘賠。喬徹底垮了。

　　最後，到了3月的第二周，指數跌到惡魔數字666點觸底。在這種不吉利的價位上，每個人都極度悲觀，不是保留現金，就是全力放空。然而，就在末日氣氛極為濃厚的時刻，市場，這頭嗜血的怪獸終於覺得滿足了，牠深深地吸了一口氣之後，展開強力反彈。隨著時間過去，世界各國經濟復甦或開始走出困境的好消息開始「冒出頭」，助長了這次反彈。下頁圖17‧1顯示，想在空頭市場中作多，就像喬和李柏薇絲那樣，是多麼困難，此外，也十分容易遭到兩面挨刮的窘境。請記住，他們開始交易時，標普500指數已經比2007年10月的高點，下跌了44%。

　　等到市場反轉，即將開始真正的大反彈時，喬和李柏薇絲卻走不出沮喪、害怕，以至於錯過了這次反彈，徹徹底底、完完全全地錯過了這次機會。他們就那樣癱坐成一團、心驚膽戰，「只吮著自己的大拇指」（喬的說法），他們不相信股市真的反彈，甚至害怕把腳趾伸進水中。他們幾次的交易和虧損，已經嚴重地傷害了他們的資本和勇氣，以至於他們縮成一團，不願意再拿剩

令人傷心的底部形態：標普500指數

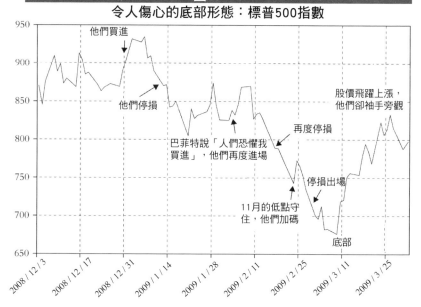

下的本錢去冒險。更重要的是，他們身為投資專家的信心徹底喪失，就像雪花落在火中一樣，瞬間融化。兩人都極為沮喪，喬的狀況比李柏薇絲還嚴重。他認為，股市已經從一匹他能了解和駕馭的賽馬，變成了一頭狂野、凶狠、完全無法預測的野獸，而這頭野獸決心把他拋下來踐踏摧毀。

4月裡股價飛躍上漲時，喬傷心地告訴李柏薇絲：「我們根本就是輸家！大輸家！我們因為巴菲特在電視上說的很好聽，一時興起，重回股市，然後又被嚇出場，在底部時沒有剩下半點勇氣。我不再相信自己的直覺和判斷了。」

「我們在年初的第一筆交易時倉皇失措，然後就很難找回應有

的步調。」她告訴他。

「錯過了這次反彈，或是新一輪多頭市場，或任何其他東西，真是丟臉。」喬哀聲說道：「巴菲特說對了，他堅持不動，我們卻像兩個業餘人士一樣，遭到停損出場。」

「不要這麼苛責自己，巴菲特擁有世界上所有的資金，可以採取長期眼光，我們不能這樣做，我們已經是背水一戰了。」

喬和李柏薇絲無精打采、渾身無力，他們終於了解，自己不可能再籌資創立新的避險基金。一般說來，現在願意投入避險基金的資金非常少，更不用提願意投資新創避險基金給兩位聲名狼藉，搞垮過一檔巨型基金的投資經理人身上。沒有人有興趣聽他們講他們已經放棄舊模式，這次打算用不同方法操作的話。過去討好喬的客戶，現在抱著敬而遠之的冷漠態度，大部分客戶甚至不願意接他的電話。他們生氣之餘，對他身為投資專家的身分失去信心，也暗示著他們對他這個人失去信任。此外跟柯恩有關的傳言，更讓他們難堪。

他們在痛遭打擊之餘，變得相當自卑。喬思考自己在投資圈的前途時，只感到一種令人近乎麻木的痛楚。李柏薇絲的想法比較樂觀，覺得自己可以重拾投資事業。

「以前我們不知道，我們對演算法實在太過依賴了，我們做了太多跟別人一樣的分析，我們對相對因素的執迷不悟，最後摧毀了我們對整體事務的了解和直覺。」她說出一番大道理。

「對、對、對極了！」喬生氣地說：「妳這是事後諸葛。凱因斯說過：『對環境習以為常是人類的天性。』換句話說，我們的問題是我們相信自己的鬼東西會永遠有用。」

雖然喬故作堅強，李柏薇絲卻知道他傷得多重。隔天早上，他坐在桌前時，她走過去，把手放在他肩上，她寫了美國詩人朗費羅（Longfellow）的一些詩句。

　　安息吧，傷心的人兒，別再傷感，
　　烏雲背後陽光燦爛，
　　你的命運和大家相同，
　　人生總有天雨時，
　　總有些日子沉悶、黯淡。

　　他看了詩句，深受這首詩和她的安慰所感動。她的手仍然放在他肩膀上，他伸出手抓緊她。「哦，至少這首詩有押韻。」他低聲說著。

　　「我們也一樣。」她說。

　　「我知道，」說著，他把小紙片放在口袋裡，兩個人都知道，他們的親密關係更進了一層。喬晚上搭火車回家時，把小紙片拿出來再讀了一遍，然後想到，要是艾蜜莉看到它的反應，連忙把它撕成碎片。

　　某一個陰暗雨天的下午，喬接到大廳警衛檯的電話，「曾經在這裡工作的柯恩回來了，他說想拜訪你們，我可以讓他上去嗎？」

　　他們當然同意，幾分鐘後，警衛又打電話來。警衛是上了年紀的亞美尼亞人，他可能因為無聊的關係，對大樓比較有派頭的

租戶總是很有興趣，在他們進出大樓時，堅持稱呼他們的名字問好。

「喬，他上去了，他最近看來似乎不太好，朋友。」喬心想，我也一樣，但是他只嗯了一聲，對警衛故示親密的做法表示不滿。他站起身走向空蕩蕩的接待區迎接柯恩。

「見到你真是太好了，老朋友。」柯恩大聲笑著，一隻手攬著喬的肩膀，擁抱著他。那一刻喬很興奮，心想，還是同樣感情豐富、喜歡熱情接觸的柯恩，然後聞到柯恩呼吸裡的酒氣。

他們走進臨時辦公室時，柯恩興高采烈地擁抱李柏薇絲，李柏薇絲親親他的臉頰。但是他們現在注意到，柯恩的臉上有黑眼圈、下巴浮腫，不過話說回來，這陣子他一直是有點墮落的樣子。

「哦，你們還好嗎，現在在做什麼？」柯恩高興地問。

「我們正在釐清思路，」李柏薇絲告訴他：「奇怪的是，近來我們的投資技巧似乎不太管用。」

「我怎麼不知道？」柯恩答道，然後直視著喬說：「錢的事情如何？你還有錢吧？」

「開什麼玩笑？我現在窮死了！我最近試著在這種狠毒的市場中進行交易，才慘賠了一些錢。」

「我們是多年戰友，不能有祕密。」

喬遲疑不定地說：「我大概有七百萬。」他悶悶不樂地告訴柯恩：「我的房子和土地有貸款，但是我認為我的房貸還沒有溺水，此外，我在利息、生活費和小孩的教育費用等方面，有很多固定開銷。」

李柏薇絲說她還有四百萬。

柯恩垂著頭說：「我原本指望你們的情形會比我好，我現在急需借錢。」他一臉苦相。「我麻煩大了，我的融資害死我了，我跟花旗銀行和摩根信託銀行大約借了八千五百萬，我的資產大概能值五、六千萬，在景氣好時，我這可花了一億多。在這種淒慘的情況下，誰知道我的灣流五型噴射客機、藝術品、公寓和房子能夠賣到多少錢，有六千萬很可能就相當樂觀了，現在沒有人要買東西，古典大師畫作和灣流五型客機至少下跌了35%。銀行逼著我還一些錢。」

喬覺得自己必須幫忙，就告訴他：「我可以借給你幾百萬。」但想到借錢給柯恩，不安的感覺油然而生，就像大喬過去說的一樣，「借出錢，失去朋友」。而喬感覺他已經失去柯恩這位朋友了。

「我需要一千到一千五百萬的貸款，否則他們會查封我的房地產。」他把臉埋在手裡說：「我不敢相信我會搞砸一切。我的貪婪、愚蠢和融資！我曾經擁有三億五千萬的財產，但是我買下的那些瘋狂玩具和融資害死我了。去年底，我從石橋超額報酬基金提領了五千萬，但是這些錢幾乎全都不見了，我的固定開銷把我生吞活剝，光是貸款利息就將近五百萬，然後還要付兩位前妻的贍養費，房子、飛機和公寓的維修費，我破產了！我完蛋了！」

這是慘烈的告白，他的愚蠢和困境之深讓他們深感震驚，自己造的孽現在完全要自己受。突然間，柯恩開始哭泣，悲慘而抽噎地說：「她離開我了，錢都不見了，我會變成什麼樣子？」他不斷地說這幾句話，喬尷尬得不知如何是好，李柏薇絲卻很快站了起來，走到柯恩面前，把手放在他下垂的肩膀上，遞給他一張

面紙。

「我們如何才能幫你？我們一定盡力幫忙。快五點了，我們下樓去四季飯店喝點東西吧。」

柯恩突然站起來，一把推開她的手，擦著眼睛，向門口走去。「我要走了。」他喘著氣，有點跌跌撞撞，幾乎像跑步一樣，衝過走廊，向電梯跑去。「我已經喝太多酒了！請不要跟著我！完了！一切都完了。」

他們看著他離開。

喬走到窗邊往外看，天空一片灰黑，在這種烏雲密布的日子裡，他甚至找不到一個模糊的亮點，代表太陽所在的雲塊。天氣似乎多少有點切合當前的情況。他底下是占地廣大的中央公園，春色剛剛開始暈染公園，他可以看出枝頭上冒出新綠——微微泛著紫暈的綠意。他總是喜愛一年中的這個時節，樹葉如此嬌嫩柔美，然後，隨著白天的時間變長，樹葉會在柔和的陽光照射下逐漸濃密。他記得某一年的春天，他跟吉布森先生，站在維吉尼亞州柔和的暮靄中，看著樹皮染上金黃色的夕陽餘暉那種美景。今年是他人生中沒有春天的一年。

5月初，李柏薇絲接到一位獵才業者的電話。他告訴她，大型投資管理業者安聯（Alliance）的研究主管，這些年來在會議上多次見過她，對她印象很好。他聽說她現在「正失業」，而他正在找助理主管，於是要求這位獵才業者跟她聯絡。這份工作要負責管理、鼓勵和強化他們公司研究部門十四位分析師的分析技巧，他

想知道她有沒有興趣談談。到了5月底，經過一連串的面談，安聯邀請她任職，照過去的標準來看，薪資待遇相當普通，但是現在聽起來卻相當好——薪水三十萬美元，加上可能發放的獎金，薪資待遇總額可能達到四十萬美元。

李柏薇絲和喬詳細徹底地討論這件事——甚至有點小心翼翼，好像這是燙手山芋，不能隨意接受一樣。他們開誠布公討論，但是，他們完全沒有談到自己對對方的感情，也沒有談到這樣各分西東所代表的意義。兩人都因為過去兩年來的創傷而心力交瘁，最近的交易損失又促使他們現在根本鼓不起勇氣，嘗試打破阻隔、限制他們的高牆。

「我要接受這份工作。」她最後告訴他。「我們兩個像僵屍一樣，整天坐在這空蕩蕩的辦公室裡，因為過去的罪惡與愚蠢而陷入癱瘓狀態，盯著彭博資訊螢幕無所事事，實在很不健康。我們很快就會脫離投資圈，變成無用之人。」

喬只能點頭，喃喃說著：「這是好事。」他不知道外面是否也會有人找他去工作。他也知道，對李柏薇絲和他來說，現在是最後的機會。他不知他是否要要離開艾蜜莉，與李柏薇絲在一起，他曾經為了這個問題，反覆思索、苦苦掙扎。現在，這個問題已經迫在眉睫，刻不容緩了。

混亂的思想與生活大小事再度像潮水一樣襲來，使他難以承受，他迫切需要一些參考依據——不管這種依據多麼不合理——他迫切需要一些假設，作為計算基礎。片段的回憶像洗碗槽裡的髒碗盤一樣，堆積在他的腦海裡，他和艾蜜莉是自己漸行漸遠，還是被市場拆開的呢？她不再是他的心靈伴侶，李柏薇絲

才是，但是，接著突然之間，像靈光乍現一樣，他知道自己根本不能這樣做。

他會做出這樣的決定，孩子們是決定性因素。他在家時，孩子們總是緊緊跟著他，盯著他問東問西，希望坐在他身邊。此外，如果他和李柏薇絲在投資方面沒有共同的未來，他不知道要靠什麼東西，維繫他們之間的關係？他們從來沒有一起度過半個週末，他們真的很相合嗎？他不知道，但是她有著一種神祕的氣息與能力高強的光環。

她努力不洩露自己的感情。「你要怎麼辦？」她問。「格蘭特會請你回去嗎？」

「不可能。」他說。「我岳父在那，其中會有裙帶關係的問題。況且發生過這些事情後，沒人再想要我這樣的投資組合經理人。我也不能回頭去當分析師，我還不到四十歲，卻已經是被寵壞的廢物了。」

「這麼說，你會留在格林尼治，繼續做投資？」

「我不知道。」他搖搖頭說：「但是妳知道嗎？我希望晚上能再一夜安眠。我需要時間和空間，在我跟兩個兒子玩球時，不必擔心我是否冒太多的風險。我希望看看藍天，讀兩三本好小說。妳離開後，我會把這間辦公室關掉，歸還該死的彭博資訊機器和黑莓機，休個長假，好好思考和療傷止痛。」

「喬，你會留在格林尼治嗎？」她問話時，不再費心隱藏自己的情緒。

「我不知道，我跟吉布森談過，告訴他，我非常抱歉，把他投資在我們身上的大部分錢都虧掉了，也告訴他我的問題。他真

是好人，他說：『你為什麼不接受我在河邊買的那塊二十公頃大的漂亮土地，在上面蓋房子呢？你我可以合作，我沒有兒子繼承我的事業，而且你或許可以在高中當足球教練。這裡的生活很輕鬆、又很便宜。』」

「我告訴過妳，他買下那塊土地的那天晚上，我們兩個在暮色中散步，頭上只有星光閃耀，而且那塊土地是那麼翠綠、那麼美麗，泥土和青草散發著清新的甜香。當時我夢想自己有一天會住在那裡。我總是被土地吸引，就像柯恩和紐約一樣總是被金錢和權勢吸引。現在我有一個機會，有一個可以從頭開始的機會。」

她熱切地看著他說：「你說的是真心話嗎？」

「我說的是真的。我在這裡沒有前途，只有不良的記錄，我必須離開格林尼治。我家已經成為一處腐朽、擺脫不掉苦惱的地方。我可以把剩下來的七百萬美元，投入免稅債券，賺5%的利息，每年得到三十五萬美元的免稅所得，過著正常、健康的生活，不受市場干擾，晚上不再失眠，白天可以耕田種地，讓雙手沾滿泥土。這樣就像吉布森告訴過我的佛洛斯特詩句一樣：『在我們屬於土地之前，土地就已屬於我們』，我必須擁有那塊土地，那可能是唯一一樣我還能擁有的真實的東西。股市、格林尼治、這裡的生活都不再屬於我了。」

「耕田種地？你難道不會懷念投資，懷念知性上的挑戰，懷念獲勝時的欣喜若狂，懷念這種行動力嗎？過去十五年來，這個市場，我們的遊戲，就是你的全部生活，你能夠就這樣結束一切，永遠離開嗎？」

「我的生活早已變成狗屎。我們的遊戲、這個市場、我們的模

型、我們過去稱之為我們的事業的東西，現在折磨我、侮辱我，而且我再去折磨我深愛的人。現在，在我們的遊戲中，痛苦遠高於快樂。太多噩夢和疑慮糾纏著我，我必須在這一切把我消熔殆盡前離開。」

「你應該知道，一旦你脫離投資業幾年後，就不可能回來了，你會變成過氣的人。」

「我知道。」

「艾蜜莉怎麼想？她想去維吉尼亞州過那種生活嗎？」

「她可能想去。」

「你知道我想去。」她柔聲說。

「我知道。」他低下頭，把嘴唇貼近她的耳朵說：「我愛妳，我知道妳願意去，也知道妳會當我的心靈伴侶。」他悄悄地把嘴唇移開，繼續說：「但是維吉尼亞州不是紐約，而且不會有小孩，如果我跟艾蜜莉離婚，她一定會把兩個小男孩帶走，我受不了跟他們分開那麼遠。此外，妳在大頸鎮要做什麼？我認為妳不會快樂。」

「或許我可以在中學裡教經濟學，家是心靈安頓的地方。」

喬傷感地說：「那裡可是維吉尼亞州大頸鎮，在那，妳只能教家庭經濟學。」

「我不會有問題的，我想陪你繼續這趟旅程，就像我說的一樣，家是安頓心靈的地方。」

她轉身走開，仲春午後的陽光灑在她臉上，為她的肌膚暈染上金黃色。他知道她的眼珠子是綠色的，但是在這樣的陽光下，他已看不出它們的顏色，它們看來如此幽暗。他看到她拱著肩膀

微微抽動，知道她努力克制自己不哭出聲來。但是他無話可說了。

　　雲霧消散，地球依循亙古以來命定的路線旋轉。他們兩個坐在那裡，凝視著藍得發亮的無垠晴空，可怕的空虛像深淵一樣吞沒他們。

　　同時，窗外的世界，股市繼續無情地反彈，殘酷而冷漠地嘲弄他們。

尾聲

金融海嘯過後

　　隔週，李柏薇絲接受安聯研究部門副主管的職位。這個職位很有挑戰性，她喜歡跟年輕的分析師共事。安聯熬過了艱困的時刻，但已元氣大傷，她的待遇主要是薪水，加上很少的獎金。

　　李柏薇絲和喬分開的最初幾個月裡，都極為想念和牽掛對方，他們幾乎每天電話聯繫。他們兩都知道，見面是危險的。隨著時間流逝，他們發現彼此能夠交談的話題越來越少，因為他們的生活已經不再有交集，他們的電話也就少了，然後漸漸地變成敷衍。她現在與安聯一位年紀比較大的投資組合經理人交往，但是他們的關係，不像過去她跟喬的那種志同道合的感覺，也少了那份熱情。她不知道自己將來會如何。

　　喬那天離開辦公室後，就再也沒有回去。最初幾個月裡，他覺得筋疲力盡，知道自己士氣蕩然。起初他為了應該繼續留在投資業，還是回大頸鎮找吉布森而煩惱。他錯失掉的那場春季開始的股市大反彈，使他更為沮喪。

　　此外，在隨後的幾個月裡，讓他大為煩惱的是，他沒有接到任何像樣的工作機會。起初他忙於陪小孩、打高爾夫、上健身房和看彭博資訊。隨著時間過去，他發現整天在格林尼治無所事事，讓他意志消沉。格林尼治有很多人跟他一樣，同是天涯淪落人卻不能帶來安慰。他就這樣處在失魂落魄的人群當中，閒聊高

爾夫，努力用毫無目的的活動填滿時間。

或許是他想太多，他總覺得那些仍然有工作、經營的避險基金仍然存活下來的人都鄙視他，把他當成廢物。他原本是才華橫溢、受人追捧的好小子，現在沒有人問他或在乎他對股市的看法，也沒有人想雇用他。他怎麼會跌得這麼深、這麼快？他安慰自己，實際上已經有好幾千檔避險基金倒閉，所以他應該不是唯一一個經驗豐富、才華洋溢，卻失去工作的避險基金經理人。

2009年秋季，他深感沮喪、極度抑鬱，到了12月，艾蜜莉勉強同意搬到維吉尼亞州看看。

喬因為厭惡股市並擔心股價再次暴跌，因此把剩下的大部分資金投入免稅債券。搬到大頸鎮後，他從吉布森手中買下那塊位於河邊草坡上，碧草如茵的土地，還蓋了一棟房子。這些日子裡，喬在吉布森的公司裡幫忙，有時也在大頸中學擔任美式足球教練，明年他很可能會出任首席教練。然而，他偶爾會覺得力不從心，因為大頸中學的招生人數減少，跟維吉尼亞州其他規模比較大、學生人數不斷增加的中學相比，大頸中學的球隊處於劣勢。

對艾蜜莉來說，住在大頸鎮的確是很困難的轉變。她覺得煩悶又孤獨，和喬的關係也日漸疏遠。她母親察覺到她的不快樂，提醒她說：「這就是門不當戶不對的結果。」孩子們漸漸長大，道斯家人和艾蜜莉越來越堅持他們應該回格林尼治，去上比較好的學校。喬也不得不承認，大頸初中的環境並非很好。

艾蜜莉現在已經搬回格林尼治她的家人身邊。雖然喬和艾蜜莉之間保持聯絡，而且假日也時常和孩子們一起，但是他們在法律上算是分居了。她也不知道自己是否有什麼地方不對，她和喬

之間的濃情蜜意為何會消逝？她對喬在投資上承受的痛苦是否麻木不仁？他們的關係和生活是否建立在投資天地的流沙上，因此根本就無法維持？艾蜜莉最近經常跟一位她在外交關係協會認識的哥倫比亞大學教授見面。

不幸的是，格蘭特對旗下的投資管理部門失望，在2010年初把這個部門賣給一家私募基金公司，這家公司隨即換掉道斯，改聘一位比較年輕的男性。道斯一直無法找到另一份工作，因此心情很煩躁。格蘭特股價下跌摧毀了他大部分的資產，他只好繼續依賴太太的財富。

名畫交易、債務和各種財產的持有成本把柯恩的財富一掃而空，他顯然全年都住在漢普頓的公寓裡……凡妮莎已經離開。喬打過幾次電話給他，但是他們的談話總僅止於表面寒暄，彼此言不由衷。蘭道夫爵士就這樣消失了，不過喬聽說他跟一位華人女性住在吉隆坡。史考特把家搬回克里夫蘭，買了一座加油站。裴洛在紐約一家所謂的避險基金汽車旅館，經營一檔小小的基金，他過得很快樂，卻花了非常多的錢，跟「他的南西」離婚。史波肯住在棕櫚灘，雷文搬到亞歷桑納州，加入聖大菲研究所（Santa Fe Institute）。結束石橋公司的程序以及隨之而來的訴訟，造成他們的財富大幅流失，但是因為兩人都沒有利用融資，他們還不致於窮困。

此書寫於2010年秋季，雖然市場已經無精打采地整理了將近一年，金錢遊戲卻在世界各地繼續進行。富人對自己投資的避險基金和組合基金績效不滿，撤出了巨額的資金，他們正在療傷止痛，撤退到現金或債券中。從2007年秋季空頭市場開始以來，倒

閉或關門的避險基金超過三千檔，這些基金的合夥人和員工紛紛失業，都在努力尋找有固定薪酬的工作。這一行變得更為集中，兩百家最大的避險基金現在控制了所有資產的80%，新創的避險基金幾乎找不到種子基金。

在金融海嘯的衝擊下，大型避險基金的資產跌幅驚人，石橋公司和石橋超額報酬基金的確不是唯一的受害者，2008年內樹立限制門檻的其他更大型多種資產避險基金，以及後來績效差勁的基金，不是已經關門，就是垂垂待斃。到2010年底，很多基金仍然低於過去的高水位水準，因此無法有像樣的薪酬挽留旗下最有才幹的員工，同時，收取管理費方面也開始感受壓力。

然而，大型退休基金、州退休基金和主權財富基金，卻增加額度投資避險基金。2008年時，他們投資的避險基金只虧損了20%，他們投資的積極管理美國股票型基金卻虧損了40%以上，小型股和新興市場基金虧損50%到60%。商業不動產、私募基金、商品和創業投資基金之類的其他資產類別，績效同樣差勁——前提是你能夠得到這些資產的評價——而且完全沒有流動性。

2009年內，存活下來的避險基金淨值大約成長23%，因此，從2007年8月到2009年，也就是在颱風眼及其後遺症大肆肆虐時，避險基金的績效超過大部分其他投資策略和資產類別。然而，石橋超額報酬基金之類的量化基金表現卻差多了，石橋超額報酬基金結束營業時，資產淨值比最高峰時減少78%。喬在某一個黯淡的下午計算過，他的個人財產比他最有錢時減少了96%。2009年標普500指數最終上漲了26%，他還在為自己錯過了這次

反彈折磨自己。

　　研究顯示，2000年後的第一個十年間，所謂的積極型避險基金每年獲利15%，但是波動激烈，而且約有三分之一的月分出現虧損。波動性低、偏市場中立，以超額報酬為導向的避險基金每年創造11.5%的報酬率，虧損的月分只占11%。大型投資機構知道自己要的是哪一種投資標的，他們要的就是後面這種波動性低的避險基金，他們也會把資金投入這種基金。他們和他們的監督者在十年內，經歷兩次長期空頭市場後，再也不能忍受這種暴烈的波動。他們也把巨額資金，投入美國國庫公債或新興市場債券之類的固定收益投資中。

　　至於喬，他經常在大頸公立高爾夫球場上打球，偶爾會跟大頸中學的一位女老師約會，他也會帶著一絲絕望地思考自己的餘生要做什麼事。事實上，他感到厭倦，他盡量設法陪兩個兒子，但心中仍有深沉的哀傷。因為他知道，他們正在長大、正在離他而去。

　　當他看到歐洲國債危機的消息時，想到經濟二次衰退的威脅，看到2010年紐約股市閃電崩盤，他很慶幸自己離開了金錢遊戲。但心中也會感到空虛失落，他懷念紐約那些年精彩興奮的日子，但紐約帶給他的傷痛也記憶猶新。當他看到曾經讓他代操過的大型州退休基金，減少給付的消息時，他深感良心不安。

　　如今，喬孑然一身，身心疲憊。過去他曾經讚頌愛情是解決心靈孤寂的良方，現在他又在尋找某個人或某樣東西，可以作為他的歸宿。他還記得李柏薇絲告訴過他「家和天堂是安頓心靈的地方」。他和艾蜜莉之間曾經有過天堂，他曾經以石橋超額報酬

基金團隊為家，但是，是功成名就後的傲慢自大以及隨之而來的金融海嘯，摧毀了他的天堂和家，還是他志大才疏、過度追求，才是他遭到毀滅的原因呢？

國家圖書館出版品預行編目資料

華爾街刺蝟投資客之投資啟示錄 / 巴頓.畢格斯（Barton Biggs）作；王柏鴻
譯. -- 初版. -- 新北市：大牌出版：遠足文化發行, 2014.07
面；　公分
譯自：A hedge fund tale of reach and grasp : or what's a heaven for

ISBN 978-986-5797-21-8(平裝)

1.基金 2.避險 3.金融業

563.5　　　　　　　　　　　　　　　　　103010988

華爾街刺蝟投資客之投資啟示錄

A hedge fund tale of reach and grasp : or what's a heaven for

作　　者	巴頓‧畢格斯	
譯　　者	王柏鴻	
主　　編	李映慧	
編輯協力	許訓彰	

總 編 輯　陳旭華
電　　郵　ymal@ms14.hinet.net

社　　長　郭重興
發行人兼
出版總監　曾大福
出　　版　大牌出版 / 遠足文化事業股份有限公司
發　　行　遠足文化事業股份有限公司
地　　址　23141 新北市新店區民權路108-2號9樓
電　　話　+886- 2- 2218 1417
傳　　真　+886- 2- 8667 1851

印務主任　黃禮賢
封面設計　許晉維
排　　版　極翔企業有限公司
印　　刷　成陽印刷股份有限公司
法律顧問　華洋法律事務所　蘇文生律師

定　　價　420 元
初版一刷　2014年7月
有著作權 侵害必究（缺頁或破損請寄回更換）